Gabriele Krone-Schmalz
Wir können es schaffen

Gabriele Krone-Schmalz

Wir können es schaffen

Anstiftung zum Neuanfang in Deutschland

ECON

Die Deutsche Bibliothek – CIP-Einheitsaufnahme

Krone-Schmalz, Gabriele:
Wir können es schaffen: Anstiftung zum Neuanfang in Deutschland /
Gabriele Krone-Schmalz – Düsseldorf, München: ECON, 1997
ISBN 3-430-15706-4

Der ECON Verlag ist ein Unternehmen
der ECON & List Verlagsgesellschaft, Düsseldorf und München.

© 1997 by ECON Verlag GmbH, Düsseldorf, München.
Alle Rechte der Verbreitung, auch durch Film, Funk und Fernsehen,
fotomechanische Wiedergabe, Tonträger jeder Art,
auszugsweisen Nachdruck oder Einspeicherung und
Rückgewinnung in Datenverarbeitungsanlagen aller Art,
sind vorbehalten.
Gesetzt aus der Aldus Linotype
Satz: Josefine Urban – KompetenzCenter, Düsseldorf
Papier: Papierfabrik Schleipen GmbH, Bad Dürkheim
Druck und Bindearbeiten: Ebner Ulm
Printed in Germany
ISBN 3-430-15706-4

Inhalt

Vorwort 7

1 Der Ach-so-ist-das-also-Effekt
Reaktionen von Lesern meines Buches
»Jetzt mal ehrlich« 19

2 Ideen aus Papierkörben
Denkfabrikanten als Anstifter 47

3 Die Spendierhosen von Vater Staat
Wege aus dem Subventionsdschungel 69

4 Gut gemeint, nicht gut gemacht
Notwendige Korrekturen unseres
föderalen Systems 85

5 Regeln im Überfluß – überflüssige Regeln
Arbeit und Wettbewerb sinnvoll organisieren 129

6 Immer kräftig hinlangen
Befreiung von der Steuersucht 191

7 Umkehr aus der Einbahnstraße
Plädoyer für den Wechsel zu sicheren Renten 219

8 Und wer bezahlt mein Hustenbonbon?
Wie unser Gesundheitssystem zu retten ist 237

9 Jetzt oder nie, immer mit der Ruhe
Für einen vernünftigen Fahrplan
in die Europäische Union 267

Vorwort

Warum ein zweites Buch über Deutschland? Und wo bleibt das angekündigte über Rußland? Das Rußland-Buch kommt sicher, nur später, ein zweites Buch über Deutschland muß einfach sein. In »Jetzt mal ehrlich«, meinem ersten, habe ich mir Luft gemacht, meiner Wut und Enttäuschung über gewisse Zustände in unserem Land Ausdruck gegeben, habe Fakten zusammengetragen und Strukturen analysiert, hin und wieder auch versucht, Anregungen zu geben und unkonventionelle Lösungsvorschläge anzubieten.

Die Reaktion war überwältigend. Menschen aus allen möglichen Bereichen haben mir geschrieben – und sich bedankt. Zum einen hätte sie mein Buch zu offenen Worten und Zivilcourage ermutigt, zum anderen hätte es sie fit gemacht, um über drängende Themen unserer Zeit mitreden zu können. Natürlich gab es auch kritische Stimmen und die eine oder andere wüste Beschimpfung, aber in der Relation gesehen war das eher eine Randerscheinung.

Die meisten Leserinnen und Leser reagierten positiv. Mancherorts schlugen junge Leute sogar vor, mein Buch im Schulunterricht einzusetzen, und Politiker unterschiedlicher Parteien propagierten die humorvolle Idee, »Jetzt mal ehrlich« zur Pflichtlektüre für ihresgleichen zu erklären.

Keine Sorge, das wird jetzt keine Selbstbeweihräucherung, denn immer wieder passierte dann auch folgendes. In Briefen oder persönlichen Gesprächen kam einerseits eine nahezu mitreißende Energie zum Vorschein, eine ungeahnte Bereitschaft zum gesellschaftlichen Engagement, andererseits eine große Ratlosigkeit darüber, wie und wo man denn als Bürger überhaupt noch etwas bewegen könne. Was kann ich tun? Wo fange ich an? Welche Möglichkeiten hat der einzelne? Und was muß konkret geschehen? In welche Richtung müssen wir Weichen stellen, um unsere unbestreitbar vorhandenen Probleme zu lösen?

Ich beschloß, auf diese Fragen Antworten zu suchen, und fahndete quer durch die Republik nach Gesprächspartnern. Wissenschaftler und Praktiker waren dabei, Ökonomen und Juristen, Rigorose und Behutsame – allen gemeinsam war das Interesse an unserem Land und seinen Menschen.

Soviel ist klar: Es gibt Auswege aus der Krise – auf dem Arbeitsmarkt, beim Steuer-, Renten- oder Gesundheitssystem –, doch schematische Gebrauchsanweisungen, die Punkt für Punkt zu befolgen sind, gibt es natürlich nicht. Unzählige Rädchen und Schräubchen müssen nahezu gleichzeitig gedreht und aufeinander abgestimmt werden. Aber diese Schräubchen und Rädchen kann man benennen.

Ich bin kein Formel-1-Fan, doch ein solches Rennauto eignet sich ganz gut für einen bildhaften Vergleich. In der richtigen Abstimmung liegt die Kunst, wenn dieses Hochleistungsgerät optimal funktionieren soll. Dafür gibt es allerdings kein Patentrezept, das sich vom Techniker rein mechanisch abarbeiten ließe. Es ist die gelungene Mischung aus guter Ausbildung, Erfahrung, Phantasie und Entscheidungsfreude. Was nützen richtige Erkenntnisse, wenn man nicht den Mut hat, sie in die Tat umzusetzen? Alles riskierende Abenteurer sind da nicht gemeint, aber zögerliche Absicherungsfanatiker werden die optimale Abstimmung nie schaffen, selbst wenn sie eine Vorstellung davon haben, wie es gehen könnte.

Sie werden im folgenden zu einzelnen Themen Bestandsaufnahmen und mögliche Änderungsvorschläge finden. Es sind die Bereiche, die letztlich jeden von uns hautnah betreffen, obwohl die meisten solche Begriffe wie »Arbeitsmarkt« und »Steuerreform« nicht mehr hören können, geschweige denn, daß sie die Lust aufbringen, sich mit Themen wie »Sozialversicherungssysteme« oder gar »Finanzverfassung« zu beschäftigen.

Aber es lohnt sich und ist auch unkomplizierter, als Sie vielleicht befürchten. Außerdem – wir können nicht ständig über alles meckern, unsere Unzufriedenheit pflegen, aber uns um die wesentlichen Mechanismen, nach denen unser Land funktioniert, aus Bequemlichkeit nicht kümmern wollen. Einmischen ist gefordert. Und um das seriös zu tun, muß man genau wissen, was Sache ist.

Andernfalls laufen wir Gefahr, denjenigen Leuten auf den Leim zu gehen, die Gruppeninteressen schamlos als Allgemeinwohl verkaufen, die Konsens mit faulen Kompromissen verwechseln und die Bürger mit »Runden Tischen« einlullen, an denen grundsätzlich nur diejenigen versammelt werden, die ein Interesse daran haben, daß alles so bleibt, wie es ist.

Das beste Mittel gegen dummes Geschwätz ist gut informiert zu sein. Wenn wir nicht Bescheid wissen, werden uns andere sogleich schachmatt setzen, indem sie uns mit Totschlagargumenten bombardieren. Das Prinzip ist einfach:

1. Klebe deinem Meinungsgegner ein böses Etikett an die Backe, und schon ist er die nächste Zeit nur noch damit beschäftigt, alle anderen davon zu überzeugen, daß er dieses Etikett zu Unrecht trägt. Zur inhaltlichen Argumentation kommt er auf diese Weise nie, denn er befindet sich nachhaltig in der Defensive. Mit den Bezeichnungen »unsozial« oder »extremistisch« ist eine besonders gute Wirkung zu erzielen.
2. Konstruiere Widersprüche, die keine sind, aber dem Zeitgeist entsprechen. Etwa: Eigenverantwortung oder Sozialstaat? Markt oder Moral? Wettbewerb oder Gerechtigkeit?
3. Wenn das alles nichts nützt, dann winke gelangweilt ab mit dem Hinweis, das sei ja alles nichts Neues.

Als ob es um neu oder alt ginge! Was ist das für eine alberne Kategorie in diesem Zusammenhang! Ob alt oder neu – Hauptsache, es taugt dazu, Probleme zu lösen. Und wenn man gute alte Ideen tausendmal wiederholt, dann spricht das nicht gegen den, der das tut, sondern vielmehr gegen alle diejenigen, die 999 Anläufe brauchen, um zu kapieren, daß es sich um eine gute Idee handelt. Wie viele gute und praktikable Vorschläge haben Jahre und Jahrzehnte in verklemmten Schubladen zubringen müssen, bevor sie ihre Wirksamkeit beweisen durften? Und wie viele liegen auch heute noch herum und warten darauf, endlich genutzt zu werden? »Die Zeit ist noch nicht reif.« Das war der eine Spruch, der mir immer wieder begegnet ist. Oder die brutalere Variante: »Wir müssen den Karren erst vollständig vor die Wand fahren, bevor wir zu Reformen bereit sind, die diesen Namen verdienen.«

»Wir hüpfen defensiv von einer Lochstopferei zur anderen«, so drückte das ein Wirtschaftsprofessor aus, der damit nicht nur die Haushaltslöcher meinte, »statt daß wir aktiv und offensiv Ziele definieren und diese dann entschlossen und kämpferisch verfolgen.«

Ich habe mit mehreren Wissenschaftlern geredet, die irgendwann von der Bundesregierung den Auftrag bekamen, Gutachten zu erstellen, Probleme zu analysieren und Lösungsmöglichkeiten zu erarbeiten. Die meisten haben sich dieser Aufgabe engagiert und freudig gewidmet. Auch beim zweiten Auftrag. Und waren immer noch nicht frustriert, wenn trotz überschwenglichen Lobes für ihre Arbeit und breitgefächerter politischer Bestätigung nichts, aber auch gar nichts von ihren empfohlenen Maßnahmen umgesetzt wurde. Warum resignieren Sie nicht, habe ich einige von ihnen gefragt. Manche suchten so lange nach einer Antwort, daß die Gesprächspause schwer zu ertragen war. Bei manchen spürte man den inneren Kraftakt, den sie gegen die Resignation vollbrachten. Und einer reagierte so:

»Ja, das fragt man sich natürlich manchmal selber auch, warum man nicht resigniert. Denn es ist eine fürchterlich zeitaufwendige Sache – und dann passiert nichts. Aber ich bin im Grunde ein subventionierter Mensch.« Mir war nicht auf Anhieb klar, wie er das meinte, und er schien meinen ungläubigen Blick zu genießen, denn er ließ sich mit der Fortsetzung des Gedankens viel Zeit. »Ich beziehe mein Gehalt vom Steuerzahler«, fuhr er schließlich fort, »bin Beamter. Und weil ich das bin, habe ich eine Bringschuld gegenüber der Gesellschaft. Diese Bringschuld besteht in meinem Beruf darin, daß ich alles, was ich so erarbeite, alles, was mir einfällt und wo ich glaube, einen Beitrag leisten zu können, damit bestimmte Dinge besser verstanden werden oder damit vielleicht gewisse Probleme in den Griff zu kriegen sind – daß ich das immer wieder und immer wieder in die öffentliche Diskussion oder eben in diese Gutachten einbringe.«

Habe ich in diesem Sinne vielleicht auch eine Bringschuld? Ich durfte studieren, ohne Studiengebühren zahlen zu müssen. Das abgeschlossene Studium war eine Voraussetzung, um beim Westdeutschen Rundfunk volontieren zu können. Das Volontariat wiederum mündete in eine Festanstellung, und mein Gehalt wurde wie das aller anderen Mitarbeiter bei öffentlich-rechtlichen Anstalten bis zu dem Tag, als ich kündigte und selbständig wurde, aus den Rundfunk- und Fernsehgebühren finanziert.

Wer sagte noch: »Frag nicht, was das Land für dich tun kann, sondern frag, was du für dein Land tun kannst?« Es war John F. Kennedy.

»Demokratie ist das schlechteste System, was sich die Menschen ausgedacht haben – außer allen anderen.« Dieser Ausspruch wird Winston Churchill zugeschrieben. Der eigentliche Witz der Sache ist der Wettbewerb der Parteien – jedenfalls in der bei uns praktizierten Variante der repräsentativen parlamentarischen Demokratie. Wenn eine Partei eine Wahl gewonnen hat, ist sie – theoretisch – in der Lage, ihr Programm durchzusetzen. Sie wird das natürlich immer mit Blick auf die nächste Wahl tun. Das heißt, sie neigt dazu, von extrem unpopulären Entscheidungen Abstand zu nehmen, selbst wenn sie diese für richtig hält. Trotz derartiger Bemühungen kommt es vor, daß sich der Wähler von einer Partei ab- und einer anderen zuwendet. Dadurch wäre – theoretisch – eine Veränderung der Politik möglich. Praktisch scheint sich in der Bundesrepublik indes gar nichts mehr zu bewegen. Das hat im wesentlichen zwei Ursachen. Zum einen liegt es an der Pattsituation, die wir uns mit der gewandelten Rolle des Bundesrates geschaffen haben: Alles, was die jeweilige Regierung beschließt, hebelt der jeweilige Bundesrat wieder aus. Es ist halt so, daß die Landtagswahlen von den Bürgern oft als Denkzettel für die in Bonn regierenden Parteien benutzt werden und auf diese Weise die Bundes-Opposition in der Länderkammer die Mehrheit hat. Man kann weltweit beobachten, daß Regierungen zwischen den Wahlterminen an Popularität einbüßen und die Opposition bei »Zwischenwahlen« davon profitiert. Hinzu kommt noch folgendes: Da bei uns die Länder immer weniger zu sagen haben, spielen Bundesaspekte auch bei Landtagswahlen meist die entscheidende Rolle – sie werden immer herangezogen, wenn es gilt, Stimmenverluste oder -gewinne zu erklären. Wir haben also strukturell umfassend dafür gesorgt, daß die Bundesratsmehrheit eine andere ist als die der Bundesregierung und des Bundesparlamentes. Das bedeutet Patt, also politische Bewegungsunfähigkeit.

Zum zweiten hindert uns eine massive Denkblockade am Umsteuern. Demokratie wird nämlich mit Konsens verwechselt. Und das führt in die Erstarrung. Der im Grunde so positiv besetzte Begriff »Konsens« ist in Wirklichkeit mit einer ganzen Reihe von Nachteilen verbunden. Geahnt hatte ich das. Aber jetzt weiß ich es. Das hängt mit folgendem Mechanismus zusammen: Der politische Prozeß neigt in der Regel dazu, Bestehendes zu konservieren. Denn die Interessengruppen, die zum Zuge kommen, verteidigen tendenziell vorhandene Zustände und versuchen – auch politisch gesehen – Wettbewerb abzuwehren. Es geht ihnen schließlich um Machterhalt. Das ist kein moralischer Vorwurf, sondern eine strukturelle Erkenntnis. In der Praxis bedeutet das: Auch wenn dem einzelnen klar ist, daß sich etwas ändern müßte, so weiß er doch nicht, *wie* er es durchsetzen kann. Echter politischer Wettbewerb ist durch unser System, das die Einheitlichkeit der Lebensverhältnisse zum unverrückbaren Dogma hochstilisiert, so gut wie ausgeschaltet. Wenn man sich die Wettbewerbssituation in der Wirtschaft anschaut, dann läßt sich feststellen: Nur wer bereit ist, sich zu ändern, auf veränderte Bedingungen einzugehen, hat eine Chance, sich zu behaupten. In der Politik ist das anders. Deshalb ist der Wirtschaftsprozeß so dynamisch und der politische Prozeß so ungeheuer schwerfällig.

Carl-Christian von Weizsäcker, Professor für wirtschaftliche Staatswissenschaft in Köln und Vorsitzender der Monopolkommission, beschäftigt sich mit den fatalen Auswirkungen dieser lähmenden Konsensgläubigkeit. Wenn wir nur noch von außen, das heißt entweder aus Brüssel oder durch das Globalisierungsgespenst, zu Reformen gezwungen werden können, dann ist unser politisches System defekt. »Ich halte das für einen Konstruktionsfehler«, sagt von Weizsäcker, als wir uns im Frühjahr 1997 zu einem Gespräch treffen. Ein Ingenieur, der einen Konstruktionsfehler entdeckt, wird bemüht sein, die Maschine so umzubauen, daß dieser Fehler nicht mehr auftaucht. Wie macht man das im politischen System? Der Wirtschaftswissenschaftler sieht zwei Möglichkeiten: entweder selbst in die Politik zu gehen oder aber letztlich auf die Kraft von Ideen zu vertrauen, das heißt auf die Kraft der besseren Argumente in der Diskussion. Die Öffentlichkeit muß erkennen, daß uns die große Koalition, die wir de facto haben, zu einer Konsenspolitik zwingt, die zur Erstarrung führt. Darin liegen die tieferen Gründe für unseren Reformstau. Wir würden vielleicht gerne, aber wir können nicht. Wir haben uns die Hände gebunden.

Es ist selbstverständlich, daß in einem Rechtsstaat die alten Gesetze gelten, solange keine neuen beschlossen sind. Wenn man aber die Hürden für neue Gesetze so hoch legt, daß im Endeffekt nur der Status quo eine Chance hat, dann ruiniert man das System. Von Weizsäcker bringt als Beispiel den polnischen Reichstag, der mit dem Einstimmigkeitsprinzip das Land zugrunde gerichtet hat. »Oder wie die UNO«, fährt er fort, »wo es ja auch außerordentlich schwer ist, etwas zustande zu bringen. Oder eben wie wir in Deutschland mit unserem Bundestag-Bundesrat-System. Dann ist die Erstarrung da.« Weil wir nicht allein auf der Welt sind, sondern internationalem Druck ausgesetzt, passiert praktisch zur Zeit etwas ganz Schlimmes. Unsere Gesetze ändern sich zwar nicht – aufgrund der beschriebenen Sachlage –, aber unser Alltag schon. Bestes Beispiel: Tarifvertragsparteien unterschreiben Verträge und halten sich nicht daran. »Die Praxis hat sich immer weiter von der Gesetzeslage entfernt«, sagt von Weizsäcker mit sorgenvoller Miene. »Aufgrund des Drucks von außen werden wir allmählich ein Staat, in dem die faktischen und die gesetzlichen Dinge immer weiter auseinanderklaffen. Und zwar nicht deswegen, weil die faktischen Dinge unvernünftig und die gesetzlichen vernünftig sind und man es nicht in den Griff bekommt, sondern umgekehrt: weil die faktischen Dinge vernünftiger sind und die gesetzlichen unvernünftig, aber wir unfähig sind, die gesetzlichen Dinge anzupassen.« Das ist dann das Lehrstück mit dem Titel: Wie höhle ich das Rechtsbewußtsein der Bürger aus?

Die Konsensduselei führt zum Kampfbegriff »soziale Kälte«, und alles, was anders werden soll als bisher, nennt sich »Sozialabbau« und ist ungerecht. Wie sehr man mit solchen Etikettierungen danebenliegen kann, zeigt der folgende Gedankengang, den von Weizsäcker systematisch entwickelt. Bei politischen Entscheidungen, die zu Veränderungen führen sollen, können wir zwischen zwei Regimen – wie er das nennt – wählen. Das eine ist das Verteilungsregime, das andere das Effizienzregime. Er nennt eine Maßnahme dann effizient, wenn die Vorteile, die daraus entstehen, in der Summe größer sind als die Nachteile. Ein Effizienzregime zeichnet sich also dadurch aus, daß effiziente Maßnahmen im beschriebenen Sinne ergriffen werden, ineffiziente nicht. Beim Verteilungsregime sieht es anders aus. »Das besteht darin«, erklärt von Weizsäcker, »daß man sich bei jeder einzelnen Maßnahme überlegt, wie sie sich auf alle Bevölkerungskreise auswirkt, und man nimmt Abstand davon, wenn nicht alle zufriedengestellt werden.« Das heißt, wenn irgend jemand darunter leidet, wird dieser Schritt unterlassen. Ich bitte ihn um ein konkretes Beispiel, und er nennt den Bergbau. »Wenn die Bergarbeiter gegen Subventionskürzungen sind, dann gibt es eine kleine Gruppe in der Bevölkerung, nämlich diese 100 000 Menschen, die darunter vielleicht leiden. Und es gibt 79,9 Millionen Menschen, die davon profitieren. Dennoch wird es wegen dieser einen Gruppe, die Nachteile hat, unterlassen. Das nenne ich das Verteilungsregime.« Und genau dieses wird im Namen der sozialen Gerechtigkeit propagiert.

Von Weizsäcker ist durchaus kein »Sozialrambo«, den das Schicksal einer Gruppe nicht schert, wenn sie nur klein genug ist. Seine wissenschaftlichen Untersuchungen haben allerdings folgendes ergeben: Auch wenn es auf den ersten Blick widersprüchlich scheint, so führt das Effizienzregime dazu, daß letztlich alle bessergestellt werden als nach dem Verteilungsregime.«Und zwar deswegen«, erläutert von Weizsäcker, »weil die einzelne effiziente Maßnahme zwar bestimmte Leute benachteiligt, wenn aber sehr viele effiziente Maßnahmen aufeinander aufgebaut werden, dann trifft es mal den und mal den. Das wechselt und bedeutet, daß sich diese Nettovorteile auf die Dauer – da wir bei der Einzelmaßnahme immer im Saldo einen Vorteil haben – über die gesamte Bevölkerung erstrecken und deshalb alle auf die Dauer davon profitieren.« Um die letzten Zweifel an dieser Rechnung zu beseitigen, kommt er auf das »Gesetz der großen Zahl« zu sprechen, wie es die Statistiker nennen. Wenn Sie würfeln und immer dann einen Pluspunkt notieren, wenn der Würfel eine 6, eine 5, eine 4 oder eine 3 zeigt und einen Minuspunkt bei der 1 oder der 2, dann bekommt der einzelne mit der Wahrscheinlichkeit von einem Drittel einen Minuspunkt. Im Verteilungssystem würde das dazu führen, daß der Würfel nicht geworfen wird. Im Effizienzregime wird man den Wurf wagen, da 4 von 6 Würfen positiv ausfallen. »Bei einem einzelnen Wurf ist das vielleicht sehr ungerecht«, räumt von Weizsäcker ein, »aber wenn Sie viele Würfe machen, dann können Sie nachweisen, daß der einzelne gewinnt.« Er kennt die ungläubigen Reaktionen seiner Zuhörer, lacht und fährt fort: »Wenn Sie 10mal würfeln und sich jedesmal einen Pluspunkt anschreiben, wenn die Zahlen 3 bis 6 erscheinen, und einen Minuspunkt bei 1 und 2, dann haben Sie mit ganz großer Wahrscheinlichkeit eine Pluszahl. Und wenn Sie gar 100mal würfeln, dann haben Sie mit fast absoluter Sicherheit eine Pluszahl.« Wirtschaftspolitisch umgesetzt bedeutet dieser Grundgedanke, daß es falsch ist, mit jeder Einzelmaßnahme »Gerechtigkeit« erzielen zu wollen. Man bewirkt das Gegenteil. »Das hat nichts mit sozialer Kälte zu tun«, meint von Weizsäcker, »das ist einfach Logik.« Probieren Sie's ruhig aus mit dem Würfel – es stimmt.

Fazit:
Es ist ein Fehler, aus Gründen der Verteilungsgerechtigkeit in jedem Einzelfall Bilanz ziehen zu wollen. Das richtige Verfahren ist, die Grundprinzipien festzulegen, nach denen man sich rich-

ten will, und dann konkrete Schritte einzuleiten, ohne jeden einzelnen kaputtzudebattieren.

Es gibt noch ein Versäumnis ganz anderer Art. Wir haben viel zu lange daran geglaubt, alles messen und in Zahlen ausdrücken zu können. Moral und Ethik – das klang angestaubt. Dabei ist gerade eine offene Gesellschaft extrem auf Tugenden angewiesen. Jetzt merken wir langsam, daß das nicht gutgeht, und fallen ins andere Extrem. Anti-Ökonomismus-Schriften und Betroffenheitslyrik haben Hochkonjunktur. Vom Anspruch her ernst zu nehmende Veranstaltungen der beiden großen Kirchen unseres Landes gleiten auf Propagandaniveau ab, und die Leute klatschen. »Wirtschaft ist das Reich des Bösen. Nur der Staat kann uns retten. Reich sind die anderen. Im Zweifel haben die Betroffenen keine Ahnung.« Diese vier Kernsätze formuliert Tim Schleider in *Das Sonntagsblatt* (27. Juni 1997) als Ergebnis einer Arbeitsgruppe auf dem Evangelischen Kirchentag und kommentiert seinerseits: »Mit Verlaub: hätte es schlimmer kommen können?« Nach den Schilderungen des Kollegen muß es sich um eine dieser typischen »Marktwirtschaft-igitt-igitt-Veranstaltungen« gehandelt haben, die so in Mode gekommen sind. Mit »richtigen« Wissenschaftlern, die unter tosendem Applaus verkünden: Die Marktwirtschaft hat keine Ethik. Mit »richtigen« Referenten, die zwar die fehlenden Lehrstellen wort- und gestenreich beklagen, aber an keiner Stelle ihres Vortrags auch nur ansatzweise nach den Ursachen für die Misere fragen. Die inquisitorische Atmosphäre ist zu spüren, wenn der Autor beschreibt, daß allein die Beschäftigung mit den Regeln der Ökonomie »schon ein Verrat an der leidenden Menschheit und am aufrechten Gang bedeutet«. Bereits in der Überschrift des Artikels zum Kirchentag war von einem ärgerlichen Resultat die Rede, und sein Ärger klingt aus jeder Zeile: »Da man sich also mit dem Innenleben der Märkte nicht befassen wollte, blieb konsequenterweise nur der Ruf nach dem Staat, der von allem Übel befreien sollte.« Er findet es »atemberaubend, wie ungebrochen Protestanten auch weiterhin an Allzuständigkeit und Allmacht des Staates glauben« und Reichtum immer nur bei anderen entdecken. »Daß unter heutigen Verhältnissen eben womöglich schon reich ist, wer kaum kündbar 13 oder 14 Monatsgehälter und 30 Urlaubstage pro Jahr bezieht, diesem Zweifel mochte sich kein Besucher (...) hingeben.« Zum Schluß wurden als »Täter« die »in der F.D.P. versammelten Neoliberalen« ausgemacht, und in Ermangelung kampferprobter Figuren wie Westerwelle oder Lambsdorff (die hatte der Veranstalter erst gar nicht eingeladen, so der Autor) fiel die versammelte christliche Gemeinde über eine 22jährige Jungliberale her.»Ohne Scheu gab der Moderator die Nachwuchspolitikerin frei zum Abpfeifen durchs Publikum. Ein Moment, der lehrte, daß die Grenzen zwischen Gerechtigkeit und Selbstgerechtigkeit eben doch fließend sind.«

1

Der Ach-so-ist-das-also-Effekt

Reaktionen von Lesern meines Buches
»Jetzt mal ehrlich«

Es fällt mir schwer, das folgende zu systematisieren, und mit der Entscheidung, dieses Kapitel überhaupt zu schreiben, habe ich mich ungewöhnlich lange herumgequält. (Offenbar passiert mir das in jedem meiner Bücher mit irgendeinem Punkt...) Es geht um die Leser-Reaktionen auf mein erstes Deutschland-Buch, die ich im Vorwort bereits erwähnt habe. Zunächst die Gründe, die dafür sprechen, darüber zu berichten: Von Gedankenaustausch und Dialog läßt sich immer profitieren. Warum soll ich Sie, meine Leser, nicht daran teilhaben lassen? Bestätigung, zusätzliche Anregungen und konstruktive Kritik sind das Beste, was einem passieren kann. Es gibt mir Kraft und Mut, und Ihnen vielleicht auch. Gesträubt habe ich mich dagegen, weil ich nicht wollte, daß es nach billiger Reklame für »Jetzt mal ehrlich« riecht, wenn der Rückgriff auf dieses Buch so umfangreich ausfällt. Aber andererseits – warum sollte ich nicht für eine Arbeit werben, die auch heute nichts von ihrer Aktualität verloren hat? Gesträubt habe ich mich ebenfalls angesichts dieser halsbrecherischen Gratwanderung zwischen faktennaher Information und peinlicher Lobhudelei. Es ist einfacher, von Angriffen zu berichten, die ich mit geradezu sportlichem Ehrgeiz parieren muß – vor Auseinandersetzungen habe ich mich noch nie gedrückt –, als Zuspruch zu zitieren und Passagen aus Briefen anzuführen, die meine Rechercheergebnisse stützen und illustrieren. Andererseits kann man Bescheidenheit auch übertreiben. Und wer hat etwas davon, wenn ich vor lauter Hemmungen, falsch eingeschätzt zu werden, etwas unterdrücke, was ich eigentlich loswerden möchte, weil ich es für wichtig halte?

Genug der Vorrede und mittenrein. Martina Behrens aus Hamburg hatte sich nach einem Radiotip mein Buch zum Geburtstag gewünscht und sich bei der Lektüre der ersten beiden Kapitel »*königlich amüsiert! Wirklich, selten habe ich in letzter Zeit so herrlich lachen können*«. Bei den folgenden Kapiteln sei ihr das Lachen dann jedoch vergangen. Sie schreibt vom »*Achso-ist-das-also-Effekt*«, der sich einstellte, »*und nun wundere ich mich nicht mehr darüber:*

- *daß auf politischer Ebene so wenig passiert zur Zeit, obwohl ganz viel passieren müßte;*
- *daß gute Ansätze und Ideen, die irgendwo einmal auftauchen, plötzlich wie vom Erdboden verschluckt scheinen;*
- *daß es mir so schwer fällt, den Worten die richtige Bedeutung zu entlocken usw.*

Als ich Ihr Buch aus der Hand legte, konnte ich mich nicht recht entscheiden, alles als großen Witz abzutun, denn zu so viel Idiotie sind unsere gewählten und hochbezahlten Volksvertreter[*] *und letztendlich jeder einzelne von uns, doch wohl nicht fähig (ich fühlte mich an die Geschichten der Schildbürger erinnert) oder so zu tun, als wenn ich das ja schon immer geahnt habe, und nun ist das ganze doch nichts besonderes mehr. Aber weder das eine noch das andere ist richtig, dafür sind die Themen und Funktionsmechanismen, die Sie schildern und verstehen, sehr deutlich herauszuarbeiten, viel zu ernst. Und mir wird wieder einmal bewußt, daß es, mehr denn je, an der Zeit ist, selbst etwas zu tun. Wir sind doch alle sog. mündige Bürger und erwachsene Menschen, die ernst genommen werden dürfen, also fangen wir an, uns entsprechend zu benehmen!*«

---

[*] Nach meiner Auffassung sind unsere Volksvertreter gar nicht so »hoch bezahlt«. Wenn ich es zu entscheiden hätte, dann würde ich die Diäten erhöhen, aber gleichzeitig verlangen, alle Nebenbeschäftigungen offenzulegen.

Natürlich freut es mich, wenn trotz der vielen zum Teil unfaßbaren Ärgernisse, die ich beschrieben habe, das Ermutigende »rübergekommen« ist. Das weitverbreitete Bedürfnis, sich zu engagieren und einzumischen, hat mich – ehrlich gesagt – überrascht. Die Hilflosigkeit, das in konkrete Arbeit und Aktion umzusetzen, weniger. Und mit der oftmals spürbaren Resignation hatte ich gerechnet. Wenn zum Beispiel Dr. Lothar Brandes aus Köln, von dem ein Buch über »Die Erfindung des Bewußtseins« stammt und der es »*satt hat, immer nur in Breien herumzustochern oder nur einen weiten Bogen darum herum zu machen*«, zunächst zwar noch ganz hoffnungsvoll schreibt: »*Die Frage bleibt, ob wir realiter etwas bewegen – vielleicht reagieren wir auch nur unseren Zorn ab, vielleicht markieren wir aber auch eine etwas unübliche Art von Opposition.*« Doch in seinem abschließenden Wunsch hat die Resignation die Hoffnung beinahe ganz verdrängt: »*Nun bleibt mir nur noch, Ihnen doch einiges an Befriedigung dazu zu wünschen, was versucht zu erklären, warum unser Kampf zum größten Teil wohl doch nur Windmühlenflügeln gilt.*«

Wie schwer es ist, sich der Resignation zu verweigern, und mit welchen Mitteln sich Menschen immer und immer wieder motivieren, auch wenn sie im Laufe ihres Lebens mit Engagement und Eigeninitiative überwiegend auf den Bauch gefallen sind, zeigt sich im Brief von Gisela Keil aus Schneeberg: »*Ich hatte und habe sehr oft Aktivitätsperioden, wo ich dringend das Bedürfnis habe, mich aktiv in das gesellschaftliche Leben einzumischen. Die vielen Unzulänglichkeiten in der Politik und das dauernde Gejammer der Menschen um mich herum machen das Maß voll. Ich war und bin erstaunlicherweise auch heute noch der Meinung, daß man auch als Einzelperson ohne eine Partei oder Organisation im Hinterland zu haben, einfach nur mit den Aspekten des normalen Menschenverstandes etwas in der Gesellschaft verbessern kann bzw. Aktivitäten auslösen kann. Gott oder wer es auch sonst war, hat uns einen Verstand gegeben, ihn nicht zu nutzen ist meiner Meinung nach Gotteslästerung.*« Genau!

Apropos Partei. »*Noch zu DDR-Zeiten*«, schreibt sie, »*war man erstaunt, daß ich trotz meines Interesses am politischen Geschehen kein Parteimitglied war und jetzt verweist man mich oft ebenfalls an Parteien, um aktiv gesellschaftliche Arbeit zu tun.«* Aber zu Parteien hat Frau Keil ein gespaltenes Verhältnis: »*Ich bin schon lange der Meinung, daß die Parteien bei ihrer Gründung vor ca. hundert Jahren die Gesellschaft damals positiv beeinflußt haben, jetzt aber durch die rasante Entwicklung der Menschen in den Industrieländern zum Hemmnis für weiteren Fortschritt geworden sind. Sie lenken von den echten Problemen ab, teilen die Gesellschaft und kosten den Steuerzahler zu viel. Hauptanliegen dieser (die Parteien sind gemeint, d.Verf.) ist nicht mehr, gemeinsam die Gesellschaft zu entwickeln, sondern sich gegenseitig Unfähigkeit, Fehler und Schuld vorzuwerfen.*« Ich hatte in meinem Buch leicht schmunzelnd angeregt, Politiker ihre Lösungsvorschläge anonym in einen großen Kasten werfen zu lassen, ohne Angabe von Person oder Partei, damit konstruktiver diskutiert werden könnte. Auf diese Weise würde man verhindern, daß Ablehnung oder Unterstützung einer Idee davon abhängig gemacht wird, woher sie stammt: ob aus dem Regierungslager oder aus den Reihen der Opposition. Ich hatte auch kein Hehl aus meiner diebischen Freude gemacht, die ich bei der Vorstellung empfand, wie eine allgemeine Verunsicherung um sich greift, weil sich ja niemand mehr an offiziell ausgegebenen Linien festhalten kann, sondern selbst und selbständig über die Beurteilung klarwerden muß. Gisela Keil greift diesen Gedanken auf und entwickelt ihn weiter. Sie will »*Staatsbeamte von der untersten Stufe an für die Zeit ihrer Tätigkeit von Parteizugehörigkeiten entbinden*«. Und sie fügt hinzu: »*Ich glaube, viele wären darüber nicht einmal so böse.*« Kann gut sein. Jedenfalls hat sie unsere Verfassung offenbar besser im Kopf als das Gros unserer Politiker, Staatsbeamter und sonstiger gesellschaftlicher Funktionäre. Denn das Grundgesetz sieht die Mitwirkung der Parteien bei der politischen Willensbildung vor, aber nicht ihr Diktat in allen Lebensbereichen.

Und schließlich beschreibt sie sehr treffend ein widersinniges Phänomen unserer Gesellschaft: »*Die normale Bevölkerung tendiert immer mehr zur teilweise berechtigten, aber auch viel unberechtigten Jammerei über alles und nichts und sucht für alles die Schuld bei den anderen, nur nicht bei sich selbst. Wenn sich dann aber einer oder mehrere Personen aus der Masse erheben und aktiv gegen berechtigte Mißstände auftreten, solidarisiert sich im entscheidenden Augenblick die Menge in den seltensten Fällen mit diesen Personen.«*

Immer wieder erreichten mich Briefe von Frauen und Männern, die sich seit Jahren auf den unterschiedlichsten Feldern engagierten, mit viel Aufwand an Zeit, Kraft und auch Geld, und die zum Teil auf humorige Weise ihren Rückzug ins Privatleben kommentierten. Wie etwa der Diplomingenieur Kurt M. Kreisel aus Karlsruhe, der sich angesichts eigener Erfahrungen über die Vergeblichkeit meiner Bemühungen ausläßt, »*mit ehrlichen Worten eine sachgerechte Diskussion zu führen*«. Vor 25 Jahren begann sein Engagement auf dem Feld der Energiepolitik. »*Ich mußte aber zum Schluß feststellen, daß man in diesem lieben Land überhaupt nichts bewirken kann. Mehrmals neigte ich der Ansicht des Zoologen Landois zu (berühmt geworden durch die Geschichten des Tollen Bomberg), der einmal gesagt hat, ›Wenn Sie das Zwischenglied zwischen dem Affen und dem Menschen suchen, so schauen Sie sich bitte um, das sind nämlich unsere Zeitgenossen.‹*«

In die gleiche Linie paßt die kleine Geschichte, die mir jemand in Plakatform zusandte und die möglicherweise im einen oder anderen Büro »anstößig« an der Wand hängt. Mir war sie neu, Ihnen bisher vielleicht auch. »Es waren einmal vier Leute, die hießen Jedermann, Schonjemand, Irgendeiner und Niemand. Es gab etwas Wichtiges zu tun, und Jedermann wurde gefragt, ob er es übernehmen könnte. Jedermann war sicher, daß es Schonjemand tun würde. Tatsächlich könnte es Irgendeiner getan haben, aber Niemand tat es. Da konnte Schonjemand zornig drüber werden, war es doch Jedermanns Aufgabe, es zu tun. Doch Jedermann hatte für sich gedacht, es könnte Irgendjemand ja bereits getan haben, und Niemand stellte sich vor, daß es Irgendeiner nicht getan haben könnte. Es endete halt wie üblich. Jedermann tadelte Irgendjemand, weil Niemand tat, was Schonjemand getan haben könnte. Aber das war vor der Erfindung von Teamwork – oder?«

Dr. Günter Vollmann, Arzt für Allgemeinmedizin aus Lüdenscheid, stellt sich und mir die Frage, ob wir eine andere Staatsform oder einen anderen Menschentyp brauchen, und schließt mit dem Satz: »*Inzwischen habe ich gelernt, daß Widerstand sinnlos ist, man gehört mit Sicherheit zu den Verlierern. Soll ich nun resignieren oder Zyniker werden?*« Am besten keines von beiden, wenn's geht.

So wie Martin Gogl aus Kakenstorf, 57 Jahre, mittlerweile hundert Prozent schwerbehindert, der sich als Kleinunternehmer »*zu den letzten Abenteurern des 20. Jahrhunderts in unserem Land gehörig fühlt*« und den zwölfjährigen »*Horrortrip*« seiner geschäftlichen Aufbauphase als den »*schlimmsten Härtetest*« seines Lebens bezeichnet. Da er weder mit »rechts« noch mit »links« und auch nichts mit den »politischen Liberalen« anfangen kann, »*bleibe ich ein Suchender mit eigener Meinungsbildung, der bemüht ist, den Toleranz-Gedanken aus Lessings Nathan nachzuleben*«. Er verabscheut »*das völlig verzogene Wohlstandsvolk*«, das nun »*heulend in seinem Jammertal (sitzt) und Schlimmes ahnt*«. Seine Sorge formuliert er so: »*Ich habe nicht Angst vor schweren Wirtschaftszeiten, aber ich bekomme immer mehr Angst vor einem neuen Scharlatan, der dieses Volk wieder verführt, und die Zeit dafür ist günstig.*« Ob er die Umfrageergebnisse kennt, nach denen im April 1997 nur 52 Prozent der Deutschen mit der Staatsform der Demokratie zufrieden und 45 Prozent, also fast die Hälfte, unzufrieden waren? Im Juni 1996 äußerten sich 55 Prozent als zufrieden, im September 1995 waren es immerhin noch 61 Prozent. Auch nicht überwältigend. Jedenfalls läßt die Demokratiebegeisterung dramatisch nach. Je weniger die Bürger sich einmischen können und je mehr sie sich pseudodemokratisch veralbert fühlen, um so deutlicher werden sie ihre Unzufriedenheit mit einem System ausdrücken, dessen wirkliche Anwendung sie nie erleben durften.

Die Angst davor, daß »es kippen könnte«, zieht sich durch eine ganze Anzahl von Briefen. »*Fest steht*«, so schreibt Jürgen R. Wiese aus Köln, »*daß sich viele Menschen Sorgen in Deutschland machen und auf mehr Eigenverantwortlichkeit setzen würden, so man sie denn ließe.*« Er selbst fühlt sich nicht mehr als Unternehmer, sondern gezwungenermaßen als Unterlasser. »*Wir haben eine Soziale Marktwirtschaft*«, erklärt er seinen Standpunkt, »*weil ein ungezügelter Markt die Schwächsten in* unserer Gesellschaft erdrücken würde. Eine überregelte Marktwirtschaft hat aber letzten Endes die gleichen Auswirkungen. Deshalb muß man sich so große Sorgen um unser demokratisches Deutschland machen. (...) Eine neue Gewaltherrschaft in Deutschland? Undenkbar? Wer hätte es vor noch wenigen Jahren für möglich gehalten, daß die kommunistischen Gewaltherrschaften der Sowjets und der DDR zusammenbrechen würden? Das war genauso undenkbar.«

Und die Bürger fühlen sich nicht ernst genommen. Wie viele berichteten mir von ihren Erfahrungen mit Volksvertretern. Eine alte Dame, Ehrentraud Lampe aus Frankfurt – die zugegebenermaßen jetzt wohl mehr Zeit hat als die von ihr angeschriebenen Politiker –, beklagt sich darüber, daß sie bei heiklen Themen »*entweder gar keine Antwort oder die Reden zugesandt*« bekam, aufgrund derer sie sich zum Schreiben entschloß. Ursula Waller aus Borkum fühlt sich »abgefertigt«, weil ihr Unmut über politische Entwicklungen, den sie sorgsam auf zweieinhalb Briefseiten zusammengetragen und ans Bundeskanzleramt geschickt hatte, lediglich folgendes auslöste: ein Anschreiben, in dem der Erhalt ihres Briefes bestätigt wurde, gefolgt von dem Satz: »Ihre Ausführungen zu Fragen der Wirtschafts- und Finanzpolitik sind aufmerksam zur Kenntnis genommen worden, wenn Ihre Wertungen auch nicht geteilt werden können.« Als Anlage bekommt sie dann noch die aktuelle Regierungserklärung des Bundeskanzlers. Daraufhin fragt sie mich: »*Können Sie als Journalistin mir sagen, ob das die Art und Weise ist, mit der man uns ›abfertigt‹? Habe ich die falsche Adresse gewählt? Wo findet mein Unmut Gehör? Ich würde mich sehr freuen, wenn Sie mir weiterhelfen könnten.*« Ich habe ihr dazu geantwortet: »Was kann man tun? Schreiben Sie Leserbriefe an Ihre Zeitung. Tun Sie sich mit Nachbarn, Freunden und Bekannten zusammen. Wenden Sie sich an den Petitionsausschuß des Landes. Fragen Sie in Ihrer Stadt nach Bürgervereinen mit ähnlichen Zielen. Erkundigen Sie sich beim Bund der Steuerzahler. Beginnen Sie in ganz konkreten Fällen bei der Kommunalpolitik Ihrer Gemeinde. Hören Sie auf keinen Fall auf, sich einzumischen. Es gibt keine Patentlösung – mir fällt jedenfalls keine ein –, aber es hilft, wenn Menschen wie Sie andere ›anstecken‹.«

Das ist zunächst alles nicht dazu angetan, ungeheure Motivationsschübe auszulösen. Das räume ich gerne ein. Aber auch kein Grund, sich frustriert ins Schneckenhaus zurückzuziehen. In dem Zusammenhang – auf viel Sympathie bin ich gestoßen, weil ich »*auch mal zugebe*«, wie Wolfgang Wenzl aus München es ausdrückt, »*für ein Thema zwar eine Frage, aber keine Antwort zu haben. Das geben die wenigsten zu.*« Ein einziger Leser nahm Anstoß daran mit der Begründung: Wer Bücher schreibt, muß angesprochene Fragen auch beantworten. Sonst lohnt es nicht. Vielleicht ermutigt diese Erfahrung und das eindeutige Mehrheitsverhältnis diejenigen, die immer noch glauben, auf jeden Fall besser dazustehen, wenn sie vorgeben, etwas ganz genau zu wissen. Zuschauer und Wähler schätzen Nachdenklichkeit offenbar doch mehr als allgemein angenommen und haben ebenso ein feines Gespür dafür, wenn Aktionismus mit Entscheidungsfreude verwechselt wird.

In einer Reihe von Briefen beklagen sich Bürger über Verschwendung. Sie ärgern sich, daß Rechnungshöfe und der Bund der Steuerzahler keine größeren Eingriffsmöglichkeiten haben. Regelmäßig erfaßt sie die Wut bei der Lektüre der entsprechenden Berichte bzw. Schwarzbücher. Und dann? Passiert nichts oder nicht viel. Ganz gleich, wie man etwa zum Umzug der Regierung nach Berlin steht, eines ist sicher und unumstritten: wenn schon Umzug, dann bescheiden und so preiswert wie möglich. Natürlich müssen zumutbare Arbeitsbedingungen geschaffen werden. Doch der Ausbau des Reichstagsgebäudes ist vielen Bürgern – auch Berlinern – ein Dorn im Auge. »*Vor einigen Jahren hieß es*«, so schimpft Werner Bauerfeld aus Berlin in seinem Brief, »*das Gebäude kann ohne Um- und Ausbauten vom Bundestag übernommen werden.*« Und jetzt? Er empfiehlt einen Blick auf Großbritannien. »*England ist bekanntlich eine der ältesten Demokratien der Welt, und man möchte meinen, daß die Abgeordneten in einem Gebäude arbeiten können, das ihrer Bedeutung entspricht. Aber was sieht man da? Die members of parliament sitzen wie die Hühner auf der Stange eng aneinander gedrängt, haben nicht mal ein Tischchen für ihre Papierchen vor sich, und das Parlament funktioniert trotzdem.*« Ich wollte es nicht glauben und habe mich erkundigt. Die Informationsabteilung der Britischen Botschaft hat bestätigt, daß die Abgeordneten im Unterhaus tatsächlich auf dem Schoß schreiben. Über Tische verfügt nur das Kabinett.

Einen dicken Verschwendungsbrocken, der in meinem Buch keine Rolle gespielt hatte, ergänzt Hermann Schemel aus Schiltach. Er wagt sich dabei auf das Tabugebiet Entwicklungshilfe. Als Anlaß dient ihm die Meldung, daß Namibia (vor dem Ersten Weltkrieg deutsche Kolonie und bis 1990 unter südafrikanischer Verwaltung) bisher von Deutschland über 600 Millionen Mark an Finanzhilfen bekommen habe bei etwa 1,8 Millionen Einwohnern. Er hält Entwicklungshilfe nicht grundsätzlich für fragwürdig, ganz im Gegenteil, aber so, wie sie in der Regel betrieben wird, für schädlich und viel zu teuer. Auch das ist keine neue Erkenntnis, aber wenn sie mit konkreten Beispielen zu untermauern ist, argumentiert es sich besser. Hier also seine Informationen: »*Was denkt man wohl in den Entwicklungsländern über unsere Hilfe, die extrem bürokratisch organisiert ist, obgleich wir Marktwirtschaft propagieren (und über Beamte, die sie tragen und nie in der Wirtschaft tätig waren). Kein Wunder, daß man eigentlich nur mit NGOs (die englische Abkürzung für ›Nichtstaatliche Organisationen‹, d. Verf.) arbeiten möchte. Die sparsamen Schweizer (konkret Stephan Schmitheiny) haben eine Stiftung (FUNDES) initiiert, die Kleinunternehmen und jungen Selbständigen Bankbürgschaften gibt, nicht gleich Geld. Eingebunden sind örtliche Banken. Wie unrealistisch bei uns gerechnet wird, geht allein aus der Tatsache hervor, daß die effizienten Hilfsprogramme wenig kosten und die teuren wenig nutzen. (Das ist das Ergebnis einer Untersuchung des Schweizer Experten Dr. Hagen, der 230 internationale Projekte der UNO und anderer Organisationen überprüfte.) Nur, kleine Projekte sind nicht zu administrieren! Wenn ein Land zum Beispiel 100 Millionen Mark aus politischen Gründen erhält (und das ist noch wenig), dann müssen sie auch ausgegeben werden. Und das geht nicht mit Projekten, die nur 5 000 Mark kosten oder 100 000. Es müssen immer viele Millionen sein.*« Das deckt sich mit meinen Erfahrungen in Rußland und der ehemaligen Sowjetunion. Hätte der

Westen von Anfang an entschlossener kleinere und mittlere Projekte gefördert, ginge es vielen Menschen besser. So aber flossen nicht nur unvorstellbare Summen in dunkle Kanäle, sondern waren objektiv gar nicht sinnvoll einzusetzen, weil entsprechende Strukturen der Verteilung fehlten. Mit vielen kleinen Krediten läßt sich politisch natürlich nicht so viel Wind machen. Ganz erbost schreibt ein Leser, der bei diesem Etat enorme Sparpotentiale vermutet: »*Die Politik der Entwicklungshilfe wird auch ad absurdum geführt, wenn wir erleben, daß wir zum Beispiel Milliarden an das alte Jugoslawien gezahlt haben, und nun feststellen, daß diese Region ohne Hilfe viele Jahre einen teuren Krieg führen konnte.*« Solche Schieflagen sind in der Tat schwer oder gar nicht zu vermitteln. Das mag mit ein Grund dafür gewesen sein, warum sich die entsprechende Recherche über die Höhe der tatsächlichen Summe so in die Länge zog. Abgesehen von den üblichen Schwierigkeiten, bei x-verschiedenen Töpfen und Titeln einen Überblick zu behalten, sind die Zuwendungen den zuständigen Stellen von heute aus betrachtet wahrscheinlich auch peinlich. Schließlich verwies das Finanzministerium ans Auswärtige Amt, das die Behauptung des Lesers über Milliardenbeträge bestätigte. Darüber hinaus machte man auf den Betrag von 3,5 Milliarden Mark aufmerksam, den die Bundesrepublik bislang für den Aufenthalt der Flüchtlinge aus dem ehemaligen Jugoslawien aufgewandt hat, vorrangig getragen von den Gemeinden und Ländern.

Aber zurück zu Hermann Schemel und einem beeindruckenden Beispiel aus Uruguay, das seit 27 Jahren gut funktioniert und alle Beteiligten zufriedenstellt. »*Die Initiative ging von der Besitzerin einer größeren Estanzia aus, die den Frauen der Farmarbeiter in der Einsamkeit der Pampa eine Beschäftigung und einen eigenen Verdienst ermöglichen wollte. Da die ausgezeichnete Wolle des Landes überall verfügbar ist, begann man mit dem Spinnen von Hand und verbesserten, neu entwickelten Spinngeräten, die ohne Strom auskommen. Ungewöhnlich die Struktur der Kooperative: Es wurde nämlich ein Beirat gegründet, in dem die Topmanager großer Unternehmen des Landes mitwirkten, zum Beispiel die Niederlassungsleiter der Farbwer-*

ke Hoechst und von Philips. Sie sorgten – unentgeltlich – für effiziente Produktionsabläufe bei dezentraler Fertigung, engagierten erstklassige europäische Designerinnen und möglichst fähige Manager, die für den Absatz sorgten. Dadurch werden gute Preise für die erstklassigen Stricksachen erzielt. Ungewöhnlich auch der Ehrgeiz, ohne Hilfsgelder der Entwicklungshilfe auszukommen. Die derzeitige Zahl (er schreibt im Sommer 1996, d. Verf.) der beschäftigten Frauen wurde mir mit etwa 800 angegeben. Es waren früher auch schon mehr. Viele Frauen wechselten in neu gegründete Kleinunternehmen, es sollen mehrere tausend sein, denen das Stricken zum Broterwerb und Lebensinhalt wurde. Die marktwirtschaftliche Ausrichtung des Projektes hat wesentlich dazu beigetragen, daß die Kooperative nun schon seit 27 Jahren erfolgreich arbeitet. Nachdem die Daimler-Benz AG begonnen hat, zur Imagepflege Projekte zu initiieren, die neue Beschäftigungsmöglichkeiten schaffen (zum Beispiel das Projekt zur Verarbeitung von Kokosfasern auf der Insel Marajo/Brasilien) ist zu hoffen, daß weitere Großunternehmen diese neue Form der Imagepflege entdecken. In einer Zeit, in der immer weniger Menschen immer mehr produzieren, ist es wichtig, sich wieder der arbeitsintensiv herzustellenden Produkte zu erinnern, die sich nicht in Großserien mit modernen, automatisierten Maschinen fertigen lassen. Diese (Textil-)Produkte benötigen die Markterfahrung und Absatzförderung von Großunternehmen. Dann sind dauerhafte Erfolge – wie in Uruguay – und gute Verdienstmöglichkeiten für die Beschäftigten möglich.«

Ein Richter, der nicht genannt sein will, reagiert auf einen meiner Vorträge, den ich im Rahmen einer Veranstaltung namens »Zukunftstag« gehalten habe. Sowohl durch meine Worte als auch durch die Ausführungen der meisten anderen Redner fühlt er sich als Angehöriger des Öffentlichen Dienstes zu Unrecht angegriffen. Ich war mir eigentlich sicher, keine undifferenzierte Beamtenbeschimpfung losgelassen bzw. die Verwaltung nicht in Bausch und Bogen verurteilt zu haben – aber offenbar ist es bei dem Richter anders angekommen. Ich hatte in meiner Rede – und in meinem Buch – beklagt, daß in unseren Parlamenten bis zu sechzig Prozent Lehrer und andere öffentliche Bedienstete sitzen, und daß diese Zusammensetzung für unser Staatswesen als Ganzes nicht gut sein kann, weil »Mehrheiten« über solche Lebensbereiche bestimmen, die sie selbst nie kennengelernt haben. Die Erfahrungshorizonte von Angestellten und Selbständigen sind nun einmal extrem unterschiedlich. Das ist eine Feststellung, eine Kritik an der Struktur und kein Vorwurf an einen einzelnen Lehrer oder Angehörigen des Öffentlichen Dienstes.

Aus diesem Grund hatte ich mich für höhere Diäten ausgesprochen (bei gleichzeitigem Verbot oder zumindest Offenlegung jedweder Nebenbeschäftigung), denn – da gibt es gar keine Meinungsverschiedenheit zwischen dem Richter und mir – natürlich ist *»der (zu Recht) beklagte zu hohe Anteil der öffentlichen Bediensteten in den Parlamenten (auch) darauf zurückzuführen, daß es schon für den durchschnittlichen Handwerker finanziell nicht lohnt, ein Mandat anzustreben, während es für über neunzig Prozent der öffentlichen Bediensteten eine erhebliche finanzielle Besserstellung bedeutet«.* Klar ist ebenso – auch darin sind wir einig – *»daß mit dem öffentlichen Dienst vornehmlich die öffentliche Verwaltung und die Justiz gemeint sind und erstere regelmäßig Vorschriften nur ausführt (auch Verwaltungsvorschriften bedürfen der Ermächtigung des Gesetzgebers!) und letztere Recht findet, nicht setzt. Wie Sie zutreffend erkannt haben, verlangt die bundesdeutsche Gesellschaft – und das Verhalten jedes einzelnen – in kaum noch vertretbarem Maß nach neuen Regelungen. Die Beachtung und Anwendung der Vorschriften durch den öffentlichen Dienst eben diesem vorzuwerfen ist daher ebenso falsch wie der Versuch, ihn für die (teilweise katastrophalen) Ergebnisse verantwortlich zu machen.«*

Wir sitzen gefangen in einem Teufelskreis: Die Bürger wollen alles geregelt haben, der Gesetzgeber regelt und regelt, die Ausführenden sind gezwungen – wir leben schließlich in einem Rechtsstaat! – penibel auf die Einhaltung der Regeln zu achten. Wer will da jetzt wem einen Vorwurf machen? Wie nennt man hier Roß und Reiter, um mit der Abschaffung dieses Unsinns zu beginnen? Sind *die* ignoranten Politiker schuld, oder ist es *die* bornierte Verwaltung oder das blöde Volk mit seiner kleinmütigen Absicherungsmentalität?

Eine bemerkenswerte Anzahl von Lesern hat sich gemeldet, die ebenso wie ich eine Reihe von Jahren im Ausland gelebt haben. Lisel Williams aus Augsburg bringt die Hauptaussage der meisten in wenigen Zeilen – inklusive der eigenen Biographie – auf den Punkt: »*13 Jahre SPD-Stadträtin in Augsburg (wo es mich fast zufällig als gebürtige Düsseldorferin vor ca. 25 Jahren aus Australien kommend hin verschlagen hatte), soeben aus Georgien zurück, wo mein dort als Deutschlehrer tätiger Sohn eine Georgierin heiratete – da war die Lektüre Ihres Buches Wasser auf meine Mühlen. Wir jammern in der Tat auf einem sehr hohen Niveau und haben das menschliche Miteinander verlernt. Da habe ich gerade in Georgien viel hinzugelernt und bin glücklich über die durch die Heirat meines Sohnes hinzugewachsene georgische Familie.*« Das Hinausschauen über den Tellerrand ist uns abhanden gekommen.

Peter Wronowski lebt in der dritten Generation im deutschbelgischen Grenzgebiet, die Familie kommt ursprünglich aus Ostpreußen. Seine Ehefrau betreibt ein Café in Belgien, er ein Radio- und Fernsehgeschäft in Deutschland. Er bezeichnet sich als »neutral«, sein Brief wirkt gelassen und humorvoll. Zur Arbeitswelt schreibt er: »*Im Freundeskreis sehe ich immer mehr, die im Vor-Arbeitslosen-Kur-Pensions-Stand leben. Auf meine Aussage, ich will noch nicht aufhören, sehe ich in irritierte Gesichter. Alle stimmen langsam aber sicher in den Chor ›Die-Rente-reicht-nicht‹ ein. Ich singe zurück: Dann tut doch was. Wieder Irritation. Unsere Gesellschaft hat sich in großen Teilen in ein Heer von Duckmäusern, Lernunwilligen und Verantwortungnichttragenwollenden entwickelt. Verzweiflung kommt bei mir auf, wenn wie vor Jahren, bei der großen Streikwelle, in der ersten Reihe Männer mit dicken Bäuchen marschieren, mit Transparenten ›Wir wollen den Standard erhalten‹. Die Spitze wäre ›Wir hungern‹. Verzweiflung bei mir, was machen die, wenn das Transparent runterfällt, es kann sich kaum einer bücken.*« Über sich selbst verrät er noch ein bißchen mehr: »*Vor den seltenen ernsthaften Diskus-*

sionen verkünde ich: Ich bin Extremist und gelernter Kommunist (bis 1954 Oberschule in der DDR), ich habe die Lacher, die meisten verstehen es nicht. Der Rest diskutiert nicht mehr. Bis auf wenige Ausnahmen. Wer nicht sagt, was die anderen hören wollen, ist meist Kommunist.«

Roswitha F. Flach aus Püttlingen hat bis vor ein paar Jahren in den USA gelebt und im berühmten Kaufhaus Bloomingdale's in New York gearbeitet. »*Obgleich ›unstudiert‹*«, wie sie schreibt, gab man ihr Gelegenheit, sich vom Trainee über Abteilungsleiter, Einkäufer bis hin zum Geschäftsführer einer Zweigstelle heraufzuarbeiten. In dieser Funktion habe sie oft dreißig bis fünfzig Prozent ihrer Zeit »*mit Dingen verbracht, die dazu führten, den Kundendienst zu verbessern*«. Sie bedauert – wie viele in unserem Land – daß Service und Kundendienst hier eher kleingeschrieben werden. Dabei »*erhöht sich der Umsatz bei gutem Service fast automatisch*«, berichtet sie aus Erfahrung und springt auf eine Idee an, die mir spontan in einer Fensehsendung zum Thema Dienstleistungsgesellschaft gekommen war: einmal im Monat (an wiederfindbarer Stelle) Informationen über guten Service. Sei es Einzelhandel, Restaurant, Handwerksbetrieb oder Krankenhaus. »*Es wäre für Deutschland fast revolutionär*«, meint sie, »*mal nicht zu meckern oder gar Bonn für alles verantwortlich zu machen.*«

Sabine Krümmer aus Villingen, von Beruf Entwicklungsingenieurin, lebte einige Jahre in Frankreich, engagierte sich bei Hilfsprojekten für Rußland, hat u. a. auch eine völlig verrückte LKW-Tour nach Moskau unternommen und darüber ein Buch geschrieben (»Gefahrgut für Moskau. Eine Frau reist mit Trukkern«). »*Man glaubt mir nicht*«, teilt sie in ihrem Brief mit, »*daß ich in Frankreich weniger Geld zum Leben hatte, als wenn ich nach der Geburt meiner Tochter in Deutschland sämtliche staatliche Geldquellen angezapft hätte und zu Hause geblieben wäre.*« Sie bezeichnet ihre Erfahrungen zurück in Deutschland als Kulturschock und redet von verkehrter Welt.

Auch Ludwig E. Böhme hat einige Jahre seines Lebens im Ausland verbracht und ist dankbar dafür, »*weil ich vergleichen kann und mir nicht ständig etwas vormache, was objektiv nicht zu-*

trifft«. Unter anderem hat er in Kanada gearbeitet. Was er von dort mitgebracht hat, schildert er so: »*Vor allen Dingen habe ich wirkliche Demokratie kennen- und schätzengelernt (keine falsch verstandene, wie hier), und ich habe Respekt vor gegensätzlichen Meinungen, vor unterschiedlichen Bildungen und Herkünften, vor verschiedenen Hautfarben und Mentalitäten und habe keine Animositäten gegenüber armen und reichen Menschen oder Voreingenommenheiten gegenüber Arbeitgebern und Arbeitnehmern. Hier wird ja jeder Arbeitgeber als Ausbeuter bezeichnet, obwohl es die Unternehmer sind, die den Wohlstand einer Gesellschaft gewährleisten; nämlich nur durch die Schaffung von Wirtschaftsgütern entsteht Vermögen. Diese Erkenntnis war in meiner Generation und der unserer Eltern der Antriebsmotor für Leistung, und ich frage mich immer wieder, wie es möglich ist, daß diese Erkenntnis hier so verdrängt werden konnte und die Menschen in Nordamerika (USA und Kanada) und hier in der Bundesrepublik sich so unterschiedlich entwickelten in den letzten Jahren. Denn als viele dieser dortigen Bewohner sich vor vierzig oder fünfzig Jahren von Europa verabschiedeten, waren wir alle gleich, nämlich darum bestrebt, uns ein Leben und eine Zukunft durch Fleiß und Rechtschaffenheit aufzubauen. Wenn ich jetzt jeweils hierher zurückkehre, bin ich zutiefst erschüttert, was aus diesem Land geworden ist und sich erst noch richtig fortentwikkeln mag.*« Herr Böhme ist nicht mit allen meinen Schlußfolgerungen einverstanden, aber er schreibt: »*Ihre Offenheit verdient Respekt. Endlich einmal jemand, der Roß und Reiter nennt.*« – Kurt Böhringer aus Kleinaspach geht das allerdings nicht weit genug, denn er kritisiert bei aller Zustimmung: »*Die Formulierungen ›Wir müssen...‹ oder ›Es ist notwendig...‹ gehören zum Schwächsten in Ihrem Buch. Wer mit Ihrer Absicht schreibt, muß ›die Bestimmer‹ – die Entscheidenden eben – persönlich ansprechen. Anders geht es nicht.*«

Das sollte ich an dieser Stelle noch einfügen. Mich erreichten einige Briefe – im wesentlichen von Akademikern –, die mein Deutschland-Buch mit einer gewissen Skepsis, sozusagen mit spitzen Fingern angefaßt haben, nach dem Motto: Was kann die denn beisteuern, noch so'n gesellschaftskritisches Zeitgeist-

Pamphlet. »*Da ist ja schon wieder so ein überflüssiges Buch, gefüllt mit lauter Belanglosigkeiten und oberflächlichen Kommentaren*«, so schildert ein Professor aus Müllheim seine ersten Gedanken, als er mein Buch bei Freunden zufällig auf dem Tisch liegen sah. Dann jedoch ließen sich auch Skeptiker überzeugen, bestätigten meine Analysen und äußerten sich zu meiner Sprache. Sie erwähnen meine Fähigkeit, komplizierte Sachverhalte verständlich zu erklären, und fordern mich gleichzeitig auf, dieses Talent offensiv zu nutzen. In einigen Briefen klingt es fast nach Beschwörung, weiter in dieser Weise aufzuklären.

In dem Zusammenhang ist das schönste Kompliment für mich, wenn mir Leser so wie Inge Vogl aus Fintel mitteilen: »*Ich danke Ihnen, daß Sie dieses Buch in einer normalen Grundsprache geschrieben haben, so daß es für jeden Bürger verständlich ist.*« Oder wenn sich männliche und weibliche Leser gleichermaßen darüber freuen, meine Texte lesen zu können, ohne laufend im Lexikon wegen unverständlicher Fremdwörter nachschlagen zu müssen. Oder wenn »*der oftmalige Einwurf von Humorigem*« Freude bereitet. Kritik an meiner »*simplen Sprache*« höre ich meist von Kollegen. Und der Leser Stephan Heidenhain aus Frankfurt/Oder schließt seinen sehr positiven und umfangreichen Brief mit den Worten: »*Insgesamt will ich Ihr Buch loben, auch wenn in den ersten Kapiteln die Darstellung nach meiner Meinung auf sprachlich doch zu lockerem Niveau lag. Ich kann jedoch nur hoffen, daß Sie außer mir mit diesem Buch noch viele Zeitgenossen zu einem offenen Wort verleitet haben.*«

Thies Storm aus Hamburg, Jahrgang 1935, war zuletzt knapp zwanzig Jahre als Außendienstmann für eine große Fotofirma mit Sitz in den USA tätig. Seit einigen Jahren gehört er zum Heer der Frührentner. »*Das will ich nicht beklagen*«, kommentiert er kurz, »*es geht um die Zukunft.*« Im Brief schildert er seine persönlichen Erfahrungen, weil er sie für typisch hält und weil er Parallelen sieht zwischen den Vorgängen in Firmen, in der Politik, in der Wirtschaft und in der Familie. Bei seinen zahlreichen Versuchen festgefahrene Positionen aufzuweichen und »*eine konstruktive Streitkultur anzumahnen, mußte ich leider*

immer wieder feststellen, daß man fest eingefahrene Schienen nicht oder nur ungern verläßt; bestenfalls erhielt ich hinter vorgehaltener Hand ganz verhaltene Zustimmung.«
Und dann beschreibt er die Mechanismen, die wir alle – da bin ich sicher – in irgendeiner Form selbst erlebt haben: »*Anstehende Schwierigkeiten werden nicht angesprochen, Entscheidungen verschoben oder nur halbherzig verabschiedet. Bei solcher Handlungsweise fliegen einem später die Fetzen um die Ohren, das ist so sicher wie das Amen in der Kirche! Wenn man versucht, auf sich abzeichnende Mißstände hinzuweisen (solange sie noch klein sind, kann man sie besser handhaben und an der Wurzel des Übels beseitigen), hörte ich zumeist:*
Sie sehen alles negativ
– zerbrechen Sie sich nicht unseren Kopf
– kümmern Sie sich um Ihr Sachgebiet, wofür Sie bezahlt werden
und ich wurde bestenfalls belächelt und als Querulant empfunden mit dem Vorwurf, ob ich denn etwa die Firma ändern wolle... Oder wenn ich selbst mit einem Mitglied des Vorstandes sprach, erhielt ich einen Schreck über die Hilflosigkeit und Perspektivlosigkeit solcher Leute. Natürlich gab es auch ein positives Erlebnis, als ein direkt dem Vorstand unterstellter Manager mir gegenüber viele interne Mißstände zugab und mir versicherte, daß er daran arbeite; aber nach ca. drei Jahren ging er zurück in die Zentrale nach USA...
Oder es wurden Qualitätsprogramme initiiert, manche Punkte erkannte ich wieder – na, endlich. Seitenlange Fragebögen wurden von den Mitarbeitern ausgefüllt mit Bitte um Angabe von Mißständen, dies wurde auch alles gewissenhaft getan. Nach langem Warten kamen ein paar laue Reaktionen, danach versickerte alles wieder, weil ›man Wichtigeres zu tun hatte‹...
Folge:
– Jede Gruppierung in der Firma sah ihre Probleme eng eingegrenzt quasi mit einem Tunnelblick
– Gruppierungen, die von der Aufgabe her teilweise miteinander zu tun haben, kommunizieren nicht
– Informationen und Anweisungen kommen wie aus einem

Bunker. Mißverständnisse, eigene Mehrarbeit, Frust, innere Kündigung, Hilflosigkeit, Jammern.
Zielvorstellungen, Planungen, Visionen für größere Zeiträume gibt es entweder nicht, oder sie werden so starr in den Boden gerammt, daß spätere notwendige Änderungen nicht flexibel vorgenommen werden können, und das auch noch häufig wegen der Befürchtung des ›Gesichtsverlustes‹...
Lediglich kurzfristige Ziele zur Gewinnmaximierung werden angegangen.

Fazit:
– Freisetzung von Mitarbeitern
– Druck auf die verbliebenen Mitarbeiter
– Der Krankenstand der Belegschaft, auch wenn er aus Angst der Mitarbeiter offiziell zurückgegangen ist, ist psychosomatisch begründet und kostet die Betriebe und damit die Gesellschaft einen zu großen Betrag
– Die Zahlen sind wichtiger geworden als der Mensch.«

Thies Storm hat diesen Ablauf nicht nur in seiner Firma festgestellt. Gespräche mit Freunden und Bekannten, die in anderen Firmen und anderen Branchen arbeiten, haben vergleichbare Ergebnisse gezeigt. Das Erstaunliche: Herr Storm geht selbstkritisch an die Sache ran und lokalisiert die Gruppe der Bremser: »Bis zu meinem Abschied habe ich meinen Kollegen immer wieder gesagt, daß wir alle an dieser Situation auch mitbeteiligt sind; wir sind zu schnell zu leise geworden, gemeinsam hätten wir mit mehr Phantasie möglicherweise mit den oberen Etagen zumindest Teillösungen gefunden, das Mittelmanagement lag wie eine Lehmschicht dazwischen, sie hörten zuwenig unsere Stimmen und bekamen dann ihren ›Tunnelblick‹ und arbeiteten dann mehr oder weniger glücklich mit ›Bunkermentalität‹. Wir haben alle verlernt, locker und offen über Schwierigkeiten miteinander zu sprechen und dann auch Lösungen zu finden. In solch einem offenen Klima kann dann eine Kritik genauso offen ausgesprochen und angenommen werden wie ein Lob – und das setzt Kräfte frei, welches das Kapital des Mitarbeiters ist und wovon dann der Arbeitgeber einen Riesennutzen haben kann. *Sicher gibt es Untersuchungen darüber mit der Angabe einer DM-Zahl, die der Arbeitgeber aus dem Fenster wirft, da er dieses Kapital kaum nutzt. Dem Mitarbeiter fehlt in seiner Arbeit heute Resonanz und Reflexion, dadurch wird er auf sich selbst reduziert, die Folge ist dann zwangsweise negativ.*« Dann schlägt er den Bogen zu Wirtschaft und Politik, wo er ähnliche Entwicklungen wahrnimmt: »*Immer mehr halten angstvoll den Mund, um ja nicht aufzufallen; in der Politik bremsen viele bevorstehende Wahlen die notwendigen Initiativen. In der Wirtschaft gibt es noch viel zuwenig Firmen, die das Gold in den Köpfen ihrer Mitarbeiter entdecken, damit arbeiten und dabei Kosten sparen.*« Und auch er sieht in bezug auf unser demokratisches System sorgenvoll in die Zukunft: »*Die politische Rechte braucht eigentlich nichts anderes zu tun, als geduldig zu warten – die Zeit arbeitet für sie.*«

In seinem sechs Seiten langen Brief finden sich immer wieder Sätze, die den Nagel auf den Kopf treffen. So auch dieser: »*Wir lassen uns immer mehr von Sachzwängen antreiben, als daß wir Menschen die Sachen zwingen. Unsere Freiheit, die uns doch sehr teuer sein müßte, können wir nur mit Selbstdisziplin und Offenheit verteidigen; das gilt für alle – vom kleinen Angestellten über den Beamten bis zum Manager und Politiker.*« Was kann man tun, und wie ist es zu tun? »*Ein Buch wird gekauft*«, schreibt er in bezug auf das meine und das, was es bei ihm ausgelöst hat, »*vielleicht spricht man miteinander darüber, aber meist nur unter Gleichgesinnten. Man sieht sich an, spricht ›Ja – eben‹ und hat bestenfalls ein kleines gemeinsames Erfolgserlebnis. Das ist aber viel zuwenig!*« Er macht mich auf einen Franzosen namens Jean-François Kahn aufmerksam, der sich mit einem neuen Magazin auf den Markt wagt. Darin sollen keine Nachrichten und Berichte zu lesen sein, sondern mit Blick auf die Gestaltung unserer Zukunft Auseinandersetzungen stattfinden. Monsieur Kahn hat das ehrgeizige Ziel, eine Auflage von 500 000 Exemplaren zu erreichen, denn es mache ihn wahnsinnig, so wird er zitiert, nachts aufzuwachen und »*zu erkennen, daß wir geradewegs auf eine Mauer zulaufen.*« Der Deutsche Thies Storm fragt mich: »*Können Sie sich vorstellen, daß ein periodisch erscheinendes Medium wie das französische Beispiel nicht doch eine größere Anzahl anspricht, anstößt, daß die Bedrängten und Bedrückten wieder den Kopf heben und sich gegenseitig ermuntern, Widerspruch einzulegen, um dann auch zu Lösungen zu kommen? Sie als engagierte Journalistin wissen am besten, wer in Deutschland anzusprechen ist, um einem solchen Medium näherzukommen, vorausgesetzt, daß auch Sie davon selbst überzeugt sind. Oder wissen Sie ein besseres Mittel, um zu verhindern, daß wir ›auf die Mauer zulaufen‹?*« Ob es ein besseres ist, weiß ich nicht. Aber da ich von Hause aus ein »Fernsehmensch« bin, kreisen meine konkreten Vorstellungen, wie man periodisch Wiederkehrendes, also auch Wiederfindbares in der unübersichtlichen Fernsehlandschaft gestalten kann, eher um das elektronische Medium. Ich behaupte nicht, den Stein der Weisen gefunden zu haben, aber ich könnte mir eine Form vorstellen, in der dieser dringend notwendige Meinungsstreit stattfindet: unaufgeregt, aber knallhart und offen, nicht immer auf parteipolitisch paritätische, also »korrekte« Besetzung von Positionen schielend, anspruchsvoll im Niveau und doch verständlich. Das geht, ich weiß es!

Nun möchte ich Ihnen drei Geschichten nicht vorenthalten. Jede für sich ist typisch und zum Lachen – wenn es nicht so traurig wäre. Solche anekdotischen Einschübe stoßen übrigens bei professionellen Kritikern hin und wieder auf Ablehnung (ganz nett, aber nicht substantiell genug). Leser urteilen in ihrer Mehrheit offenbar anders und empfinden sie als wohltuende Auflockerung dieser ansonsten eher schwierigen Materie.

Der hilfsbereite Pensionär Friedrich Wilken hatte die Aufgabe übernommen, beim Straßenverkehrsamt einen PKW der Mittelklasse vom verstorbenen Vater auf die ledige im gleichen Haushalt lebende Tochter umzumelden. Nur der Vorname mußte also geändert werden. Um nichts falsch zu machen, erkundigte sich der freundliche ältere Herr vorher telefonisch beim Amt über die Abwicklung dieses formalen Aktes. Und nun geht's los. Mit Kraftfahrzeugbrief, Kraftfahrzeugschein und schriftlicher Vollmacht formvollendet ausgestattet, begibt er sich – zu diesem

Zeitpunkt noch guter Dinge – zum zuständigen Straßenverkehrsamt. Sein Anliegen wird an einem besonderen Schalter zur Kenntnis genommen, die mitgebrachten Unterlagen werden vorgeprüft, und man fordert ihn auf, doch bitte erst einmal Platz zu nehmen. Nach einiger Zeit wird er computergesteuert zum Schalter 9 gerufen. Er legt die geprüften Unterlagen vor, der Sachbearbeiter prüft erneut und fragt dann nach dem Personalausweis der neuen Wagenbesitzerin. Den hatte der ältere Herr natürlich nicht dabei, davon war beim vorbereitenden Telefongespräch ja auch keine Rede gewesen. Auf die verblüffte Frage, wozu denn der Personalausweis nötig sei, die Antwort: Man müsse schließlich die Unterschrift auf der Vollmacht prüfen. Unverrichteter Dinge begibt sich der Rentner nach Hause. Am nächsten Tag startet er den zweiten Versuch. Diesmal ausgestattet mit Brief, Schein, Vollmacht *und* Ausweis der neuen Autobesitzerin. Zur Erinnerung: Es ging nur darum, in den Fahrzeugpapieren den Vornamen ändern zu lassen. Nach Vorprüfung und Platznehmen beordert der Computer diesmal zum Schalter 16. Der Mann händigt die Unterlagen aus, nach kurzer Zeit meint die Sachbearbeiterin: Bitte Ihren Personalausweis. Verdutzt reagiert der Rentner: »Wieso das denn?« – »Sie sind gut«, meint die gepflegte Dame, »ich muß schließlich prüfen, ob Sie Sie sind.« – »Hektor, bleib ruhig«, denkt sich der Mann, der glücklicherweise viel Zeit hat, »aller guten Dinge sind drei«, nimmt seine Unterlagen wieder in Empfang, geht nach Hause und startet am nächsten Tag den nächsten Versuch, der diesmal von Erfolg gekrönt ist. Im Prinzip haben sich die Sachbearbeiter vorschriftsmäßig verhalten. Denn natürlich ist es theoretisch denkbar, daß sich jemand mit einer gefälschten Vollmacht falsche Fahrzeugpapiere beschaffen will oder aber gar nicht derjenige ist, dem die Vollmacht gilt. Nur – es mußte lediglich ein Vorname ausgetauscht werden. Wo bleiben selbständiges Denken, Eigenverantwortung und der gesunde Menschenverstand?

Der gleiche Herr fährt zum örtlichen Entsorgungsbetrieb, um sich zwei Säcke Edelhumus zum Preis von sechs Mark pro Sack zu kaufen. Ein Sack wiegt sechzig Kilo. Ein solches Ungetüm in den Kofferraum zu bugsieren macht gewisse Schwierigkeiten.

Wie er so zwischen seinen beiden Edel-Humus-Säcken steht, den Kofferraumdeckel seines Wagens geöffnet, und das weitere Vorgehen überlegt, kommt ein Bediensteter des städtischen Entsorgungsbetriebes vorbei, erkennbar an seinem orangefarbenen Overall. Der ältere Herr spricht ihn an, ob er ihm nicht helfen könne, diese beiden Säcke in den Kofferraum zu heben. »Nein, das geht nicht«, meint der kräftige junge Mann, »ich gehöre nicht zu der Abteilung hier.« Und während der Rentner nicht weiß, ob er lachen oder sich ärgern soll, schiebt der Mann in Arbeitskleidung lächelnd nach: »Man darf ja nicht in das Arbeitsgebiet eines Kollegen eingreifen.« Fällt Ihnen dazu noch etwas ein?

Die Geschichte von H. Leopold unter der Überschrift »Existenzgründung« liest sich in seinen eigenen Worten so: *»Ich bin staatlich geprüfter Augenoptikermeister und habe mich nach drei Jahren Tätigkeit als angestellter Filialleiter dazu entschlossen, den Weg in die Selbständigkeit zu gehen. Im März 1996 ist es mir trotz ›staatlicher Hilfe‹ gelungen, einen kombinierten Augenoptik-Juwelier-Betrieb mit zwei Angestellten zu gründen.*

Es gab eine Vielzahl von Genehmigungsverfahren und Ablehnungsbescheiden, zum Teil für Dinge, die bereits mündlich zugesichert waren. Vieles scheitert am planwirtschaftlichen Denken der Verwaltung oder einfach an Unkenntnis der eigenen Weisungsbefugnis, sofern man überhaupt hinterblickt, wofür man eigentlich zuständig ist. Von fachlicher Kompetenz für das zu beurteilende berufsspezifische Problem ganz zu schweigen (zum Beispiel Beurteilung meines Betriebsgründungskonzeptes oder fiktive Umsatzzahlenvorschau für IHK, Berufsgenossenschaften, Banken etc.).

Auch die Genehmigungsverfahren für Darlehen (ERP, Deutsche Ausgleichsbank, Hausbankkredite) sind von einer gewissen Absurdität geprägt. Der Zeitpunkt der Antragstellung ›muß vor Beginn der Maßnahmen‹ liegen, mit anderen Worten, es dürfen noch keine Verträge unterschrieben sein. Dies bedeutet in der Praxis: Der Jungunternehmer verhält sich korrekt und beantragt seine Darlehenshöhe blauäugig ohne konkret abschätzbare Zahlen. Platzt wegen der fehlenden Vertragsunterschriften zum Beispiel der Miet/Pachtvertrag des vorgesehenen Objektes, bleibt der Jungunternehmer auf seinem Kredit sitzen, oder er geht von total falschen Voraussetzungen aus, die ein anderer Standort mit sich bringt. (Nicht nur in puncto Umsatzerwartung, sondern auch die baulichen Gegebenheiten spielen eine extreme Kostenrolle im Bereich Ladenbau und Einrichtung von Werkstätten.) Verhält er sich im rechtlichen Sinne weniger korrekt, unterschreibt er in der Planungsphase munter Verträge (Miete/Pacht, Ladenbau, Gewerke, Anbindungen an künftige Lieferanten etc.) und das Genehmigungsverfahren wird von Bankenseite auch nur teilweise abgelehnt oder gekürzt, bricht das gesamte Gefüge zusammen. Viele Existenzgründungen sind daher von vornherein zum mittelfristigen Scheitern verurteilt, weil das Kreditvolumen viel zu hoch gewählt (mangels genauerer Vorinformation) oder zu eng begrenzt wurde (mangels notwendiger banküblicher Sicherheiten) und der Betrieb dem Markt nicht gerecht werden kann. Als krönenden Abschluß staatlicher Eingriffe erhielt ich zwei Monate nach meiner Betriebseröffnung Post von der Bundeswehr. Ich wurde zu einer neuerlichen Musterung gebeten. Dies hielt ich zunächst für einen Scherz oder Irrtum, denn ich bin mittlerweile dreißig Jahre, habe vor zehn Jahren meinen Grundwehrdienst (seinerzeit noch W15) sowie zwei Jahre später eine einwöchige Reserveübung abgeleistet. Ich war lediglich als Ordonnanz eingesetzt, habe also keinerlei besondere militärische Ausbildung. Im Herbst 1994 durfte ich sogar meine Reservistenbekleidung abgeben, damit war das Thema Bundeswehr für mich eigentlich erledigt. Auf Anfrage teilte man mir nun mit, daß ich diesen neuerlichen Musterungstermin wahrzunehmen habe, schließlich sehe das neue Verteidigungskonzept vor, vermehrt Reservisten bis zum 36. Lebensjahr zu Übungen heranzuziehen. Meine private oder geschäftliche Situation sei für das Kreiswehrersatzamt völlig bedeutungslos. Der gleiche Staat, der mir vor wenigen Wochen staatliche Fördermittel gewährte, will mir ernsthaft Knüppel zwischen die Beine hauen, so gut er kann. Ich habe damals drei Monate länger ›Dienst am Vaterland‹ getan als Generationen von W12er und gar fünf Monate länger als die jetzigen

Wehrpflichtigen. Anscheinend bin ich unentbehrlich! Ich müßte meinen Betrieb de facto für die Zeit einer solchen Reserveübung schließen, da im Augenoptiker-Handwerk die Meisterpräsenz gilt, wegen der vorhandenen Krankenkassenzulassung.

Ich möchte nicht weiter ausholen, denn ich habe diesen Vorfall auch MdB Dr. Heiner Geißler vorgetragen, in dessen Wahlkreis mein Geschäft liegt. Daraufhin habe ich mittlerweile nichts mehr von der Bundeswehr gehört, jedoch meine Ausführungen zum Thema ›Erschwerte Existenzgründung‹ wurde mit beiliegendem Schreiben sehr zu meiner ›Zufriedenheit‹ beantwortet.« Darin heißt es u. a.: »Gerne werde ich bei ›Standortdebatten‹ auf Ihre Erfahrung zurückgreifen. Hoffentlich gelingt es, diese Probleme Schritt für Schritt auszuräumen.«

Die dritte und letzte Geschichte hat mich am meisten berührt. Eine Leserin hat mir folgendes geschrieben: »*Sicherlich erhalten Sie sehr viele Reaktionen auf Ihr Buch* ›*Jetzt mal ehrlich*‹. *Aber bestimmt schreibt Ihnen kaum ein Leser, unter welchen Umständen er auf Ihr Buch* ›*gestoßen*‹ *ist. Also es war einmal eine Bauleitung. Genauer gesagt eine winzige Niederlassung in Berlin. Unsere Truppe bestand aus den unterschiedlichsten Männern und Frauen. Doch eines Tages kam der Chef zu uns und hat uns wegen allgemeinem Auftragsmangel entlassen. (An dieser Stelle verbietet es mir die Höflichkeit, mich über sein Management zu äußern.) Wir haben genau drei Tage gebraucht, um uns von diesem Schock zu erholen, unsere Gedanken und Papiere zu sortieren und zu bemerken, daß wir in ein großes Loch fallen. Arbeitslosigkeit! In den letzten Arbeitstagen haben wir unsere Schreibtische aufgeräumt und uns gefragt, wann wir das letzte Mal richtig zum Lesen gekommen sind. Irgendwie waren wir schon völlig verkommen: arbeiten, essen, schlafen, arbeiten. Einer meiner Kollegen sagte: Ich habe ein Buch über Deutschland. Ein Buch von dieser Frau vom Kulturweltspiegel, die mit der geilen Frisur.* ›*Krone-Schmalz*‹, *habe ich beim Aufräumen gerufen.* ›*Genau. Gabriele Krone-Schmalz. Das Buch könnte ich endlich lesen.*‹ *Schon am nächsten Tag lag Ihr Buch auf meinem leeren Schreibtisch.* ›*Das muß du unbedingt lesen, Iljane. Die Frau spricht einem aus der Seele.*‹ *Und bevor ich* selbst einen Blick in Ihr Buch werfen konnte, hat mein Kollege angefangen vorzulesen. Ich habe mich hingesetzt und zugehört. Können Sie sich das vorstellen? Während der Arbeitszeit? Eigentlich undenkbar. Leider kann man 240 Seiten unmöglich im Büro vorlesen, deshalb habe ich mir von meinem letzten Gehalt Ihr Buch gekauft. Es passiert selten, daß ich meine Bedenken und meine Kritik in einem Buch wiederfinde, und es kommt noch seltener vor, daß mich ein Buch so frustriert. Unsere Politiker werden an den bestehenden Verhältnissen nicht rütteln, immerhin geht es um ihre Macht, ihre Diäten und ihre Altersversorgung. Und auch für das Volk gilt: ›Erst kommt das Fressen, dann die Moral.‹ Es ist einfacher, den Ausländern die Schuld zu geben. Und es ist auch einfacher, gar nicht erst wählen zu gehen... Viele Seiten Ihres Buches mußte ich zwei Mal lesen und ich weiß immer noch nicht, ob ich wirklich alles verstanden habe. Bestimmt wird Ihr Buch von Intellektuellen gelesen und diskutiert, aber ich befürchte, daß Ihre realistischen Betrachtungen am schnöden Rest vorüberziehen werden. Schließlich heißen Sie Krone-Schmalz und nicht Konsalik. Auf alle Fälle werden Sie reichlich verbale Dresche beziehen, denn nichts ist schlimmer als Kritik, die auch noch mit Vorschlägen zur Verbesserung versehen wurde. Überlegen Sie mal, das fängt schon in der Familie an. Auch mein Vater hat jede Form von Widerspruch, Kritik oder Veränderungswünschen mit einem Satz vernichtet: ›Solange du die Füße unter meinem Tisch hast...‹ Als ich die korrupte FDJ-Leitung meines Betriebes beim Namen genannt habe, hieß es: ›Dann geh doch zu den Arbeitslosen in die BRD‹. Und endlich im Westen angekommen, wurde mir sehr schnell angeboten, wieder in die DDR zu gehen, wenn mir etwas nicht passen sollte. Als die Mauer gefallen war und ich zu einer Fete nach Ostberlin gefahren bin, wurde ich mit den Worten begrüßt ›Wessis raus!‹ Diese Entweder-oder-Mentalität ist so weit verbreitet, daß ich oft nur resignieren konnte. Vielleicht denken Sie an meinen Brief, wenn Sie wieder als ›unverbesserliche Rote‹ bezeichnet werden...

    Außerdem möchte Sie eine ›alte‹, arbeitslose technische Zeichnerin zu einem zweiten Band ermuntern. Wie wäre der Titel ›Von

Arbeitsscheuen und Abzockern‹? Scherz beiseite, aber die Arbeitsweise von Arbeitsämtern, Sozialämtern und Wohngeldämtern müßte man wirklich einmal unter die Lupe nehmen. Überforderte Arbeitsvermittler und entnervte Arbeitslose stoßen oft an die Grenzen des Arbeitsförderungsgesetzes. Beispiele gibt es zuhauf, und ich könnte viele Seiten damit füllen. Ich könnte von Regelsätzen berichten und von sinnlosen Umschulungen, von Wohngeldtabellen und von Aktenwagen im Computerzeitalter. Aber mein Brief soll Sie nicht erschlagen, er sollte einfach nur eine angenehme Abendlektüre für Sie werden. Hoffentlich war er das auch. Ich nehme an, daß Sie keine Zeit haben, Leserbriefe zu beantworten, also werde ich mich nicht wie üblich verabschieden. Ich wünsche Ihnen interessante und bezahlte Arbeit, bleiben Sie gesund und so mutig wie bisher.«

Zwei Themen wurden in meinem Buch vermißt: Bildungspolitik und Moral.

Ein Leser hat mich auf folgendes Mißverhältnis aufmerksam gemacht, auf das ich zunächst mit ungläubigem Staunen reagiert habe und dann – nach entsprechender Recherche – mit Entsetzen. Da schreibt Bernhard Oswald aus Miltenberg: »*Wenn Sie an die Hochschulen blicken, nimmt die Zahl der Naturwissenschaftler und Ingenieure bis auf weniger als 30 Prozent ab. Ein Professor gab für Erstsemester seiner Uni folgende Zahlen an: 300 Juristen, 250 BWL-er und 10 Physiker. An den Fachhochschulen haben Sie das gleiche Bild. Die Diagnose lautet: die Techniker und Physiker haben keine Aussicht auf eine spätere Anstellung. Die Anamnese fehlt.«*

Entsprechende Unterlagen des Statistischen Bundesamtes belegen, daß die Zahl der Studienanfänger in den technischen Fächern drastisch abnimmt. Bei Jura und BWL bleibt sie eher konstant. Es müßte doch wirklich jedem klar sein, daß in einem Land, das weder Raum noch Bodenschätze in nennenswertem Maße besitzt, hoher Lebensstandard nur mit einem Vorsprung an technischem und wissenschaftlichem Fortschritt gehalten werden kann. Bernhard Oswald beschreibt diese erschreckenden Zahlen als »*Ausdruck gesellschaftlicher Dekadenz*«, und ich möchte ihm da nicht widersprechen. Aber auch hier ist es so schwierig, Roß und Reiter zu nennen: Sind die Universitäten schuld? Wenn sie am kameralistischen, also staatswirtschaftlichen Gängelband gehalten werden, welche Möglichkeiten bleiben ihnen da, gestalterisch tätig zu sein? Sind die Politiker schuld, die bei Wissenschaft und Kultur als erstes die Mittel zusammenstreichen? Aber was sollen sie machen angesichts der angespannten Haushaltslage und des gefräßigen Sozialetats? Sind die Unternehmen schuld, die ihre Forschungsabteilungen auslagern? Wenn's anderswo preiswerter und mit weniger staatlichen Auflagen geht, rentabel muß es sein. Sind die jungen Leute schuld, denen naturwissenschaftliche Studien zu anstrengend sind? Aber wozu, wenn sie mit dem Abschluß in der Tasche doch nur die Flure der Arbeitsämter bevölkern. Einen Königsweg gibt es also auch hier nicht. Aber muß deshalb alles so bleiben, wie es ist?

»*Unsere einzige Rettung sind neue gute Produkte und gut ausgebildete, hochmotivierte Mitarbeiter*«, schreibt ein Leser aus dem norddeutschen Raum. »*Ich weiß, wovon ich rede*«, fährt er fort, »*denn ich habe erlebt, wie faul und risikoscheu leitende Manager sein können. Ich kenne einen Fall von vielen: eine hochtechnische Produktgruppe, für die der Hersteller einmal ein Weltmonopol besaß und die 1991 aufgegeben wurde, weil man sie sehenden Auges durch Unterlassen notwendiger Entwicklungsarbeit (ach, das ist doch so teuer!) ruiniert hatte. Alle nach und nach aufgetauchten Wettbewerber waren im Laufe von Jahrzehnten – also nicht mit einem Überraschungscoup – technisch vorbeigezogen.*«

Und Moral. »*Moral heißt nicht moralisieren*«, ermutigt mich der bereits erwähnte Bernhard Oswald aus Miltenberg, »*aber die hohe Form christlicher Moral ist auch in der Marktwirtschaft essentiell.*« Der Unternehmer, dessen soziales Engagement ich kenne – vor allem in bezug auf Rußlanddeutsche –, legt in seinem Brief eine Art Glaubensbekenntnis ab: »*Unsere Marktwirtschaft regelt sich nicht nur nach den Gesetzen des Marktes, sondern ruht auch auf den Säulen der abendländischen Kultur. Die Randbedingungen werden nicht nur durch Justiz und Exekutive, sondern auch durch ein hohes Maß an christlicher Moral (oder Ethik) vorgegeben. Um es etwas tiefer zu hängen: Unser Markt funktioniert auch nur deshalb und nur so lange, als es Dinge wie gegenseitiges Vertrauen, Verantwortungsbereitschaft, Toleranz, Wahrhaftigkeit, Treue, Leistungsbereitschaft zum Wohle des anderen etc. gibt.«* Weiter spricht er Adam Smith an, den »*Altvater der Marktwirtschaft*«, und meint, in dessen Werken überall zwischen den Zeilen lesen zu können, daß die starken Kräfte einer effizienten Marktwirtschaft die folgenden sind: »*Leistung, (echter) Wettbewerb, unternehmerische Initiative, sozialer Ausgleich und nicht Betrug, Raffinesse, Subventionen, Ausbeutung, Machtmißbrauch. Manchmal habe ich den Eindruck, daß unsere feingestrickte Marktwirtschaft zu einem System der gegenseitigen Ausbeutung verkommt. Ganze Bereiche sogenannter Dienstleistungen leben von der leistungslosen Teilhabe an der Leistung anderer. Der Staat selbst ist zum Ausbeuter geworden. Die Politiker (vor allem auf der angeblich sozialen Seite) erschrecken zu Tode, wenn wir, die Unternehmer, niedrigere Unternehmenssteuern verlangen. Sie hängen an den Besitzständen von Vermögens-, Erbschafts- und Einkommensteuer, als ob es um Sein oder Nichtsein ginge. Es geht ihnen offensichtlich weniger um die Effizienz unseres Systems als vielmehr um ein möglichst hohes Maß an hoheitlicher Gewalt. Der absolutistische Staat bleibt stets eine Versuchung.*«

Ob man sich ärgert oder nicht, ob man sich einmischt oder nicht, ob man selbst zurechtkommt oder nicht – »*Das schlimmste ist ja gar nicht das alles, denn es bedrängt ja nur unser heutiges Leben*«, schreibt ein Leser. »*Das schlimmste ist die Versündigung an Kindern und Jugendlichen.*«

Und genau deshalb müssen wir uns dringend etwas einfallen lassen. – Oder offen zugeben, daß es uns egal ist.

2

Ideen aus Papierkörben

Denkfabrikanten als Anstifter

Es gilt, ein paar Tatbestände festzuhalten: Wir haben zu viele Arbeitslose, und wir haben zu viele Schulden; die Staatsquote von über fünfzig Prozent ist für unser System der sozialen Marktwirtschaft zu hoch; die Abgabenbelastung und die uferlosen Regulierungen bremsen den einzelnen in seiner Leistungskraft. Das alles bestreitet ernsthaft *niemand*.

Über die wirtschaftliche Bedeutung von Arbeitslosigkeit gibt es keine Kontroverse, aber über die wirtschaftliche Bedeutung von Schulden gehen die Meinungen weit auseinander. Dabei kommt es häufig zu nicht haltbaren Verallgemeinerungen, die eine sachgerechte Diskussion nahezu unmöglich machen. Deshalb eine Bemerkung vorweg.

Verschuldung ist dann ökonomisch legitim, wenn sie auf wirtschaftlicher Stärke beruht. Das heißt, wenn die Verwendung des geliehenen Geldes zu Erträgen führt, mit denen sich Zinsen und Tilgung leicht bestreiten lassen. Beispiele aus dem privaten Bereich zeigen anschaulich, was damit gemeint ist. Wer sich ein Darlehen besorgt und damit ein Wohnhaus baut, das er gut vermieten kann, braucht sich um die Rückzahlung keine Sorgen zu machen. Stehen die Wohnungen leer, bekommt er Probleme. Ebenso, wenn er sich verkalkuliert hat und die erzielten Mieten niedriger sind als die Summen, die für Zinsen und Tilgung des Darlehens anfallen. Sollte derjenige von vornherein planen, mit geliehenem Geld Konsumgüter zu kaufen – also Auto, Kleidung, Reisen etc. –, muß er andere Einnahmen zur Verfügung haben, die ihm die Rückzahlung des Kredits ermöglichen. Aus der Verwendung des Darlehens jedenfalls ist das nicht zu machen, denn das Geld ist ausgegeben und im wahrsten Sinne des Wortes verbraucht.

Das ist beim Staat nicht anders. Es macht einen großen qualitativen Unterschied, ob er sich für Zukunftsinvestitionen verschuldet, die eine Rückzahlung problemlos ermöglichen, oder ob geliehene Gelder für Dinge ausgegeben werden, die zum Verbrauch bestimmt sind. Man kann es auf die Formel bringen: Wohlfahrtsstaaten verschulden sich aus Schwäche. Diese Form der Schulden wirkt sich kontraproduktiv aus und schiebt eine Riesenbelastungslawine vor sich her, die früher oder später die folgenden Generationen unter sich begräbt.

Die heftig diskutierte Alternative, ob es sinnvoller sei, die Staatsschulden oder die Steuern zu erhöhen, läuft auf die Wahl zwischen Pest und Cholera hinaus. Zynismus liegt mir fern, aber eine leicht sarkastisch angehauchte Überlegung muß ich dennoch loswerden. Angesichts der internationalen Verflechtung, die ein nationales Abschotten immer unmöglicher macht, sind hoch verschuldete Wohlfahrtstaaten viel leichter zu sanktionieren und damit – erzwungenermaßen – reformfähiger als solche mit hoher Steuerbelastung. Kapital ist nun einmal mobiler als Menschen. Schlußfolgerung: Bei einer Verschuldung des Staates sind dem Ausgabenwachstum auf mittlere Sicht engere Grenzen gesetzt als bei einer Steuerfinanzierung. Der Nachteil auf kurze Sicht besteht darin, daß die Versuchung, höhere Staatsausgaben per Schulden zu bestreiten, natürlich größer ist, weil man die Belastung erst später spürt.

Zurück zu den am Beginn des Kapitels genannten fünf Tatbeständen, die im wesentlichen unbestritten sind. Über die erforderlichen Anpassungen gehen die Ansichten allerdings auseinander. Während die einen immer noch glauben, sich mit der Bekämpfung von Symptomen begnügen zu können, mahnen die anderen grundlegende Strukturreformen an. Und da wir uns immer irgendwo zwischen Wahlen befinden, bleiben sachgerechte Auseinandersetzungen auf der Strecke. Es wird taktiert und gelogen. Und das ist eigentlich das Schlimmste: Leute, die es besser wissen müssen und es auch besser wissen, stellen sich hin und verkünden das Gegenteil. Beispiel? Wenn der gewiefte Oskar Lafontaine den streikenden Bergarbeitern versichert, daß sie recht haben mit ihren Forderungen nach umfangreicher staatlicher Unterstützung, ist das so ein Fall. Er weiß, daß Subventionitis in die Sackgasse führt, aber er sagt es nicht. Es paßt halt gerad' so schlecht. Wer wollte diese günstige Gelegenheit, die Regierung unter Druck zu setzen, ungenutzt vorüberziehen lassen? Muß man auch verstehen. Viele »Linke« hätten zwar beim Gedanken, selbst solche Kampftiraden loszulassen, persönlich stärkste Bauchschmerzen gehabt, aber man kann dem Oskar ja nicht in den Rücken fallen. Und wer Oskar-Parolen kritisiert, der hat was gegen die SPD. Punkt. Das meiste von dem, was Bundesarbeitsminister Blüm für richtig hält, teile ich nicht. Aber es scheint, er glaubt wenigstens, was er sagt. Halten Sie mich jetzt für einen CDU-Sympathisanten? Ich will an dieser Stelle keine Diskussion darüber eröffnen, ob es letztlich nicht aufs gleiche rauskommt, für unverantwortliche politische Positionen anständig oder unanständig zu kämpfen. Aber von Moral wird noch die Rede sein.

Häufig werden politisch notwendige Korrekturen durch die scheinbar moralische Position erstickt, daß es nicht nur ums Geld gehen sollte. Die Frage, ob bestimmte Dinge bezahlbar sind oder nicht, wird aber immer im Mittelpunkt stehen. Natürlich geht es auch um Moral. Nur nicht in der beliebten Entweder-oder-Manier. Auch nicht in der politisch bevorzugten Reihenfolge: erst die Moral und dann das Geld. Die umgekehrte Priorität sollten wir uns als zivilisierte Menschen allerdings auch verkneifen. Nur – es hilft nichts! Beides bestimmt die Qualität unseres Lebens. *Beides.* Das zu leugnen hat ungefähr soviel Charme, wie das Wachsen von Bäumen zu ignorieren. Politik ohne Rücksicht auf Kosten und ohne Blick für Anreize oder Demotivationen führt langfristig in den Ruin.

Fakt ist auch, daß wir uns – bedingt und gefördert durch die lange Zeit, in der unser Land in Frieden lebt – ein recht komplexes System geschaffen haben. Alles hängt irgendwie miteinander zusammen. Die verschiedenen Einzelsysteme sind so eng verzahnt, daß das Gesamtsystem blockiert, wenn wir isoliert ein Rad entfernen, weil wir an dieser Stelle gerne ein kleineres oder größeres einsetzen möchten. Das Unterfangen kann nur gelingen, wenn wir uns gleichzeitig um den Austausch der anderen Räder kümmern, die wir so gestalten müssen, daß sie wieder ineinandergreifen.

Das bedeutet praktisch: Wir können nicht erst die Steuern reformieren und dann die Rente oder umgekehrt. Es nützt auch nichts, schematisch, also ideologisch belastet über Einzelpunkte zu streiten. Denn diese entwickeln eine ganz andere Bedeutung, je nachdem, in welchem Umfeld sie überhaupt zum Tragen kommen. Beispiel: Wenn ich zeit meines Lebens die Beträge, die ich in meine Altersversorgung gesteckt habe, nicht zu versteuern brauchte, dann werde ich mich über die Besteuerung meiner Rente kaum aufregen können. Denn irgendwo muß die Steuer ja anfallen. Wenn ich aber alle meine Rentenbeiträge bereits von versteuertem Geld abgezwackt habe, dann werde ich gegen die Besteuerung meiner Rente auf die Barrikaden gehen. Um sachgerecht mitreden zu können, müssen wir uns also informieren und dürfen nicht immer schon gleich vorsorglich bei der Erwähnung gewisser Reizwörter aufbrausen.

Und es gibt tatsächlich noch einen Punkt, über den Einigkeit herrscht. Wir haben uns ein öffentliches Finanzwesen geschaffen – oder sollte ich besser sagen: Wir sind da irgendwie hineingeschliddert, und heute will es keiner mehr gewesen sein –, mit dem auch der Intelligenteste und Sparsamste über kurz oder lang in der Pleite landet. Jeder weiß das, und alle klagen darüber, wenn auch aus unterschiedlichen Interessen und Motiven heraus, aber gerade hier, wo es sich materiell und moralisch am meisten lohnen würde, passiert so gut wie gar nichts. Das Chaos nimmt höchstens noch zu.

Bislang dachte ich, es gehört mit zu den kompliziertesten Unterfangen, die Summe herauszufinden, die in Deutschland jährlich an Subventionen gezahlt bzw. gewährt wird. An dieser enervierenden Recherche hatte ich die Leser in meinem ersten Deutschland-Buch teilnehmen lassen. Die Durchleuchtung der Subventionspraxis gehört für mich bei dem Versuch, den Wurzeln unserer Probleme auf die Spur zu kommen, immer noch zu den beeindruckendsten Schlüsselerlebnissen. Aber das staatliche Einnahmesystem zu erkunden stellt alle bisherigen Recherche-Erfahrungen in den Schatten. Sie müssen sich das ungefähr so vorstellen: ein Gang durch ein Labyrinth, von dem auch diejenigen keinen Plan haben, die als Führer engagiert sind. Das macht zwar jene sehr nervös, die sich die größte Mühe bei der Suche nach dem richtigen Weg geben. Aber tonangebend sind diejenigen, die schnell bemerkt haben, daß sich die ihnen Anvertrauten in einem wohlgenährten Zustand befinden und daß einige sogar Vorräte mitschleppen. Die Sorge, nicht rechtzeitig den Ausgang zu entdecken, hält sich in Grenzen. Denn bevor alle verhungern, werden sie eines natürlichen Todes gestorben sein.

Oder gefällt Ihnen das folgende Bild besser: eine Tagung von Taschendieben, die sich gegenseitig pausenlos Beweise ihrer Kunst liefern, so intensiv und geschickt, daß hinterher niemand mehr genau weiß, wer welche Hände in welchen Taschen gehabt und wieviel er da rausgenommen hat. Die Tagung wird natürlich als Erfolg gewertet. Schließlich haben alle das getan, was man von ihnen erwartet und was sie am besten können.

Nun gibt es verschiedene Möglichkeiten, einer mißlichen Situation zu begegnen. Man kann sie ignorieren – sofern möglich – und versuchen, sich selbst irgendwie durchzuwursteln. Das funktioniert um so leichter, je besser es um die materielle Ausstattung desjenigen bestellt ist. Wer keine Perspektive hat, weil ihm das Wasser bis zum Halse steht, tut sich damit schwerer. Das leuchtet ein. Der wird eher verzweifeln und dann je nach Temperament entweder resignieren oder aber wütend aufbegehren.

Dann sind da noch diejenigen, die sich unabhängig von ihrer persönlichen Lage einmischen wollen, weil »Rückzug« und »Raushalten« nicht zu ihrem Menschenbild paßt. Diese werden hin und wieder gerügt, wenn sie deutliche Worte finden, um ihre Nachbarn aufzurütteln. Denn ihre Kritik ruft diejenigen auf den Plan, die das mit Jammern verwechseln (typisch deutsche Wehleidigkeit) oder dahinter Panikmache vermuten (Schämt euch, so gut wie es uns hier geht!).

Tatsache ist, daß wir von ein paar tickenden Zeitbomben umgeben sind. Diese Feststellung hat nichts mit Panikmache zu tun. Das Gegenteil ist der Fall. Wenn Menschen in der Südsee vor einem herannahenden Wirbelsturm ihre Türen und Fenster vernageln, dann halten wir das für vernünftig. Diese Arbeit gefällt denen sicher auch nicht, es ist umständlich und zeitraubend und kostspielig – aber es erhöht die Chance zu überleben.

Um eine Zeitbombe zu entschärfen, muß man was von Bomben und Zeitzündern verstehen. Eine Fundgrube für Spezialisten solcher Art – im übertragenen Sinne natürlich, wenn es um wirtschaftliche Weichenstellungen geht – ist das im Jahre 1914 gegründete *Kieler Institut für Weltwirtschaft*. Es ist gewissermaßen eine ökonomische Denkfabrik oder ein marktwirtschaftliches Versuchslabor, zu dem auch die Zentralbibliothek für Wirtschaftswissenschaften in der Bundesrepublik Deutschland gehört. Also stand ein Besuch dort am Beginn meiner Arbeit für dieses Buch.

Ich hatte mir vorgenommen, über folgende Fragen einen Einstieg zu finden: Was läuft falsch, und warum läuft es falsch? Wer hat möglicherweise ein Interesse daran, Entscheidungen zu blockieren, die aufgrund von gesicherten Erkenntnissen längst hätten getroffen werden müssen? Fehlen uns vielleicht rechtliche Voraussetzungen, um das Ruder herumreißen zu können? Und wenn, welche? Was gibt unser Grundgesetz her? Ist das alles überhaupt noch verfassungskonform, was wir anstellen? Ist unser Gemeinwesen mit dem Etikett »Soziale Marktwirtschaft« eine Mogelpackung? Was kann der Staat tun, und wo sollte er sich raushalten? Und – welche Möglichkeiten hat der einzelne, sich einzumischen?

Ich werde meine Gesprächspartner nicht namentlich aufführen. Das vereinfacht die Wiedergabe des offenen und lockeren Gesprächs. Denn Institutsmitarbeiter dürfen zwar Wahrheiten aussprechen, müssen dies aber normalerweise aus der leidenschaftslosen Warte des kühl beobachtenden Ökonomen heraus tun, die es oft verbietet, Roß und Reiter beim Namen zu nennen. Außerdem mündet es häufig in eine blutleere, schwer zu ertragende Ausdrucksweise. In diesem Sinne bekommen Sie es jetzt also mit Frau A und Herrn B zu tun, die als erstes ihrem Ärger über die Staatsgläubigkeit der Leute Luft machen. »Die meisten Menschen sind marktfeindlich und staatsgläubig. Sie leben in einer Schwarz-Weiß-Welt.« Meint Frau A. »Im täglichen Leben stört sie eine ganze Menge, das aus ihrer Sicht als Versagen des Marktes erscheint. Und wenn der Staat dann korrigierend eingreift, wird dieses Tun überhaupt nicht mehr hinterfragt. Das ist fast mit einer Art blinden Religiosität gleichzusetzen – nach dem Motto: Vater Staat, mach mal. Da wird in keiner Weise mehr nachgebohrt. Die Frage, ob staatliche Eingriffe tatsächlich eine Verbesserung bewirken oder ob sie nicht sogar noch weiter vom erstrebenswerten Zustand wegführen, wird total unter den Teppich gekehrt.«

Das ist natürlich Wasser auf meine Mühle. Diese Staatsgläubigkeit habe ich nie verstanden, und nach meiner Rückkehr aus Rußland, damals noch Sowjetunion, war mir völlig unbegreiflich, wie die gleichen Menschen, die den Russen Eigeninitiative beibringen wollten, bei sich zu Hause ständig nach der Hand von Vater Staat Ausschau hielten. Was ein ausufernder Staat anrichten kann, der sich mit der Parole »soziale Gerechtigkeit« schmückt und alles an sich reißt, das habe ich in Rußland anschaulich vorgeführt bekommen, das möchte ich zu Hause nicht noch mal erleben.

Ich habe das Frau A und Herrn B auch so deutlich gesagt. Es hat sie nicht erschreckt, als ich von Mechanismen in unserer Gesellschaft sprach, bei denen mir nur noch das Wort sozialistisch einfiel. Völlig gelassen nickte Frau A zustimmend, und Herr B meinte: »Genau so ist es. Und wenn der Staat was tut, dann tut er es mit Blick auf die kurzfristigen Folgen. Was langfristig passiert, interessiert nicht, das ist weit weg in der Zukunft. Und davor steht die nächste Wahl.« – »Und dann immer diese wichtigtuerische Konsenshuberei an den Runden Tischen«, ergänzt Frau A, die das als offizielle Institutsmitarbeiterin sicher etwas anders formuliert hätte, »Leute, die meinen, damit könnte man Probleme lösen, haben bis heute nicht kapiert, daß der Markt eine dezentrale Veranstaltung ist! Ganz abgesehen davon bergen Runde Tische die Gefahr in sich, daß Abwesende wie etwa die Steuerzahler über diese gefährlichen Möbel gezogen werden.« Frau A kommt in Fahrt. Von Staatsgläubigkeit ist es nur ein kurzer Weg bis zur Regelwut – beides bremst Eigeninitiative und Verantwortungsgefühl. Frau A stürzt sich exemplarisch auf das Bundeskleingartengesetz, um das Übermaß an zentralstaatlicher Einmischung anzuprangern. Ich habe mich nicht verhört. »Ja, wir haben ein Bundeskleingartengesetz«, wiederholt sie vorwurfsvoll, »in dem der Bund vorschreibt – nicht das Land oder die Gemeinde –, was ein Kleingärtner so zu tun hat oder wie er an Subventionen rankommt – jetzt weiß ich nicht auf Anhieb, ob die Maulwurfspflege steuerlich besonders interessant ist und gefördert wird.« Das klingt mehr nach Galle als nach Humor.

In der Tat regelt das Bundeskleingartengesetz in 22 Paragraphen, was Laubenbesitzer bzw. -pächter zu beachten haben. Die Fassung vom 28. Februar 1983, »zuletzt geändert durch Artikel 1 des Gesetzes zur Änderung des Bundeskleingartengesetzes vom 8. April 1994« – so steht es über der aktuellen Version –, schreibt u. a. vor, daß »eine Laube in einfacher Ausführung mit höchstens 24 Quadratmetern Grundfläche einschließlich überdachtem Freisitz zulässig« ist. Das ist dem Paragraphen 3 zu entnehmen. Besonders eindrucksvoll liest sich Paragraph 20, der mit Inkrafttreten dieses Gesetzes gleich 13 Bundes- und Landesvorschriften aufhebt.

Ob ein Bundeskleingartengesetz in einem föderalistischen System wie dem unseren sein muß, darf getrost bezweifelt werden. Die Chance, daß die notwendigen rechtlichen Rahmenbedingungen übersichtlich, praktikabel und damit sinnvoll geraten, ist um so größer, je näher der Bestimmende am Objekt sitzt. Diese Erkenntnis verbirgt sich auch hinter dem Subsidiaritätsprinzip, diesem Grundgesetz christlicher Sozialordnung, nach der jeweils die kleinere Gruppe alle diejenigen Aufgaben übernehmen soll, die noch von ihr bewältigt werden können. Also die Familie vor der Gemeinde, die Gemeinde vor dem Land, das Land vor dem Staat, der Staat vor der Europäischen Union. Aber von diesem theoretisch allgemein anerkannten Prinzip haben wir uns in Wirklichkeit längst verabschiedet. Die Parallelen zur Zentralverwaltungswirtschaft sind unverkennbar.

»Der Bund befaßt sich jetzt ja auch mit den Imbißbuden in Ostdeutschland«, erklärt Frau A mit einem Gesichtsausdruck, um den sie jeder Pokerspieler beneiden würde. »Sie brauchen gar nicht so ungläubig zu schauen«, ein zufriedenes Lächeln macht sich breit, »das ist doch eine ganz originäre Aufgabe des Zentralstaates, sich um diese Colabuden an Schnellstraßen zu kümmern, das ist doch fast schon Chefsache.« – »Ist das ein Witz?« will ich wissen. »Es hört sich an wie einer, ist aber Realität.« Und Frau A erklärt, was es damit auf sich hat. Nach dem Mauerfall waren in der ehemaligen DDR an den Autobahnen Imbißbuden entstanden. Die improvisierten Lösungen hielten sich. Die Kunden waren offenbar zufrieden. Aber 1993 ermahnte das Bundesverkehrsministerium die zuständigen Länderministerien, »für die Schließung und Beseitigung der Imbißstände zu sorgen«. Die Zahl hat sich seitdem zwar halbiert, aber es sind immer noch etwa vierzig Buden übrig. Ende 1997 ist nun definitiv Schluß. Im sogenannten KWC-Programm, was für »Kioske mit WC« steht, soll nun in schöner Einheitsarchitektur und zu stolzen Investitionspreisen Ersatz geschaffen werden. Bonn möchte es so. Die Konsequenz liegt auf der Hand: Die billigen Preise für eine Bratwurst werden der Vergangenheit angehören, denn die Investition muß sich rechnen. Kleine Selbständige, die zuwenig Eigenkapital haben, müssen sich entweder verschulden oder werden gleich von kapitalkräftigeren Interessenten vertrieben. Eigeninitiative? Fehlanzeige. Die nicht vorhandenen WCs als Argument anzuführen ist wenig überzeugend. Mit gutem Willen, Phantasie *und* Eigeninitiative hätten sich Lösungen finden lassen. Aber das ist wohl gar nicht gewünscht. Und der Hinweis auf eventuelle Verkehrsgefährdung durch den konkreten Standort der Buden ist völlig absurd. Eine örtliche Behörde ist sicherlich besser geeignet, im Einzelfall sinnvolle und sachgerechte Konsequenzen zu ziehen, als ein Bundesmufti ohne Ortskenntnis per Zentralanweisung.

Nun bin ich natürlich nicht nach Kiel gefahren, um mich mit hochqualifizierten Ökonomen über das Bundeskleingartengesetz und die Imbißbudensäuberungsaktion des Bundesverkehrsministeriums zu unterhalten. Aber symptomatisch ist auch das, und es spricht für sich, wenn solche skurrilen Einzelheiten hier im Institut wahrgenommen und kommentiert werden.

Auf meine Frage nach grundfalschen Weichenstellungen, die als erstes geändert werden müßten, nennt Frau A das Bildungssystem, dem es nicht gut bekomme, daß es »eine Domäne des Staates« sei, wo ein »eher marktfeindliches Weltbild vermittelt wird und das volkswirtschaftliche Einmaleins zu kurz kommt«.

Herr B setzt einen anderen Akzent: »Das größte Problem ist wohl das Tarifvertragsgesetz, das kollektive Lohnfindung mit allen Details vorschreibt.« Mir war klar, daß ich mich um diesen Punkt intensiv kümmern mußte und daß es sich wegen der x Ausnahmeregelungen – teils offiziell beschlossen, teils lediglich geduldet und teils illegal praktiziert und noch nicht aufgefallen – um ein höchst unübersichtliches Terrain handelte, auf dem es schwer werden würde, gelassen zu argumentieren. Herr B erklärt die historische Herkunft des Tarifvertragsgesetzes, das in der Form im Jahre 1918 im Zuge der Novemberrevolution eingeführt worden ist und der heutigen Arbeitswirklichkeit nicht mehr gerecht werden könne. Mindestens genauso verheerend wirke sich das unter Bismarck geschaffene Sozialversicherungssystem aus.»Bismarck hat den Sozialisten den Wind aus den Segeln genommen mit der Rentengesetzgebung, der Krankenversicherung und der Unfallversicherung. Später, im Jahre 1928, ist dann auch noch die Arbeitslosenversicherung hinzugekommen. Der Bedarf an solch kollektiven Sicherungssystemen war ja auch da, keine Frage«, räumt Herr B ein. Aber das System passe nicht in die heutige Zeit. Er spricht einen der größten Streitpunkte an: das Umlageverfahren in der Rentenversicherung.

Unser Rentensystem beruht darauf, daß die *jetzt* eingezahlten Beiträge auch *jetzt* ausgezahlt werden. Solange genügend junge Menschen einzahlen, ist die Versorgung der alten Menschen gesichert. Was reinkommt, wird gleich verteilt, »umgelegt«. Die Alternative wäre das sogenannte Kapitaldeckungsverfahren. Das funktioniert – wie der Name schon sagt – so: Die eingezahlten Beiträge werden gesammelt, angelegt, verzinst, wie das private Versicherungen auch tun. Und wenn derjenige, der sein

Leben lang eingezahlt hat, sein Rentenalter erreicht, wird er aus »seinem« angesparten Kapital bedient. Das sind – etwas vereinfacht ausgedrückt – die Prinzipien dieser beiden Verfahren, um die heutzutage so gestritten wird. Wobei es weniger um die Frage geht, welches System das überlegenere ist, sondern mehr darum, ob der Übergang von einem zum anderen gelingen kann.

»Das Umlageverfahren ist für den Anfang prima«, meint Herr B weiter, »die Beiträge von denen, die erwerbstätig sind, lassen sich schön verwenden für die bereits Alten und Kranken, die nie etwas eingezahlt haben. Ein System, das wunderbar ist, wenn man es startet, aber auf lange Sicht hat es dann eben die vielen, vielen Nachteile, die wir jetzt zu spüren bekommen.«

Es gibt Themen, worüber Wissenschaftler nicht streiten, sondern sich tatsächlich einig sind und es gibt Themen, da fliegen auch unter Wissenschaftlern die Fetzen.

Die Frage, ob wir es finanziell überhaupt schaffen, heutzutage vom Umlageverfahren auf das System der Kapitaldeckung umzusteigen, gehört zur letzten Kategorie. Beeindruckende Rechenmodelle werden ausgetauscht. Die einen »beweisen«, daß es geht, die anderen »beweisen« das Gegenteil. Eine in der Tat hochkomplizierte Materie, die unsere Volksvertreter verstehen und bewerten müssen, denn sie entscheiden darüber. Vielleicht wäre es keine so schlechte Idee, wenn sie von denen, die sie gewählt haben, Hilfe bekommen. Wenn Bürger sich kundig machen, ihre Abgeordneten nicht im Regen stehenlassen, sondern ihnen ganz genau sagen, was sie von ihnen erwarten und welche Lösung sie selbst für die beste halten.

Ich frage die beiden in Kiel nach ihrer Einschätzung. Herr B macht kein Hehl daraus: »Meines Erachtens müßten sich Herr Blüm oder der Kanzler selbst oder alle zusammen inklusive Opposition hinstellen und sagen: Liebe Leute, die Rentenversicherung ist am Ende, sie ist bankrott! Wir müssen jetzt was anderes machen. Aber dazu wird es natürlich nicht kommen. Denn dann müßte man ja eingestehen, daß man über Jahrzehnte hinweg einem System angehangen hat, das offenbar doch nicht so gut war. Und wer sagt schon nach Jahren politischer Arbeit als Sozialexperte wie Blüm oder Dressler: Das, wofür ich mein

Leben lang gekämpft habe, war wohl ein Fehler. Das kann man menschlich wirklich nicht erwarten.«

Frau A fügt hinzu: »Erinnern Sie sich noch an die Litfaßsäulen-Plakat-Beklebe-Aktion von Norbert Blüm Mitte der siebziger Jahre: Die Renten sind sicher? Der stellt sich doch jetzt nicht hin und erzählt den Leuten, daß er einen Rückzieher machen muß! Politik ist für mich schon fast ein Synonym für Problemverdrängung und Lastverlagerung.« Mir fällt der Werbeslogan einer privaten Lebensversicherungsgesellschaft ein: Die Renten sind sicher, und die Erde ist eine Scheibe.

Ich schiebe eine Frage nach der Glaubwürdigkeit dazwischen. Wissen es die verantwortlichen Politiker nicht besser, oder handeln sie gegen besseres Wissen, möglicherweise auch deshalb, weil sie glauben, den Systemwechsel politisch sowieso nicht durchsetzen zu können? Also lohnt es nicht, sich dafür aus dem Fenster zu hängen und sich dem eisigen Wind auszusetzen. Beide Ökonomen in Kiel waren sich in ihrer Einschätzung einig. »Blüm meint immer noch, das sei was Gutes. Das hat ihm ja auch Nell-Breuning, sein Lehrer, eingeimpft. Also muß das gut sein.« Bei Dressler vermuten sie eine begrenzte Einsicht, die wegen des Umfeldes nicht zum Tragen kommt, und von Lafontaine sind sie enttäuscht. »Der blickt durch. Der weiß, was Sache ist.« Ich habe fast den Eindruck, sie nehmen es übel, daß jemand, der zu so messerscharfen Analysen fähig ist wie Lafontaine, davon keinen Gebrauch macht, weil es politisch nicht opportun zu sein scheint. »Vielleicht hat er nie ganz verwunden«, sinniert Herr B, »daß seine offenen Worte damals bei der deutschen Vereinigung, als er vor Überstürzung warnte, vom Wähler nicht honoriert wurden, sondern ganz im Gegenteil.«

Egal ob man über das Tarifvertragsgesetz oder die Sozialversicherungssysteme spricht – irgendwann ist in jeder Diskussion der Punkt erreicht, wo das Wort Gerechtigkeit fällt. Das hat einen Kollegen zu einer Wortschöpfung inspiriert, nämlich »Gerechtigkeitsfalle«. Wir sitzen in einer Gerechtigkeitsfalle, sind also kaum mehr reformfähig, wenn wir alle bestehenden Systeme im Prinzip für gerecht halten und bei allen Veränderungen im Prinzip Ungerechtigkeiten wittern. Herr B nennt folgendes

Beispiel: »Wenn ich den Spitzensteuersatz senke, dann gilt das für sich genommen schon mal als ungerecht. Wenn ich die Altersrenten ein klein wenig mehr besteuere, dann gilt das für sich genommen als ungerecht. Aber den Status quo, das Bestehende, erst einmal als Gesamtheit dahingehend in Frage zu stellen: Soll das wirklich unsere Norm sein? Diese Frage stellt ja kaum einer.« Er fährt fort: »Es wäre doch interessant zu erfahren, was sich eine Vielzahl von Menschen als gerechtes System überlegen würde, wenn darüber neu zu entscheiden wäre. Wie würde der allgemeine Rahmen aussehen? Aber grundsätzliche Fragen werden überhaupt nicht aufgeworfen.«

Und damit sind wir wieder beim Staat, bei seinen Eingriffen in unser aller Leben und bei unseren Gestaltungsmöglichkeiten als Bürger. Nach Ansicht der beiden Ökonomen haben wir uns nach dem Zweiten Weltkrieg Schritt für Schritt in ein zu enges Korsett gezwängt, das uns langsam aber sicher die Luft abdrückt. »Das ging los mit der Handwerksordnung. (Nur ein Meister darf sich selbständig machen, d. Verf.) Dann kam 1956 das Ladenschlußgesetz. Es ging weiter mit dem Arbeitsförderungsgesetz von 1969«, dem Herr B eine gute Absicht unterstellt, »aber was daraus geworden ist, ist ja geradezu eine Katastrophe. Heute machen wir ABM und Qualifizierung für irgendwelche Sachen, die niemand so richtig mag. Auf diese Art und Weise wird immer extremer in den Arbeitsmarkt eingegriffen.«

1969 markiert noch eine weitere wichtige Weichenstellung in die falsche Richtung, nämlich die Finanzreform, die Herr B kurz erklärt: »Damals wurden die wesentlichen Steuern anteilig auf Bund, Länder und Gemeinden verteilt. Seitdem ist keiner mehr für eine Steuererhöhung verantwortlich, es kann keine Steuer mehr gesenkt werden, weil verschiedene föderative Ebenen an der Entscheidung beteiligt sind. Zudem hat man aus vorher eindeutig zugewiesenen Zuständigkeiten Gemeinschaftsaufgaben gemacht und die Mischfinanzierung erfunden.« Auf gut deutsch: Niemand ist mehr so recht zuständig, und die Ebene, die etwas beschließt, muß nicht für die damit verbundenen Kosten aufkommen. Das zahlen diejenigen, die nichts mehr zu entscheiden haben. Dieser aberwitzige Mechanismus läuft notgedrungen auf

Verschwendung hinaus und ist mit Kostenbewußtsein in keiner Weise zu vereinbaren.

Fazit:
Als erstes muß die Finanzverfassung geändert werden. Wir brauchen eindeutige Zuständigkeiten, damit auch die Verantwortung für Entscheidungen und deren Kosten eindeutig zugeordnet werden kann.
In dieser Maßnahme liegt ein enormes Sparpotential. Gleichzeitig bedeutet sie die Kehrtwende von bürgerferner zu bürgernaher Politik und vergrößert damit die Chance, vernünftige und sinnvolle Lösungen jenseits parteipolitischer oder Gruppeninteressen durchzusetzen. »Das ist zwar richtig, aber politisch nicht durchsetzbar« – auf diesen Ausspruch könnten sich die Akteure immer weniger zurückziehen.

»Ich sehe die einzige historische Chance«, meldet sich Frau A wieder ins Gespräch zurück, »daß einer der Landesfürsten Verfassungsbeschwerde einlegt und auf die Autonomierechte der Länder pocht, die de facto in der Verfassung drinstehen, aber durch die Rechtspraxis des Bundes ausgehöhlt worden sind.« Und dann kommt ein Satz, der mich in meinen weiteren Recherchen intensiv beschäftigt hat: »Wir müssen das Prinzip des Wettbewerbs auf das politische System – oder besser: die politischen Systeme – übertragen. Nur so geht es.« Ich hatte zu dem Zeitpunkt noch keine rechte Vorstellung davon, was damit gemeint sein könnte, aber eins nach dem anderen. Herr B scheint jedenfalls auch nicht dagegen zu sein, wendet aber ein: »Und wer soll das machen?« Er meint die Klage. »Und was soll dabei herauskommen?« Er verweist darauf, daß verschiedene Ordnungen – auch sich widersprechende – mit dem Grundgesetz gleichermaßen vereinbar sind. Das heißt also, unsere Verfassung ist so eindeutig nicht. Sie enthält zum Beispiel auf der einen Seite zwei Generalklauseln zugunsten der Bundesländer und ihrer Entscheidungsrechte. Andererseits strebt sie die »Einheitlichkeit der Lebensverhältnisse« in allen Ländern an. Dabei handelt es sich allerdings um eine Kann- und keine Muß-Regel. Jedenfalls leitet der Bund aus dieser Bestimmung das Recht ab, sich regelnd einzumischen. Auf welche Interpretation man sich verständigt, ist eine Frage der Macht und der sogenannten öffentlichen Meinung. Herr B präzisiert seine Kritik: »Im Grundgesetz steht, Wirtschaftspolitik ist Sache der Länder. Und was ist daraus geworden? Was können die Länder machen? Praktisch gar nichts. Auf der Steuerseite sind sie völlig von Bonn abhängig und können so gut wie nichts bewegen. Was dann noch übrigbleibt an Spielraum, ist ein bißchen Industrieförderung, ein bißchen Subventionieren, vielleicht vergünstigtes Verkaufen von Grundstücken, sofern man so was hat, über Beteiligungen an Landesbanken ein bißchen Mitwerkeln. Und Schluß. Ob das unsere Verfassungsväter so gewollt haben?«

Ich frage erneut, was zu tun ist, und gebe zu, daß mir Antworten in der Art einer Gebrauchsanweisung natürlich auch am liebsten wären, obwohl ich genau weiß, daß es sie nicht gibt. Aber Analyse und Beratung ist schließlich der Job dieser beiden. Also bitte! Herr B beginnt zögernd: »Wir müssen weiterhin versuchen aufzuklären und können nur hoffen, daß unsere Ergebnisse von seiten der Politik aufgegriffen werden. Aber ich bin da skeptisch, extrem skeptisch.« Und Frau A fügt hinzu: »Hin und wieder hat man schon den Eindruck, daß man für den Papierkorb arbeitet, daß man schöne Artikel schreibt und daß die nur jene Leute lesen, die man ohnehin nicht zu überzeugen braucht.« Da dieses Gespräch am Beginn meiner Recherchen stand, hatte ich schon große Mühe, bei der Stange zu bleiben und mich selbst weiterhin zu motivieren. Wenn die hier schon so skeptisch sind – um Himmels willen! Herr B lenkt ein: »Sicher, ein paar minimale Ansätze in die richtige Richtung sind ja festzustellen.« Und er nennt den Ladenschluß und die freie Wahl der gesetzlichen Krankenkasse, Post- und Bahnreform und die Änderung der Lohnfortzahlung. Aber dann holt ihn die Skepsis und wohl auch die Enttäuschung über die Jahre hinweg wieder ein: »Ich hätte vor zehn oder zwanzig Jahren behauptet, bei 4,5 oder 4,6 Millionen Arbeitslosen ist der Leidensdruck so groß, daß sich mehr bewegt. Und das hätte ich um so eher prognostiziert, wenn mir gesagt worden wäre, daß sich die Realeinkommen netto gerechnet eher nach unten entwickeln oder allenfalls so vor sich hin dümpeln. Beides haben wir heute. Und?« Herr B fürchtet, daß die Verschärfung der Probleme auf dem Arbeitsmarkt nicht dazu führen wird, Regeln abzubauen und Korsetts aufzuschnüren, sondern im Gegenteil dazu, daß der Staat mit noch mehr Eingriffen und Vorschriften versuchen wird, die Dinge in den Griff zu kriegen.

Auf meine wiederholte Frage, was man machen kann, landen wir schließlich bei Bildung und Schule. »Die Information und Aufklärung der Bevölkerung ist ein sehr mühseliger Prozeß«, stellt Herr B fest. Wer wollte ihm da widersprechen. »Und dieser Prozeß ist auch deshalb so schwierig, weil in den Schulen schon sehr viel in die falsche Richtung gearbeitet worden ist. Was Kinder heutzutage über Wirtschaft in der Schule lernen – wenn sie denn überhaupt was von Ökonomie hören –, das ist zum Teil grotesk.« Und er erzählt von Lehrmaterial, das ihm untergekommen ist: »Da beuten die Reichen die Armen aus, und man hat Vorstellungen von einem Gewinn, der auf den Umsatz bezogen bei achtzig Prozent liegt und ähnliche zum Teil völlig perverse Vorstellungen.«

Bei der Gelegenheit fällt mir eine Situation ein, in der ich Kinder im Vorschulalter beim Spielen beobachtet hatte. Sie spielten Chef und Angestellte, und der Chef war der Böse, der »seine Leute« ständig nur arbeiten läßt und ihnen keine Freizeit gönnt. Er selbst muß nichts tun, legt die Füße hoch und raucht Zigarre.

Fazit:
Wir brauchen im Lehrplan der Schulen einen gesicherten Platz für das Fach »Wirtschaftskunde«.

»Es wird hierzulande eigentlich kaum sachlich diskutiert«, mischt sich Frau A wieder ein, »geschweige denn, daß Kausalketten bis zu Ende gedacht werden. Man bombardiert sich emotionsgeladen mit ideologischen Slogans, das war's dann.« Herr B unterstützt sie: »Und das ist in diesem Bereich ganz schrecklich, ganz furchtbar.« – »Erzählen Sie doch mal von den Expertengesprächen in Bonn«, feixt Frau A, »wo's schlimmer zugeht als auf dem Fußballplatz irgendwo im Ruhrpott.« Der Moderator in mir erwacht, und ich fühle mich bemüßigt klarzustellen, daß sich die angesprochenen Zustände auf Fußballplätzen in Nord und Süd, West und Ost bestimmt nicht sonderlich voneinander unterscheiden und ich keinen Grund sehe, warum es im Ruhrpott »besonders schlimm« sein soll.

Herr B schüttelt nur angewidert den Kopf: »Ersparen Sie mir Einzelheiten! In der Anhörung ging's zu wie am Stammtisch. Es war zum Teil nicht zu ertragen, es war unflätig und unqualifiziert. Das habe ich in dieser Form noch nie erlebt.« Er kann sich kaum beruhigen. »Und das Ganze ist ja öffentlich! Das kommt noch hinzu! Wenn man sich intern untereinander so anfährt, okay, das mag noch gehen, aber wenn die Öffentlichkeit dabei ist, dann ist das schon peinlich.« Nach einer kurzen Pause, in der er wohl die unangenehme Erfahrung Revue passieren läßt, fügt er hinzu: »Ein normaler Steuerzahler, der diese Veranstaltung beobachtet hat, muß den Eindruck gewinnen, er sei doch wohl einigermaßen verrückt, wenn er für so einen Quatsch Geld ausgibt. Wirklich – unter aller Kanone! Aber ersparen Sie mir Einzelheiten.«

Wir wollen gemeinsam die konstruktive Kurve kriegen und heben zwei Ansatzpunkte hervor: einmal das Bildungssystem und zum zweiten Politikwettbewerb. »Das sind die strategischen Ansatzpunkte«, so Frau A. »Und wie geht man's an?« Ich hätte es gerne konkreter. Wie aus der Pistole geschossen antwortet sie: »Immer wieder verbal in die gleiche Scharte schlagen, wetzen und sich entsprechend Leute rauspicken, die an den Schalthebeln sitzen.« Schön und gut. »Das haben Sie doch sicher schon gemacht«, bohre ich weiter, »wie reagieren die denn? Winken sie ab oder versuchen sie etwas zu unternehmen und resignieren dann?«

Herr B ergreift das Wort: »Nein, nein, da gibt es durchaus engagierte Leute, die wirklich etwas ändern wollen, die auch sehen, was faul ist und was schlecht läuft. Aber die haben es unendlich schwer in ihrer Fraktion oder ihrer Partei insgesamt.« Ich sehe ein, daß es für meine Gesprächspartner heikel wird, Namen zu nennen. Aber ein bißchen deutlicher hätte ich es schon gerne. Herr B erzählt von einem nordrhein-westfälischen SPD-Mann, der den zügigen Abbau von Subventionen bei der Steinkohle gutheißt, damit aber in seiner Partei nicht landen kann. Abgesehen davon sind die objektiven Schwierigkeiten natürlich auch nicht zu unterschätzen, wenn man Menschen die gesamtwirtschaftlichen Vorteile einer Maßnahme schmackhaft machen will, die sie ihren Arbeitsplatz kostet. Herr B windet sich: »Die segensreichen Wirkungen gibt es, aber die nachzuweisen ist furchtbar schwer. Und wenn, dann erst verzögert und vielleicht eben auch erst nach der Wahl. Aber die Kumpel wählen jetzt, und zwar so und nicht anders.«

Ich versuche eine Zwischenbilanz. Als Ansatzpunkt für Veränderungen haben wir das Bildungssystem und den politischen Wettbewerb genannt. Über welche Kernpunkte täte Information und Aufklärung besonders not? Arbeitsmarkt in Verbindung mit Sozialversicherung und Steuerpolitik, lautet die einhellige Antwort. Das Problem wird sein, die trockene Materie nachvollziehbar aufzubereiten und einen konstruktiven Dreh zu finden. In diesem Sinne frage ich, welchen dringlichen Wunsch die beiden einer guten Fee anvertrauen würden. Herr B wünscht sich, ohne zu zögern, »ein bißchen mehr ökonomisches Denken«, und zwar sowohl in der Bevölkerung als auch in der Politik. »Ein frommer Wunsch«, kommentiert Frau A und erklärt: »In dem Moment, wo Sie ökonomische Größen ins Spiel bringen, heißt es sofort: Ihr Ökonomen denkt ja nur ans Geld.« Deshalb wünscht sie sich, daß den Menschen beim Wort Markt mehr einfällt als skrupellose Gewinnsucht, Ellbogengesellschaft und Rücksichtslosigkeit. »Diese Vorurteile sind einfach nicht aus den Köpfen der Leute rauszubringen«, meint Frau A. »Es wird nicht verstanden, daß der Markt ein sozialer Mechanismus ist, der Wohlstand für alle schafft, wenn der Staat seinen ordnungspolitischen Aufgaben – vor allem dem Wettbewerbsschutz – nachkommt. Man glaubt, der Markt ist ein Bereicherungsinstrument für lauter Dagobert Ducks, denen ständig die Dollarzeichen in den Augen leuchten.«

Apropos USA. Wie begegnen die beiden Wissenschaftler der weit verbreiteten deutschen Angst vor »amerikanischen Zuständen«, die sich durch *hire and fire,* also große soziale Unsicherheit auszeichnen? Nach ihrer Ansicht – die ich teile – spricht nichts dafür, von einem Extrem ins andere fallen zu müssen. »Allerdings«, so Herr B, »die Arroganz der Moral, darauf zu beharren, daß jeder Deutsche Anspruch auf einen *richtigen* Arbeitsplatz hat, halte ich auch nicht für besonders sozial.«

Er windet sich ein wenig, denn wir steuern geradewegs auf eines der großen Tabuthemen zu. »Warum wollen wir nicht, daß uns jemand im Supermarkt die Einkaufstüte zum Auto trägt? Warum wollen wir nicht, daß jemand für ein paar Mark das Auto wäscht oder den Rasen mäht? Warum wollen wir nicht einsehen, daß es viele Menschen gibt, die mit solchen minimal entlohnten Tätigkeiten glücklicher wären als in der Abhängigkeit von Sozialhilfe?«

Sozialhilfe ist das Stichwort. Herr B führt aus, man könne mit gutem Grund argumentieren, daß das Niveau wahrscheinlich für diejenigen, die arbeiten können, zu hoch sei. Bei Alten und Kranken sähe das anders aus. »Die Ansprüche der Sozialhilfeempfänger«, Herr B betont jedes Wort einzeln, »sind viel, viel kräftiger gestiegen als die Nettoeinkommen der Beschäftigten.« Das würde zwar immer bestritten, »aber es ist so!« beharrt Herr B. Auf meinen skeptischen Blick hin bekommt er Unterstützung von Frau A. »Ja, das ist ganz eindeutig so.« Und sie ergänzt: »Mit dem angeblich ausreichenden Lohnabstand verhält es sich ähnlich.« Mit Hilfe von Modellrechnungen, die sich auf geschickt ausgewählte Personengruppen beziehen, ließe sich dieser Eindruck zwar erwecken. Tatsächlich sei der Abstand aber nicht gewahrt. Die Schieflage verstärkt sich noch, wenn man berücksichtigt, daß dem einen eine Summe frei zur Verfügung steht, für die der andere Zeit und Arbeitskraft aufwenden muß. »Aber diese Themen anzusprechen kommt einer Todsünde gleich.«

Natürlich wird niemand ernsthaft erwarten, daß unsere wirtschaftlichen Probleme *allein* durch eine Kürzung oder andere Verteilung von Sozialhilfe gelöst werden können. Aber es geht auch hier um falsche Weichenstellungen. Es ist das System der falschen Anreize, das eine Gesellschaft finanziell und moralisch ruiniert, die sich nach wie vor als solidarische Gemeinschaft versteht.

Fazit:
Modellversuche zeigen, daß jeder vierte Antrag auf Sozialhilfe zurückgezogen wird, wenn damit die Auflage verbunden ist, sich bei einer kommunalen Beschäftigungsgesellschaft zu melden. So zum Beispiel in Lübeck. Schutzbedürftig und von dieser Regelung ausgenommen sollten nur sein: Alte, Kranke, Behinderte, Schwangere und Alleinerziehende.

Ein weiteres Tabuthema hat mit den Lohnkosten zu tun. Wir haben uns daran gewöhnt, daß der Arbeitnehmer und der Arbeitgeber die Sozialbeiträge jeweils zur Hälfte zahlen. Diese Praxis in Frage zu stellen, kommt einer Versündigung gleich. »Ökonomisch ist das vollkommener Blödsinn«, meint Herr B und faßt sich an den Kopf, »denn der Arbeitnehmer trägt letztlich beide Hälften, aber das kriegen sie in die Hirne nicht rein!« – »Es wäre ein Segen«, fügt Frau A hinzu, »wenn man den Arbeitgeberanteil dem Bruttolohn zuschlagen würde. Dann könnte sich der einzelne aus dem erhöhten Bruttolohn seine individuelle Sozialversicherung zusammenstellen.« Bei ruhigem Nachdenken leuchtet ein, daß es sich um eine unsinnige Lastverschleierung handelt, die lediglich das Argumentieren erschwert. »Die Masse der Bevölkerung glaubt«, so Herr B, »der Arbeitgeberanteil sei eine zusätzliche Leistung der Unternehmen zugunsten der Beschäftigten. Die Leute sehen nicht, daß der Arbeitgeberanteil bloß ihren Bruttolohn verringert und die Selbstbestimmung bei der Verwendung ihres Einkommens einschränkt.«

Fazit:
Ein schrittweiser Ausstieg aus dem »Fifty-fifty-Verfahren«. Der Arbeitnehmer sollte einen Bruttolohn erhalten, der um den abgebauten Arbeitgeberanteil aufgestockt ist und über dessen Verwendung er selbst entscheiden kann. Ausgenommen davon sollte nur eine Zwangsgrundversicherung sein, um Mißbrauch der Solidargemeinschaft zu verhindern.

Herr B hat noch andere Beispiele auf Lager, wo sich Fakten und Bewußtsein heftig widersprechen. »Fragen Sie die Leute mal, wer die Masse der Steuern zahlt!« fordert er mich auf. Die meisten werden behaupten, da ist Herr B ganz sicher, daß Millionäre wegen geschickter Abschreibungstechniken so gut wie gar nichts zahlen. »Aber die Fakten liegen anders«, sagt Herr B. »Die Masse der Steuern kommt von den hohen Einkommensgruppen.« Und er schiebt nach: »Es wäre ja auch grotesk, wenn es anders wäre.«

Ich erwähne eine Studie des DGB, die ein breites Medienecho gefunden hatte. Kurz zusammengefaßt lautete das Ergebnis so: Die Masse der Steuern wird nicht von Selbständigen, sondern von Lohnabhängigen erbracht. Als ich das zum ersten Mal in den Nachrichten hörte, war meine spontane, nicht ganz ernst gemeinte Reaktion: kein Wunder, wie sollte es auch anders sein, wenn es in unserem Land immer mehr Lohnabhängige und immer weniger Selbständige gibt. Sachlich hatte ich größte Zweifel an der Richtigkeit dieser Aussage und nutze die Gelegenheit jetzt, meine Kieler Gesprächspartner nach deren Einschätzung zu fragen.

Ich bin da offenbar nicht die erste, denn beide schauen sich halb belustigt, halb genervt an mit einem Gesichtsausdruck, der nach Stoßseufzer aussieht. Etwa so: Ach herrje, schon wieder! Oder: Wie kriegen wir den Blödsinn am schnellsten vom Tisch? Sie bemühen sich, mir die Methodik und damit die Fehlerquelle der Untersuchung zu erklären. Es hängt – vereinfacht dargestellt – damit zusammen, daß unsere Statistiken folgenden entscheidenden Nachteil haben: Wir können zwar die Löhne insgesamt feststellen und die sich daraus ergebende Lohnsteuer; wir können auch den Rest des Volkseinkommens auflisten in Form von Zinsen, Pachten, Mieten, Dividenden, Unternehmergewinnen und was es da sonst noch gibt, *aber* Steuerrückerstattungsbeträge erscheinen als Minusbuchungen aus organisatorischen Gründen nicht anteilig bei der Lohnsteuer, sondern vollständig bei der Einkommensteuer. »Auf diese Art und Weise bekommen Sie ein völlig perverses Bild«, faßt Herr B seine Ausführungen zusammen.

Aber diese Meldung ging unwidersprochen durch alle Nachrichten, wende ich ein. »Ja, natürlich«, meint Herr B fast vorwurfsvoll, so als verstünde er meine Frage nicht. Die Erfahrung, beliebten Vorurteilen nicht mit komplizierten Details beikommen zu können, gehört hier offenbar zum Alltag. Im Statistischen Bundesamt weiß man sehr wohl um die Problematik der falschen Bezugsgrößen. Da aber der organisatorische Aufwand, der mit einer exakten Zuordnung verbunden wäre, dem Staat zu teuer kommt, beläßt man es notgedrungen bei dem letztlich unbefriedigenden System. Die Frage ist, ob es unter diesen Umständen nicht besser wäre, ganz darauf zu verzichten, statt mit einer ökonomisch schiefen Informationsbasis falsche Schlußfolgerungen zu provozieren.

Mit einem Haufen von Unterlagen und dem Willen, mich nicht entmutigen zu lassen, verabschiede ich mich aus diesem ersten Sondierungsgespräch. An der Tür gibt mir Herr B noch folgendes mit auf den Weg: »Man macht Systeme nicht so, daß sie für die Menschen passen, sondern der Mensch soll sich so anpassen, daß er in das System paßt und das System nicht aus den Fugen bringt. Das ist ... komisch.«

3

Die Spendierhosen von Vater Staat

*Wege aus dem
Subventionsdschungel*

Wenn sich jemand mit Subventionen auskennt, dann ist es Astrid Rosenschon. Die promovierte Forscherin aus dem Kieler Institut für Weltwirtschaft beherrscht die Haushaltszahlen von Bund und Ländern aus dem ff und hat sich mit ihren Subventionsberichten einen Namen gemacht. Ihre jüngste Studie, die sie zusammen mit ihrem Kieler Kollegen Alfred Boss verfaßt hat, sorgte Anfang 1997 in der Fachpresse für Wirbel. Denn im Gegensatz zum offiziellen Subventionsbericht der Bundesregierung, der die Summe mit 116 Milliarden Mark angibt, kommen die Kieler Ökonomen auf knapp 300 Milliarden Mark. Das ist nicht nur aus der Sicht eines einzelnen Bürgers astronomisch hoch, dieser Betrag stellt eine ungeheuerliche Belastung unserer Volkswirtschaft dar.

Im Prinzip sind sich alle einig, daß Subventionen abgebaut bzw. abgeschafft werden müssen. Denn sie sind nicht nur teuer, sondern auch kontraproduktiv und systemwidrig. Das habe ich in meinem letzten Buch ausführlich dargestellt. Unter Fachleuten, die keine politischen Eisen im Feuer haben und nicht wiedergewählt werden müssen, ist unbestritten, daß ein radikaler Abbau viel mehr Arbeitsplätze schaffen als vernichten würde. An diesem Schritt werden wir, vor allem die Politiker, nicht vorbeikommen, wenn sie ernsthaft an die Zukunft denken und sich von dieser verlogenen Durchwurschtel-Mentalität verabschieden, die lediglich darauf angelegt ist, niemandem auf die Füße zu treten. Dabei wird es zweifellos zu Härtefällen kommen. Nicht alle werden den schmerzlosen Übergang von einem subventionierten Arbeitsplatz auf einen neuen, nichtsubventionierten schaffen. Das wird so kommen, und es wäre unfair, diese Situation schönzureden. Aber noch viel unfairer ist es, den betreffenden Menschen wider besseres Wissen vorzugaukeln, ihre Arbeitsplätze weiterhin mit Steuergeldern sichern zu können. Und es ist uns allen nicht mehr zuzumuten, lautstark vorgetragene Gruppeninteressen unter Allgemeinwohl zu verbuchen. Damit ist der Kohlebergbau genauso gemeint wie die Landwirtschaft.

Es wäre also angebracht, Subventionen zu enttabuisieren und gemeinsam zu überlegen, wie die unvermeidliche Streichaktion zu starten ist. Ökonomisch sinnvoll und menschlich erträglich. Aus diesem Grund habe ich mich mit Astrid Rosenschon getroffen und sie zum Thema Subvention gefragt. Diese Frau ist ein wandelndes Lexikon mit einem unglaublichen Zahlengedächtnis. Das macht es leicht, weil sich sofort jede Aussage belegen läßt. Das macht es schwer, weil man Gefahr läuft, vor lauter Zahlen und Ziffern den Überblick zu verlieren. Dieses Risiko drohte gleich zu Beginn, als ich nach der volkswirtschaftlichen Belastung durch die 300 Milliarden Mark fragte. Die relative Bedeutung von Zahlen wird ja erst so richtig klar, wenn man sie mit geeigneten Bezugsgrößen vergleicht. Und davon hat die Forscherin eine ganze Menge im Angebot. »Bezogen auf die volkswirtschaftliche Gesamtleistung – das sogenannte Bruttoinlandsprodukt –, machen die Subventionen 8,6 Prozent aus«, beginnt sie noch relativ trocken, aber das Bruttoinlandsprodukt als Meßlatte gefällt ihr nicht. Nach einigen Erläuterungen leuchtet mir ein, daß es sinnvoller ist, das Volkseinkommen als Bezugsgröße heranzuziehen. Denn dieses enthält keine Abschreibungen mehr, die für den Erhalt des Kapitalstocks ja zurückgelegt werden müssen. Sie sind also grundsätzlich kein Finanzierungspotential für Subventionen und müssen von der Gesamtsumme abgezogen werden. Die so berechnete Subventionsquote beträgt dann nicht mehr 8,6, sondern schon 11,5 Prozent. Aber auch mit dieser Verhältniszahl ist sie nicht zufrieden, weil sie die tatsächliche Belastung immer noch unterzeichnet. Denn: »Erstens sind die Subventionen insgesamt deutlich höher als jene, die im staatlichen Rechnungswesen dokumentiert sind und somit überhaupt meßbar. Darauf komme ich gleich noch zu sprechen«, kündigt sie an. »Zweitens – und das ist der bedeutsamere Aspekt – ist das Volkseinkommen aus folgendem Grund nicht die passende Meßlatte: Es gibt nicht richtig Auskunft auf die wichtige Frage, wie sehr Leistungsanreize und Investitionsanreize durch Subventionspolitik zerstört werden.« Auf gut deutsch, wenn man auf diesen Aspekt (also auf die Belastung der Nettozahler) abstellen wollte – was statistisch nicht möglich ist –, dann läge man noch höher.

Wie gigantisch hoch die Subventionen sind, sieht man auch daran, daß 300 Milliarden mehr als das Sechsfache des Verteidigungsetats unseres Landes ausmachen.

Was die meßbaren bzw. nicht meßbaren Subventionen betrifft, so ist folgender Unterschied zu beachten. Nur die direkten Zahlungen des Staates sind exakt in Heller und Pfennig dokumentiert. Bei Steuervergünstigungen legt das Bundesfinanzministerium in regelmäßigen Abständen Schätzungen vor. Die Grundlagen für diese Schätzungen werden allerdings nicht veröffentlicht. »Darüber hinaus«, ergänzt Astrid Rosenschon, »gibt es zahlreiche weiße Flecken auf der subventionspolitischen Landkarte.« Sie meint damit solche Subventionen, die sich aufgrund von Informationslücken nicht erfassen und demzufolge auch nicht genau bewerten lassen. Eine verdeckte Subventionstechnik liegt zum Beispiel dann vor, wenn eine Gemeinde an ein Unternehmen Grund und Boden unter Preis verkauft. Dieses Verfahren läuft in der Regel unter Industrieförderung und wird – wie ich schon 1984 zu meiner Zeit beim innenpolitischen Magazin *Monitor* feststellen mußte – ausgiebig angewandt. Subventionierte Energiepreise sind da ebenso üblich wie siebenstellige Summen als »Vermittlungsgeld«, damit ein Unternehmen sich überhaupt zur Ansiedlung an diesem Ort entschließt. Die Übergänge von Subvention zur Korruption sind da fließend.

»Verdeckte Subventionen werden auch in nicht unerheblichem Umfang in Form von Kapitalzuführungen an kranke Unternehmen geleistet«, so Rosenschon weiter. »Aus den Haushaltsplänen geht aber in der Regel nicht hervor, ob das Kapital an ein expandierendes Unternehmen fließt oder ob mit dem Geld Verluste ausgeglichen werden. Daher mußten wir diesen Posten komplett ausklammern.« Nennenswerte Subventionen vermutet Astrid Rosenschon auch bei staatlichen Krediten und Bürgschaften. Bei der Vielfalt der Subventionstatbestände läßt sich denken, daß sich deren Verwaltung auch nicht gerade aus der Portokasse einer Volkswirtschaft bezahlen läßt. Und wer wollte die Kosten beziffern, die sich durch ungewollte negative Auswirkungen dieser staatlichen Unterstützungsmaschinerie ergeben? Etwa wenn ein Unternehmen wegen des verzerrten Wettbewerbs Pleite macht.»Auch das sind beides noch wichtige Kostenkategorien, die sich aber nicht quantifizieren lassen«, bestätigt Astrid Rosenschon. Trotzdem versuche ich ihr eine denkbare Gesamtgrößenordnung zu entlocken, wohl wissend, wie schwer sich auf Exaktheit verpflichtete Ökonomen mit solchen Angaben tun. Nach einigem Zögern nennt sie die erschreckende Zahl von »zwischen 370 bis zu 400 Milliarden Mark«, die sie für eine realistische Summe hält, wenn man alles zusammennimmt.»Und das entspricht immerhin mehr als der Hälfte des Steueraufkommens in der Bundesrepublik«, fügt sie vorwurfsvoll hinzu.»Kann man daraus schließen«, schießt es mir blitzartig durch den Kopf,»daß sich unser Land durch einen beherzten Subventionsabbau in ein Steuerparadies verwandeln ließe?« Frau Rosenschon findet das gar nicht komisch und reagiert ernsthaft:»Sie sagen es. Wir könnten uns den Luxus gönnen, jene Steuern ersatzlos zu streichen, welche die Leistungs- und Investitionsanreize besonders lähmen. Und das hätte einen kräftigen Wachstums- und Beschäftigungsschub zur Folge.« Ich frage, welche Steuern sie dabei im Auge hat, und sie zählt auf:»In erster Linie die Steuern, die an der Entstehung von Einkommen anknüpfen, wie zum Beispiel Lohnsteuer, Einkommensteuer, Körperschaftsteuer usw. Natürlich denke ich auch an die Gewerbesteuer, die unternehmerische Aktivität zusätzlich bestraft.« Wer das als »ungerecht« einstuft, sollte sich mit dem Gedanken anfreunden können, die allgemeine Umsatzsteuer mit einer persönlichen progressiven Ausgabensteuer zu flankieren. Das brächte auch »soziale Gerechtigkeit«, aber auf erheblich tieferem Steuersatzniveau.

Nun könnte man ja auf den Gedanken kommen zu behaupten, Subventionen streichen und Steuern senken bringt in bezug auf ein mögliches Wirtschaftswachstum gar nicht so viel, weil dem Vorteil der niedrigen Steuern der Nachteil der weggefallenen Subventionen gegenübersteht. Davon will Astrid Rosenschon überhaupt nichts hören. Von der These, die Effekte auf die gesamtwirtschaftliche Nachfrage würden sich neutralisieren und somit sei auch die Produktions- und Beschäftigungswirkung gleich Null, hält sie gar nichts. Zur Erklärung holt sie aus: »Dieser Argumentation liegt die Annahme zugrunde, daß der Staat einem bestimmten Individuum Geld aus der rechten Tasche nimmt und es dann in dessen linke Tasche steckt. Dabei wird übersehen, daß beide Taschen Löcher haben, weil die Umverteilungsbürokratie hohe Beträge verschlingt. Außerdem geht die Vorstellung, daß gezahlte Steuern und empfangene Subventionen im Einzelfall einander entsprechen, total an der Realität vorbei. Der Staat bürdet den Löwenanteil der Steuerlasten den leistungsstarken Wirtschaftszweigen auf. Den ›subventionspolitischen Rahm‹ hingegen sahnen Krisenbranchen ab sowie Sektoren, denen kaum der frische Wind des Wettbewerbs ins Gesicht bläst.« Sie faßt zusammen: »Kurzum: Steuer- und Subventionssystem bewirken im Verbund eine negative Auslese. Sie sind letztlich ein Wachstumshemmnis ersten Grades, ein Bremsklotz für die wirtschaftliche Entwicklung. Befreit man die Volkswirtschaft davon, so beflügelt dies den Strukturwandel, der für mehr Wachstum und Beschäftigung entscheidend ist.«

Wir tragen gemeinsam die größten Subventionsempfänger zusammen. Es sind die Landwirtschaft, der Steinkohlebergbau und die Werften. Dann der Wohnungsbau, die Eisenbahnen und der öffentliche Personennahverkehr. »Die Dienstleister in staatlicher Trägerschaft sollten wir nicht vergessen«, mahnt Astrid Rosenschon und nennt Krankenhäuser, Kindergärten, Theater, Museen, Sport- und Freizeiteinrichtungen.

Um an dieser Stelle Mißverständnissen vorzubeugen: Es geht nicht um Kahlschlagpolitik in den genannten Sektoren, es geht um Überprüfung und Kontrolle, also darum, auch staatlichen Stellen ökonomisches Denken zuzumuten. Dazu gehört kostengünstige Produktion ebenso wie die Orientierung an der Nachfrage. Das wiederum läßt sich nur bewerkstelligen, wenn man nicht *den* Steuerzahler zwangsweise belastet, sondern die unmittelbaren Nutznießer auf freiwilliger Basis. Nur so kann man letztlich sichern, daß der Kunde König ist.

Zusammenfassend läßt sich feststellen, daß unser Steuer- und Subventionssystem von kräftigen, gesunden, wettbewerbsstarken Wirtschaftszweigen Mittel abzieht und sie in Richtung kränkelnde, wettbewerbsschwache oder monopolistisch abgeschottete umschichtet. Auch wenn die Meinung weit verbreitet ist, es handele sich dabei um einen Akt ausgleichender Gerechtigkeit oder um das »Soziale« an unserer Marktwirtschaft – dieses Verfahren ist weder gerecht noch sozial, auch wenn es vordergründig so aussieht.

Ist es gerecht oder sozial, einen Orientierungslosen immer wieder Richtung Fluß laufen zu lassen, weil man ihn ja kurz vor dem Ertrinken jedesmal rauszieht und mit trockenen Kleidern versorgt? Wäre es nicht gerechter und sozialer, ihm die Richtung zu zeigen, in der er ungehindert geradeaus laufen kann, ohne ins Wasser zu fallen? Wobei es im übrigen keinen Unterschied macht, ob es sich bei der Desorientierung um eine tatsächliche oder eine vorgespielte handelt.

»Die genannten hochsubventionierten Sektoren erhalten über den Daumen gepeilt etwa vier Fünftel des Kuchens«, erklärt Astrid Rosenschon, »tragen zur gesamtwirtschaftlichen Wertschöpfung allerdings nur ein Fünftel bei.«

Mit ihrer Meinung über die »vermeintlich sozialen Subventionspolitiker« hält sie nicht hinterm Berg: »Da rühmen sich unsere politisch Verantwortlichen, durch Subventionen ein paar Arbeitsplätze im Steinkohlebergbau oder in der Landwirtschaft erhalten zu haben. Daß sie damit automatisch das Entstehen von Arbeitsplätzen in zukunftsträchtigen Wirtschaftszweigen verhindern, verschweigen sie. Verlorene Dauerarbeitsplätze sind der Preis dafür, daß man den ohnehin stattfindenden Abbau von Arbeitsplätzen in strukturschwachen Branchen künstlich hinauszögert.« Ihre Schlußfolgerung: »Per saldo und auf lange Sicht wird also mehr zerstört als konserviert.«

Sie echauffiert sich über die unter den Teppich gekehrten Schäden aufgrund von Subventionspolitik und schlägt vor, daß Steuerzahler im allgemeinen und Mütter im besonderen auf die Straße gehen sollten, um dagegen zu protestieren, daß der »antiquierte Ruhrpottkumpel-Kult« die Computerkids Einkommens- und Beschäftigungschancen kostet. Sie hat ja recht! Und der Wahnwitz des Subventionsunwesens wird am deutlichsten daran, daß auch die Subventionsempfänger letztlich auf der Verliererseite stehen. Denn der Staat verhindert, daß sie sich frühzeitig beruflich umorientieren, weil er ihnen falsche Zukunftsperspektiven vorgaukelt. Dann ist es kein Wunder, wenn enttäuschte Erwartungen und zerstörte Illusionen zu Straßenterror führen, der nicht mehr von dem in der Verfassung garantierten Recht auf Demonstrationsfreiheit gedeckt ist. Wie groß das schlechte Gewissen der politischen Elite sein muß, zeigt die kleinmütige Reaktion auf derlei Erpressung. Subvention als Stillhalteprämie für Fehlgeleitete. »Subventionspolitik dient letztlich dem Ausgleich von Schäden aufgrund der Illusionen, die Politiker wecken« – auf diesen Nenner bringt es die Spezialistin und hat eine Zahl zur Illustration parat: »Das Wolkenkuckucksheim, das in den Köpfen der Menschen errichtet wurde, sieht man ganz plastisch daran, daß das Durchschnittsalter der im Bergbau Beschäftigten bei 35 Jahren liegt.« Nach 45 Jahren Bergbaukrise ist das ein Skandal.

Bei der Gelegenheit lasse ich mir eine andere Zahl bestätigen. In der Tat kann man sagen, daß jeder Arbeitsplatz im Steinkohlebergbau mit 120 000 Mark jährlich subventioniert wird. Das bedeutet: Selbst bei den verhältnismäßig hohen Löhnen im Bergbau wäre es immer noch billiger, die Null-Stundenwoche bei vollem Lohnausgleich einzuführen, als den Arbeitsplatz zu subventionieren. Das rechnet sogar einer der »fünf Weisen« vor, die die Bundesregierung beraten, Juergen B. Donges, Wirtschaftsprofessor an der Universität zu Köln. Und Norbert Walter, mittlerweile Chefökonom der Deutschen Bank, machte während der Stahlkrisendebatte an der Saar Mitte der siebziger Jahre – damals leitete er die Konjunkturabteilung des Kieler Instituts für Weltwirtschaft – folgenden rhetorischen Vorschlag, um das Ausmaß des Irrsinns zu illustrieren: Zahlt jedem Stahlarbeiter eine Staatssekretärspension, und das Ergebnis wird immer noch weit billiger sein als das, was ihr jetzt tut.»Diese Bemerkung wurde damals als Verhohnepiepelung angesehen«, sagt er heute,»sie ist aber leider sehr wahr.« Wirtschaftlich sinnlos, sozial mehr als zweifelhaft – wenn hinter den Kohlesubventionen wenigstens noch energiepolitische Überlegungen stünden! Aber dieses ohnehin immer seltener gebrauchte »Argument« erweist sich bei näherem Hinsehen als fadenscheinige Schutzbehauptung.»Versorgungssicherheit durch heimische Kohle« – diese Parole ist längst nicht mehr zeitgemäß. Ebenso unhaltbar ist die hin und wieder geäußerte These, man müsse den Bergbau unter allen Umständen erhalten, da Bergbauausrüstung zu den gefragtesten deutschen Exportgütern gehöre. Das Geschäft würde natürlich stark leiden oder gar total zusammenbrechen – so heißt es –, wenn es für diese Geräte im eigenen Lande keine Verwendung gäbe. Nach dem Motto: Wir, die ausländischen Kunden, kaufen nur Dinge, die ihr Deutschen selbst benutzt und die sich bei euch bewährt haben. Auch diese Überlegung erweist sich als Augenwischerei. Es existieren nämlich sehr wohl erfolgreiche deutsche Exportgüter, die in unserem Land »nur« produziert, aber nicht angewandt werden können. Das ist zum Beispiel bei optischen Geräten der Fall, die im Weltraum zum Einsatz kommen. Da verlangt auch niemand ernsthaft, diese erst einmal an einer deutschen Rakete auszuprobieren. Also – man kann es drehen und wenden, wie man will: Kein einziges der vorgetragenen Argumente für Subventionen erweist sich bei näherer Betrachtung als stichhaltig.

Juergen B. Donges findet in einem persönlichen Gespräch mit mir auch deutliche Worte zur Subventionspolitik, die er mit voller Absicht permanent als Subventioniererei bezeichnet, damit ganz klar ist, was er von diesem Instrument hält.»Es gibt wirklich *überhaupt* keinen Beleg dafür, daß man durch Subventioniererei eine Branche oder ein Unternehmen wieder flott gemacht hat. Keinen einzigen Beleg!« Er beharrt darauf. Und es kommt noch schlimmer.»Es gibt auch keinen Beweis, daß man durch Subventioniererei bestimmten Branchen den Schrumpfungsprozeß erspart hat. Weit gefehlt! Wo Sie hingucken – es hilft überhaupt nicht. Es ist nur teuer.« Zur Lösung schlägt er das vor, was die Angelsachsen »Sun-set-legislation« nennen. Wörtlich übersetzt heißt das »Sonnenuntergangs-Gesetzgebung«. Gemeint ist damit das allmähliche Auslaufen staatlicher Zuwendungen. Denn das Streichen von heute auf morgen scheitert oft an gesetzlich verankerten Laufzeiten bzw. Befristungen. Bei den Kohlesubventionen spricht man gar – juristisch schief – von einem »Jahrhundertvertrag«. Wobei man sagen muß, daß unsere Regierung die entsprechenden Dokumente zu einem Zeitpunkt bereitwillig unterzeichnet und später verlängert hat, als ihr die oben ausgeführten Erkenntnisse längst bekannt sein mußten.

Donges räumt ein, daß wir es nicht nur mit Erhaltungssubventionen zu tun haben, sondern daß es Situationen geben kann, in denen solche Zahlungen vorübergehend ökonomisch begründbar sind. Aus dieser Einsicht leitet er ab, daß es durchaus vernünftig wäre, jede einzelne Subvention zu überprüfen. An der praktischen Umsetzung zweifelt er, weil jeder nach dem Motto verfährt: warum denn bei mir die Kürzung? Diese politische Diskussion hält keiner aus. Jedenfalls führt sie nicht zu den notwendigen Entscheidungen, wie man sieht. Donges denkt da sehr pragmatisch: »Nachdem man die Subventionen nach dem Gießkannenprinzip vergeben hat, können wir sie jetzt auch nach dem Gießkannenprinzip auslaufen lassen.«

Noch einmal: Nicht jede Subvention gehört in die Kategorie der Subventioniererei, um mit Donges zu sprechen. Aber es ist dringend geboten, endlich die Beweislast umzukehren. Eine marktwirtschaftliche Ordnung kommt in der Regel weitgehend ohne staatliche Subventionen aus. Derjenige, der eine Subvention beantragt, möge bitte erklären, warum er sie benötigt, wie lange er sie voraussichtlich braucht und wieso er meint, daß das gesamtwirtschaftlich vorteilhaft ist. Auf diese Weise erledigt sich der Großteil der jetzt gezahlten bzw. gewährten Subventionen von selbst, zumal an ihrer grundsätzlichen Schädlichkeit kein Zweifel besteht. Donges formuliert es drastisch: »Soweit ich weiß, leistet sowohl der Bundeskanzler als auch jeder Minister im Bundestag einen Eid. Und der besagt unter anderem, daß sie in ihrer Funktion Schaden vom deutschen Volk abwenden – wohlgemerkt vom deutschen Volk, nicht allein von den deutschen Bergleuten oder Landwirten.« Er zitiert Ludwig Erhard, den Vater der sozialen Marktwirtschaft, der diese schädliche Entwicklung bereits in den fünfziger Jahren ahnte und sie sinngemäß folgendermaßen kommentierte: Subventionen und das Eingehen auf Interessengruppen – das wird noch einmal zu einem Testfall für die Demokratie werden.»Im nachhinein muß man sagen«, schwärmt Donges,»mein Gott, was hat der Erhard für eine Vision gehabt. Der hat gesehen, wenn der Staat erst einmal einspringt, um einer bestimmten Gruppe zu helfen – und mögen im Einzelfall die Gründe noch so gut sein –, dann ist er hoffnungslos in der Haftung drin.« Er erwähnt die neuen Bundesländer und befürchtet eine weitere teure und sinnlose Subventionsspirale:»Da kommt der Staat aus seiner Haftung nicht mehr raus, denn durch sein Eingreifen hat er Erwartungen geweckt, daß man vielleicht doch noch die Kurve kriegt. Und natürlich gibt es immer wieder Gründe, um zu sagen, warum man die Kurve noch nicht bekommen hat. Also geht's wieder von neuem los.«

Ich hatte bei den Recherchen zu»Jetzt mal ehrlich« die Erfahrung gemacht und auch davon berichtet, daß sich die in diesen maroden Branchen beschäftigten Menschen im Gespräch unorthodoxen Ideen gegenüber oftmals sehr aufgeschlossen und zugänglich zeigen. Nicht sie fordern und lamentieren, sondern irgendwelche Funktionsträger um sie herum. Donges bestätigt diese Erfahrung und erzählt von Vortragsreisen im Ruhrgebiet. Dort habe er auch vor Bergleuten erklärt, daß die Kohlesubventionen ein Skandal seien, der vom absoluten Subventionsvolumen her nur noch in der Landwirtschaft übertroffen werde.»Und stellen Sie sich vor«, meint er,»die haben genickt. Das ist denen völlig klar. Aber dann gehen sie in Bonn auf die Straße, weil ihnen jemand erzählt hat, das ist ja vielleicht doch nicht so.«

Fassungslos über das Ausmaß politischer Fehlsteuerung ist auch Johann Eekhoff, 1991 bis 1995 Staatssekretär im Bundeswirtschaftsministerium, jetzt wie Donges Wirtschaftsprofessor in Köln. Als wir uns Ende März zu einem Gespräch treffen, ist gerade die Zeit der Bergarbeiterdemonstrationen und der parteipolitischen Ausschlachtung derselben. Da am Abbau der Subventionen letztlich kein Weg vorbeiführt – was alle entgegen anderslautender Bekundungen wissen –, bewertet Eekhoff es als besonders schlimm, daß man soviel Geld für das Hinauszögern eines unvermeidlichen Schrittes verschwendet. Er hält es für eine völlig verrückte Sache, Geld auszugeben, um Menschen in Erwerbszweigen zu halten, die ökonomisch nicht mehr rentabel sind. Mit »sozial« habe das überhaupt nichts zu tun, im Gegenteil, es handele sich um einen höchst unsozialen Akt. Er erklärt, wieso: »Stellen Sie sich doch bitte vor, da ist jemand in einem Unternehmen drin, hat eine Arbeitsplatzgarantie, eine Lohngarantie, der Staat zahlt kräftig dafür. Und ein anderer steht auf der Straße und hat nicht einmal die Möglichkeit zu sagen: Für 300 Mark weniger würde ich das machen.« Es sei ein Skandal, daß der Staat eine Garantieverpflichtung zugunsten derjenigen übernimmt, die immobil, unflexibel und nicht anpassungsbereit sind. Damit meint er nicht zuletzt die entsprechenden Arbeitgeber. Politikern in Entscheidungsfunktionen sei das sehr wohl klar, aber »der einzige, der das in den letzten Jahren auch so gezielt auf den Punkt gebracht hat, war Jürgen Möllemann«. Eekhoff erzählt, daß Möllemann vor vier Jahren nach Dortmund in die Westfalenhalle gegangen ist und den Leuten ohne Umschweife erklärt hat, daß Ost und West nicht so unterschiedlich behandelt werden dürfen. »Wir können nicht in Ostdeutschland sagen«, so zitiert Eekhoff den ehemaligen Wirtschaftsminister, »ihr kriegt 5 000 Mark auf die Hand, und damit ist das für euch erledigt. Und in Westdeutschland sagen wir, ihr kriegt jährlich über 100 000 Mark pro Arbeitsplatz.« Und was ist passiert? Zu Beginn haben ihn die Leute ausgepfiffen, dann wurden sie nachdenklich und sehr ruhig. Schade, daß sich Regierungsmitglieder dieses Verhalten nicht öfter leisten – Möllemanns politisches Schicksal ist natürlich nicht gerade eine Empfehlung. »Es ist leider so«, stellt Eekhoff fest, »daß Politiker Angst vor Massen haben, die sich organisieren lassen.« Und er ergänzt: »Und bedauerlicherweise nicht nur Politiker.« In der Tat hat auch der sogenannte Normalbürger die fadenscheinigen Subventionsbegründungen schon fast verinnerlicht.

Dann berichtet er von einer wahrlich bemerkenswerten Erfahrung, die einen schaudern läßt angesichts der Tatsache, daß wir doch in einem demokratischen Rechtsstaat und nicht in irgendeinem Willkürregime leben. Während der Bergarbeiterdemonstrationen überhäuften ihn die Medien mit Interviewanfragen. Als es ihm zuviel wurde und er darauf verwies, daß doch auch an den großen Universitäten im Ruhrgebiet Experten säßen, die sich befragen ließen, reagierte ein Journalist so: »Die sind nicht mehr bereit, sich frei zu äußern, die haben Angst.« Fabelhaft! »Das ist eine Entwicklung«, meint Eekhoff, »die mir dadurch erst so richtig bewußt geworden ist.« So als ob es ihn ärgerte, Selbstverständlichkeiten auszusprechen, fängt er an zu erläutern: »Was bei der Kohle passiert (er meint die Streiks und Straßenblockaden), war ja alles illegal. Auch die Streiks jetzt in Dortmund (Stahlarbeiter) haben keine rechtliche Basis. Es gibt gar keinen Arbeitskampf. Es wird inzwischen in unserer Gesellschaft toleriert, daß sich Menschen zusammenrotten und andere mit Gewalt unter Druck setzen.« Eekhoff nennt das ohne Umschweife einen »Verfall der Rechtsordnung« und spricht von »Erpressungsdemokratie«. Wie soll man es auch anders bezeichnen, wenn zunächst die Demonstrationen und Blockaden von Bergarbeitern die Regierung zum Einknicken bringen und kurz darauf die streikenden Bauarbeiter in Berlin dasselbe erreichen. »Nachdem man bei der Kohle nachgegeben hat«, sagt Eekhoff, »wobei man so weit hätte nicht gehen dürfen, war die Politik praktisch gezwungen, für eine andere Gruppe, die jetzt in Berlin Krawall machte und dort eine Baustelle besetzte, auch Zugeständnisse zu machen.«

Mit Blick auf Kohle und Stahl einerseits und die Bauindustrie andererseits entlarvt Eekhoff die politische Argumentation als pseudosoziales dummes Geschwätz. Er stellt fest: »Wir haben die Montanindustrie jahrelang, jahrzehntelang an der Spitze der Lohnskala gehabt. Und für die dort Beschäftigten haben wir die größten sozialen Absicherungen eingeführt. Das kann man nicht rechtfertigen! Und in der Bauwirtschaft sind allein im letzten Jahr mehr in die Arbeitslosigkeit gegangen, als im gesamten Kohlebergbau beschäftigt sind. Darüber hat kein Mensch ein

Wort verloren. Die zählen wir irgendwo so als diffuse Arbeitslose. Darüber regt sich keiner auf, obwohl es für den einzelnen ohne Arbeit keinen Unterschied macht, ob er vorher in der Bauindustrie, in der Stahlindustrie oder im Bergbau war.«

Woher kommt diese Desorientierung, diese selektive Wahrnehmung, diese gesellschaftspolitische Fehlsteuerung? Wie sind wir in diese Schieflage geraten? Eekhoff zögert keine Sekunde mit der Antwort: »Wir haben an vielen Stellen unserer Gesellschaft den Leuten klargemacht, daß man auf diese Weise Vorteile erlangt, daß man mit staatlicher Macht mehr erreichen kann als am Markt und daß sich der Staat immer mehr in diese Richtung bewegt hat.« Besonders verhängnisvoll wirkt sich die Staatsgläubigkeit angesichts der deutschen Vereinigung aus. Da gibt es einen Teil Deutschlands, in dem die totale Einmischung des Staates – und ich rede jetzt nur vom planwirtschaftlichen Zentralismus – die Volkswirtschaft ruiniert hat. Und da gibt es einen anderen Teil Deutschlands, der das Gegenteil dessen verkündet, was er tut, und auf breiter Front auf dem besten Wege ist, in die Fußstapfen des Erstgenannten zu treten. Da gibt es bei der Vereinigung wirtschaftliche Schwierigkeiten und das Signal aus dem Westen: Jetzt hört auf mit Ordnungspolitik und marktwirtschaftlichen Regeln, hier müssen wir erst mal Probleme lösen. Das machen wir so, wie uns das politisch am besten paßt, und zwar mit viel Geld. Im Umkehrschluß bedeutet das: Man hält sich an überhaupt keine Spielregeln mehr. Das Schachern um Betriebe – auch Privatisierung genannt – beschreibt Eekhoff so: »Man hat eben gesagt, für dieses Unternehmen, na ja, je nachdem, wie hart die pokern, da lassen wir uns den Arbeitsplatz 500 000 Mark kosten. Beim nächsten Unternehmen gehen wir auf eine Million pro Arbeitsplatz, der erhalten wird. Bei einem anderen Betrieb, der weniger gut organisiert ist und weniger mobilisieren kann, kommen wir vielleicht auch mit 50 000 aus.«

Kurz und gut, was in den neuen Bundesländern für den Erhalt von Arbeitsplätzen ausgegeben wurde, war absolut willkürlich und von keinerlei Regeln oder Rahmen begleitet. Ich meine jetzt nicht Klein-klein-Vorschriften. Ich meine richtungweisende und nachvollziehbare Orientierungen. Wobei die Treuhand – der man ungeachtet der einzigartigen Schwierigkeiten eine Menge anhängen kann – oftmals nur ausführendes Organ war. Die »Täter« saßen in den Ministerien, in den Länderregierungen und, nicht zu vergessen, auch in Brüssel. Die Verwerflichkeit ihrer »Tat« bestand auch darin, auf breitester Front überzogene Erwartungen geschürt zu haben. Staatliche Allmacht und Fürsorglichkeit von der Wiege bis zur Bahre zwischen blühenden Landschaften. Hinderlich war zudem der Glaube, daß mit der neuen Währung der Wohlstand automatisch kommt und daß sich die Produktivität schon den Einkommenswünschen anpassen würde.

Bei der Gelegenheit sei ein fundamentaler Denkfehler erwähnt, auf den mich Eekhoff aufmerksam gemacht hat. Ein Denkfehler mit fatalen Konsequenzen und deshalb kaum zu begreifen, daß dieser Gedanke in der Öffentlichkeit so gut wie keine Rolle gespielt hat. In Westdeutschland ist man davon ausgegangen, daß die Unternehmen in den neuen Ländern Interesse an niedrigen, die Gewerkschaften Interesse an hohen Löhnen haben. Das wäre logisch. Unter normalen Umständen würde das dazu führen, daß sich die Löhne irgendwo halbwegs vernünftig einpendeln. Nur gab es im Osten der Republik keine »normalen Umstände«, weil kein privates Eigentum an Kapital bestand und der Arbeitgeber letztlich der Staat war. Eekhoff plaudert aus dem Nähkästchen: »Nach kurzer Zeit hatten die Gewerkschaften raus, daß die Unternehmen freudig mitzogen. Die haben Lohnsteigerungen von 20 bis 25 Prozent pro Jahr verabredet. Hier würde jeder sagen, das kann doch nicht gutgehen, aber das hat die Unternehmer gar nicht interessiert, weil es nicht ihr Kapital war, was sie verlieren, sondern staatliches Kapital. Da beschließt sich das ganz leicht.« Der besonders perfide zusätzliche Dreh bestand darin, daß die westdeutschen Unternehmen durch die enorm steigenden Kosten in den neuen Bundesländern keine Konkurrenz fürchten mußten. Es würde dieses Buch sprengen, wenn ich auf die Riesensauereien einginge, die sich nach dem Motto abgespielt haben: Wettbewerbsverhinderung durch Mattsetzen ostdeutscher Betriebe. Da hat sich ein ganz abartiges Kartell aus westdeutschen Arbeitgebern und -nehmern gebildet – gemeinsam gegen »die Neuen«.

Nach Ansicht von Eekhoff – er saß genau zu der Zeit mitten im Geschehen – hätte es durchaus andere Möglichkeiten gegeben, als von vornherein nur darauf zu setzen, alle Probleme mit staatlicher Hilfe auf Kosten der Allgemeinheit zu lösen. Darüber hinaus habe es sich besonders schädlich ausgewirkt, daß es keine allgemein verbindliche Linie gegeben habe, keine »klare Regelorientierung«, wie er sagt. Manche mögen das für einen Widerspruch halten, wenn eine solche Aussage aus dem Munde eines Wissenschaftlers kommt, der die Marktwirtschaft hochhält. Aber es ist nur logisch: Wer auf die Kräfte des Marktes setzt und den Staat soweit wie möglich draußen lassen will, der braucht eine »klare Regelorientierung«. Nicht zu verwechseln mit kleinkarierter Regelwut. Eekhoff zieht ein Alltagsbild heran, um seine Forderung zu verdeutlichen: »Man kann sich lange darüber unterhalten, wie die Regeln für ein Fußballspiel aussehen sollen, man kann sich aber nicht nach dem Spiel hinsetzen und sagen, die Mannschaft steht nun schon so lange am Tabellenende, die heben wir mal drei Plätze hoch. Aber so machen wir das heute. Völliger Unfug, weil sich keiner mehr darauf verlassen kann, wo er nachher stehen wird.« Interessante Vorstellung, die Mannschaften erst einmal spielen zu lassen und hinterher zu befinden, ob die jeweilige Plazierung gerecht ist oder nicht. Das hielte nicht einmal die Bundesliga aus, die Wirtschaft erst recht nicht. »Da kann keiner mehr planen, da kann keiner mehr investieren, weil der Staat nach Belieben korrigiert.« Wundert sich noch jemand über fehlende Arbeitsplätze?

Zurück zum Gespräch mit Astrid Rosenschon, die grundsätzlich wird, bevor wir uns verabschieden: »Wir haben einen wissenschaftlichen Level von morgen, einen wirtschaftlichen Stand von heute, Institutionen nebst Rechtsregeln von gestern und Tabus nebst allgemeiner Denkweisen von vorgestern.« Sie meint damit die historischen Wurzeln der »Subventionsphilosophie«, die in Zeiten der sich bekämpfenden Nationalstaaten hineinragen. In einer Epoche stürmischer weltwirtschaftlicher Integration sei Subventionspolitik – von allen anderen Mängeln abgesehen – ein Anachronismus, ein Fremdkörper.

Wie zerschlägt man den gordischen Knoten? »Ganz einfach«, meint Astrid Rosenschon, »als erstes muß die Bevölkerung gebetsmühlenartig über die Schäden informiert werden, die unsere Subventionspolitik anrichtet.« Und dann führt sie wieder den politischen Wettbewerb an, von dem ich bislang nur eine vage Vorstellung habe. »Wir brauchen einen fundamentalen Richtungswechsel weg vom Politzentralismus und hin zum Wettbewerbsföderalismus. Wir brauchen mutige Landespolitiker und mutige Verfassungsrichter, die vorzeitig die im Grundgesetz verankerten Notbremsen ziehen, um dem zunehmenden Zentralismus Einhalt zu gebieten.«

Mit dieser Aussage mache ich mich auf den Weg nach Karlsruhe, um dort mit einzelnen Bundesverfassungsrichtern zu sprechen. Das Richteramt verbietet es, sich zu politischen Fragen qua Amt zu äußern. Das trifft erst recht auf die Bundesrichter zu, deren Aufgabe es ist, unsere Verfassung zu hüten und notfalls eben auch zu interpretieren. Sie werden deshalb Verständnis dafür aufbringen müssen, daß ich auch in diesem Falle keine Namen nenne, jedenfalls nicht die richtigen. In jeweils mehrstündigen Einzelgesprächen standen mir Herr Meier, Herr Schmid und Herr Schulze zur Verfügung.

4

Gut gemeint, nicht gut gemacht
*Notwendige Korrekturen
unseres förderalen Systems*

Mit Blick auf Theorie und Wirklichkeit unserer Verfassung waren mir einige Ungereimtheiten aufgefallen. Einerseits gewährt unser Grundgesetz den Ländern eine umfassende Autonomie, andererseits ist von der Einheitlichkeit der Lebensverhältnisse die Rede, was einen gewissen Widerspruch darstellt. Und ich hatte den Eindruck, daß der Bund – gedeckt durch dieses zweite Prinzip – immer mehr Befugnisse an sich zieht, so daß von der verfassungsrechtlich garantierten Autonomie der Länder nicht mehr viel übrigbleibt. Zu dem Zeitpunkt wußte ich noch nicht, daß es sich bei der Selbständigkeit der Länder um eine sogenannte Muß-Regel handelt, wogegen die Einheitlichkeit der Lebensverhältnisse lediglich eine sogenannte Kann-Regel darstellt. Dieser qualitative Unterschied ist offenbar in der Gesetzgebung abhanden gekommen.

Um ganz sicher zu gehen, befrage ich dazu die Herren Schulze, Meier und Schmid, als Bundesrichter in Karlsruhe die hauptamtlichen Hüter unserer Verfassung. Sie bestätigen mir erstens, daß die Grundvorschrift in der Tat lautet: Für alles, was nicht ausdrücklich dem Bund zugewiesen ist, sind die Länder zuständig. Zweitens läßt sich durch die gesamte Geschichte der Bundesrepublik feststellen, daß immer mehr Länderkompetenzen an den Bund abgewandert sind. Seit der deutschen Vereinigung hat sich dieser Trend noch verstärkt.

Präzise, wie Juristen nun mal sind, weist mich Herr Meier darauf hin, daß diese Kompetenz-Verlagerung nach oben ja nur mit

Zustimmung der Länder zustande kommen konnte. Denn zumindest zwei Drittel von ihnen mußten damit einverstanden sein, damit diese Zentralisierungstendenz Gesetzeskraft erlangte. »Genau genommen«, beginnt Herr Meier, »ist es nicht der Bund, der den Ländern etwas wegnimmt, sondern es sind die Länder, die etwas hergeben.« Ich vermute, daß sie dafür auch etwas bekommen haben, und Herr Meier nickt freundlich. Er bezeichnet den Deal als Koppelungsgeschäft und erklärt: »Die Gegenleistung ist immer gewesen: mehr Mitsprache im Bundesrat.«

Damit sind wir bei einem ganz zentralen Problem, das unser föderalistisches Systems letztlich pervertiert. Denn der Bundesrat ist kein Organ, in dem Interessen und Sachverstand der einzelnen Länder zur Geltung kommen, er hat sich vielmehr längst als Gegenregierung etabliert, in dem die Gesamtheit bzw. Mehrheit der Länder das Sagen hat. Das war von den Verfassungsvätern ganz anders gedacht. Und in diplomatischer Zurückhaltung formuliert Herr Meier: »Wir haben ein verhältnismäßig eigenartiges System von Föderalismus.« Er schätzt, daß etwa siebzig Prozent aller Gesetzesvorhaben des Bundes der Zustimmung des Bundesrates bedürfen. Und da aufgrund eines an anderer Stelle erklärten Mechanismus (s. S. 11 f.) im Bundesrat in der Regel die jeweilige Opposition die Mehrheit hält, ist die Blockade von Entscheidungen vorprogrammiert. Nötige Reformen finden nicht statt. Denn das Einbauen von Stolpersteinen für die Regierung erhöht die Chance für den parteipolitischen Umschwung. Diese Taktik ist an keine bestimmte Partei gebunden. Nicht das System des Föderalismus verhindert also Entscheidungen, sondern die Variante, die wir uns da zurechtgeschustert haben.

Herr Schulze nennt das ganz undiplomatisch eine »Systemverschiebung«, die mit dem Grundkonzept der Verfassung nichts mehr zu tun hat. Der Bundesrat war 1949 vorgesehen als ein Organ des Bundes – nicht der Länder –, in dem die Vertreter der Landesregierungen sitzen, um beim Vollzug von Bundesgesetzen den besonderen Sachverstand der Länder einbringen zu können. Denn da die Länder diese Gesetze schließlich anwenden und verwalten mußten, war ihre Erfahrung gefragt. Eine vernünftige Regelung, doch die Praxis entwickelte sich immer unvernünftiger. Herr Schulze lehnt sich erneut aus dem Fenster, indem er sagt: »Manchen Landesfürsten ist offenbar ihr Land zu eng; sie sehen eine bundespolitische Perspektive, wenn sie sich im Bundesrat entsprechend aufspielen.« Unmittelbar darauf findet er zu der Ausdrucksweise zurück, die man üblicherweise von Verfassungsjuristen erwartet. »Insofern übt der Bundesrat in der politischen Wirklichkeit eine ganz andere Funktion aus, als ihm zugedacht war. Seine Rolle hat sich doch im letzten Jahrzehnt sehr verändert.« – »Und nicht hilfreich«, ergänze ich. »Nicht hilfreich«, bestätigt er kühl.

Diese neue Rolle des Bundesrates verstärkt ein anderes, schwer zu lösendes Problem: die Diskussion um die Begriffe »Parlamentarismus« und »Sachverstand«. Damit ist nichts Böses gemeint, auch wenn es sich nach einem Gegensatzpaar anhört, das sich wechselseitig ausschließt – nach dem Motto: entweder Parlamentarismus oder Sachverstand. Dennoch hat es ein wenig damit zu tun. Konkret: Auf das Modell der Deutschen Bundesbank sind wir zu Recht stolz, und nicht ohne Grund orientiert sich die Europäische Zentralbank (hoffentlich) an diesem Vorbild. Das Bundesbankgesetz besagt, daß wir so wichtige Entscheidungen wie die über das Währungswesen und die Geldmenge einem sachverständigen Gremium außerhalb des Parlamentes überlassen. Der Hintergrund ist klar: Wir fürchten, das Parlament könnte wegen der Vier-Jahres-Perioden zwischen den Wahlen kurzlebigen Einflüssen unterliegen, die einer stabilen Währung nicht gut bekommen. So weit, so gut, das leuchtet ein. Aber im Grunde ist das nichts anderes als eine Fundamentalkritik am Parlamentarismus. Wenn man diesen Gedanken nämlich weiterdenkt, dann lassen sich noch mehr Felder finden, die für kurzfristigen Politaktionismus nicht geeignet sind. Soll man die alle der parlamentarischen Kontrolle entziehen? Wenn wir Abgeordnete in diesem Sinne für nicht geeignet halten, dann spielen wir letztlich demokratische Legitimation gegen Sachverstand aus. Herr Schulze zeigt sich da sehr besorgt, obwohl er das Bundesbankgesetz für richtig hält und ein Bewunderer dieser Institution ist: »Es geht an den Nerv der Demokratie, die sagt, das Parlament ist der Spezialist fürs Allgemeine. Es bedient sich des besonderen Sachverstandes dort, wo es das für richtig hält, und befähigt sich damit, als Repräsentant des Staatsvolkes jede Rechtsfrage zu entscheiden.«

Und dieses Problem verstärkt die neue Rolle des Bundesrates. Denn da ist nicht das Land in der Gesetzgebung auf Landesebene beteiligt – dafür sind ja die Parlamentarier der Länder zuständig –, sondern die Landesregierungen. Ursprünglich – wie bereits gesagt – wegen ihres Sachverstandes bei der Ausführung von Bundesgesetzen. Und wenn diese Landesregierungen sich jetzt nicht mehr mit Landesanliegen begnügen, sondern rechtspolitische Bundeskonzepte einbringen, die auf der Ebene einer Bundespartei definiert werden, dann entsteht eine Gegenregierung, ein Gegenparlament. Damit wird das auf Bundesebene gewählte Parlament sozusagen entparlamentarisiert. Wenn das nicht den Kern unseres Demokratieverständnisses berührt!

Fazit:
1. *Jeder muß für sich entscheiden, ob er bereit ist, diese Verhunzung unseres im Prinzip gut ausgedachten föderalen Systems hinzunehmen. Falls nicht, muß er das »seinen« Abgeordneten deutlich machen und zumindest versuchen, sie unter Druck zu setzen.*
2. *Es geht kein Weg daran vorbei, Punkt für Punkt zu überprüfen, welche Kompetenzen an die Länder rückübertragen und welche beim Bund belassen werden sollen.*

Unser »verhältnismäßig eigenartiges System«, wie Herr Meier es nannte, wird hin und wieder folgermaßen verteidigt, wenn es darum geht, die noch vorhandenen Gestaltungsspielräume der Länder zu betonen. Der Bund erläßt zwar die Gesetze – so die Argumentation –, aber die Länder oder auch die Städte und Gemeinden verfassen die Ausführungsbestimmungen, und darin liegen nicht zu unterschätzende Machtmöglichkeiten. Theoretisch mag das richtig sein, aber praktisch reduziert sich der gestalterische Spielraum ganz erheblich, weil der Bund immer intensiver und detailgenauer reguliert.

Herr Schmid macht auf eine Schwierigkeit ganz anderer Art aufmerksam:

»Wir bekommen zunehmend einen neuen Typ von Staatstätigkeit, der durch Gesetze nicht besonders gut zu reglementieren ist.« Er nennt das »Finalprogramme« und meint staatliche Aktivitäten auf dem Gebiet der Verkehrsentwicklung oder Stadtsanierung. »Und deswegen macht sich ein Gesetzestyp breit, den es früher gar nicht gab.« Dieser Gesetzestyp zeichnet sich dadurch aus, daß er Ziele vorgibt und ein paar Gesichtspunkte, die von den Verwaltungen zu beachten sind, aber ansonsten höchst unkonkret gefaßt ist. »Die Gesetze können außerordentlich wortreich sein und ungeheuer überreglementiert aussehen, doch in Wirklichkeit lassen sie alles Entscheidende offen.« Das ist dann das andere Extrem, mit dem auch niemandem gedient ist. Als besonders typisches Beispiel dafür nennt er den § 136 des Baugesetzbuches, in dem städtebauliche Sanierungsmaßnahmen geregelt sind. Da werden in vier Absätzen, die jeweils bis zu sieben Unterpunkte aufweisen, ausführlich Banalitäten aufgezählt. Wer käme sonst wohl auf die Idee, daß städtebauliche Sanierungsmaßnahmen dem Wohl der Allgemeinheit dienen, wie uns Absatz 4 mit Hilfe von vier Unterpunkten aufklärt, oder deren Notwendigkeit bei Vorliegen von Mißständen anzunehmen ist. Ohne entsprechendes Bundesgesetz wäre sicherlich auch völlig unklar, daß mit solchen Mißständen »die bauliche Beschaffenheit von Gebäuden, Wohnungen und Arbeitsstätten« gemeint sein könnte, wie uns Punkt 1 b in Absatz 3 wissen läßt.

Eine Frage, die mich immer wieder bewegt, muß ich in Karlsruhe unbedingt loswerden. Nicht nur ich habe die Erfahrung gemacht, daß sich Menschen hängenlassen, wenn man ihnen die Motivation nimmt, was man u. a. dadurch erreichen kann, daß man ihnen den Wettbewerb verwehrt. Das Niveau, auf dem man sich bewegt, sinkt auf diese Weise systematisch ab – finanziell und moralisch. Diesen Automatismus haben wir im Westen mit Blick auf ehemalige Ostblockgesellschaften gut begriffen. Sobald wir unsere eigene Gesellschaft im Visier haben, bekommt unser Gesichtsfeld lauter blinde Flecken. Wir ersetzen den negativ belegten Begriff »Sozialismus« durch den hehren der »sozialen Gerechtigkeit« und vertrauen darauf, daß sich durch die andere Etikettierung derselben Flasche auch der Inhalt verändert. Anders ausgedrückt: Sobald sozialistische Demontage von Anreizen unter der Überschrift »soziale Gerechtigkeit« abläuft, halten wir die damit verbundenen Gefahren der Demotivierung und Lähmung für gebannt. Mein Dreh- und Angelpunkt ist die Frage: Gibt unsere Verfassung das her, was wir uns an Sozialismus leisten, oder nicht? Nach meinem Verständnis ist der Länderfinanzausgleich – so wie wir ihn praktizieren – Sozialismus pur. Ganz so drastisch mögen das die drei Herren – jeder für sich – nicht formulieren, aber für ungerecht und dringend reformbedürftig halten sie ihn alle.

Bereits zweimal stand der Länderfinanzausgleich auf der Tagesordnung der Verfassungsrichter. Am 24. Juni 1986 und am 27. Mai 1992 ergingen die Urteile. Seit Juli 1997 liegt erneut eine Klage der Bundesländer Bayern und Baden-Württemberg vor. Marginale Korrekturen hat es jedesmal gegeben, doch vor größeren Änderungen schreckte die Mehrheit der Bundesrichter bisher zurück. Sie verleihen dem bereits erwähnten Prinzip »Einheitlichkeit der Lebensverhältnisse« einen höheren Stellenwert, als die Minderheit der Bundesrichter dies tut. Auch Gesetzesinterpretationen von Verfassungsrichtern spielen sich nicht im luftleeren Raum ab, sondern spiegeln Zeitgeist und politische Machtverhältnisse wider. Wobei die Richter selbst Wert auf die Feststellung legen, daß sie in diesem Fall über keinerlei Interpretationsspielraum verfügten und die großen Änderungen – im Gegensatz zu den marginalen – nur vom Gesetzgeber selbst ausgehen könnten, der Umfang und Modalitäten des Länderfinanzausgleichs nun einmal laut Artikel 107 Absatz 2 des Grundgesetzes zu formulieren habe.

Damit das klar ist: Eine Gesellschaft wie die unsere muß verhindern, daß Regionen wirtschaftlich ins Hintertreffen geraten, aufgrund ihrer geographischen Lage, wegen ihrer schwierigen Infrastruktur oder anderer sozusagen naturgegebener Benachteiligungen, die sich nicht ändern lassen. Davon bin ich überzeugt, das gehört auch zu meiner Vorstellung einer Solidargemeinschaft, die zudem Werte wie Heimatverbundenheit als Alternative zur permanenten Mobilitätsforderung achten sollte. Aber ich bin dagegen, falsche Entscheidungen, mangelnden Einsatz und Verschwendung einzelner durch die Arbeitskraft derjenigen aufzufangen, die eine bessere Wirtschaftspolitik betreiben. Eine funktionierende Hausgemeinschaft wird eine Lösung finden, wenn gebrechliche Mitbewohner nicht in der Lage sind, ihren Teil der Treppe im Flur zu reinigen. Rüstige Rentner, die solche Hilfe aufgrund ihres Alters automatisch erwarten, obwohl sie fleißig das Tanzbein schwingen und ausgedehnte Wanderungen machen, werden mit dieser Zuwendung allerdings nicht rechnen können.

Ich will Sie jetzt nicht mit den komplizierten Ausgleichsmechanismen im Detail quälen. Das heißt – wieso eigentlich nicht!

Grundsätzlich sind laut unserer Verfassung die verschiedenen Ebenen – Bund, Länder und Gemeinden – finanziell selbständig und unabhängig. Sie stellen ja auch eigene Haushaltspläne auf. Zur finanziellen Unabhängigkeit gehört im Prinzip eigenes Einkommen. Denn sobald mir jemand Geld zuteilt, werde ich abhängig und laufe Gefahr, daß die Zuteilung an bestimmte Auflagen gebunden wird. Das kann im Einzelfall zwar sinnvoll sein, hat aber mit Unabhängigkeit dann nichts mehr zu tun.

Die Haupteinnahmequelle des Staates sind – neben wuchernden Krediten – Steuern und Gebühren. Nach Angaben des Bundesfinanzministeriums beläuft sich der Anteil der Steuern an den sogenannten ordentlichen Einnahmen (also ohne Kredite) auf etwa 75 Prozent. Einzelne Steuern und Gebühren sind den verschiedenen Ebenen eindeutig zugeordnet. Den größten Batzen allerdings machen die sogenannten Gemeinschaftssteuern aus, also Umsatzsteuer und Steuern vom Einkommen (mit verschiedenen Erhebungsformen wie veranlagte Einkommensteuer, Lohnsteuer, Körperschaftsteuer, nicht veranlagte Steuern vom Ertrag, Zinsabschlag). Sie betragen zusammen mehr als zwei Drittel des gesamten Steueraufkommens aller Ebenen und werden nach bestimmten Schlüsseln verteilt. Dabei regelt das Grundgesetz die Aufteilung der Einkommen- bzw. Lohnsteuer und Körperschaftsteuer. Der Bund und die Gesamtheit der Länder müssen sich diese Einnahmen jeweils zur Hälfte teilen. Bei der Umsatzsteuer hält sich das Grundgesetz mit genauen Angaben raus. Da gibt es parlamentarischen Entscheidungsspielraum. Allerdings schreibt es vor, daß eine Umverteilung des Umsatzsteueraufkommens zugunsten der Staatsebene mit dem größeren Defizitproblem vorzunehmen ist.

Reine Gemeindesteuern sind zum Beispiel die Gewerbesteuer (ganz so rein ist sie auch nicht mehr, an Bund und Länder fließt die sogenannte Gewerbesteuerumlage), die Grundsteuer und solche Bagatellen wie die Hundesteuer. Bei den Ländersteuern handelt es sich im wesentlichen um Kraftfahrzeug-, Erbschaft- und Biersteuer. Als es die Vermögensteuer noch gab, die zwischenzeitlich als verfassungswidrig erkannt wurde, stand auch diese Einnahme den Ländern zu. Wenn sich die Länder also so vehement für die Beibehaltung der Vermögensteuer eingesetzt haben, dann hatte das weniger mit politischer Überzeugung oder sozialer Überlegung zu tun, sondern schlicht und ergreifend mit Mathematik. An den Bund schließlich fließen ungeteilt zum Beispiel die Mineralöl-, Tabak- und Branntweinsteuer sowie die Versicherungsteuer.

Tatsache ist, daß die eigenen Einnahmen der Gemeinden und der Länder vielfach nicht ausreichen, um die Ausgaben zu decken. Deshalb wird zwischen den Gebietskörperschaften umverteilt. Und zwar sowohl vom Größeren zum Kleineren, oder besser vom Höheren zum Tieferen (vertikal), als auch quer innerhalb derselben Ebene (horizontal). Und einer dieser horizontalen Umverteilungsmechanismen ist der Länderfinanzausgleich.

Im Sinne einer solidarischen Verantwortlichkeit wäre es sicher kein Problem, gemeinsam für die »ärmeren« Länder, denen das Wasser bis zum Hals steht, eine so hohe Stufe zu bauen, daß niemand ertrinkt. Aber für trockene Füße könnten sie dann selber sorgen. Damit meine ich: Ein Minimum sollten wir bei der Finanzausstattung garantieren, eine Vollversorgung keinesfalls.

Strenggenommen praktiziert der Länderfinanzausgleich etwas, das dem Geist unserer Verfassung widerspricht, nämlich die Nivellierung der Gesellschaft, die absolute Gleichmacherei. Und zwar so: Nach bestimmten Formeln, in die Einwohnerzahl und Bevölkerungsdichte eingehen, wird die Finanzkraft eines Landes bestimmt. Ausschlaggebend dafür sind zunächst einmal die

Steuereinnahmen, die durch die Einwohnerzahl geteilt werden. Darüber hinaus wird die sogenannte Bevölkerungsdichte berücksichtigt, die man durch Maßzahlen erfaßt. Dem liegt die Annahme zugrunde, daß der Ausgabenbedarf pro Einwohner in der Ballung zunimmt. Mit anderen Worten: Es ist nicht nur absolut, sondern auch relativ gesehen teurer, eine Stadt zu unterhalten als ein Dorf. Auf diese Weise erhält man für jedes Land eine Zahl. Die Beträge werden addiert und durch die Anzahl der Länder geteilt. Das Ergebnis ist die sogenannte länderdurchschnittliche Finanzkraft, die mit hundert Prozent angesetzt wird. Und nun kommt es auf die Abweichungen nach oben oder unten an.

Baden-Württemberg und Hessen erreichen im Jahr 1995 mit ihrer Wirtschaftskraft 109,7 bzw. sogar 112,2 Prozent und gehören damit zu denjenigen, die abgeben müssen. Berlin und Bremen bilden mit 72,7 bzw. 80,9 Prozent die Schlußlichter. Aber auch Brandenburg und das Saarland mit 86,6 bzw. 90,9 Prozent stehen nicht gerade glänzend da. Wer sich darüber wundert, daß nach dieser Liste alte Bundesländer schlechter wegkommen als neue, obwohl dort die Produktivität bekanntermaßen nur halb so hoch ist wie in der alten Bundesrepublik, muß folgendes berücksichtigen: Schon im Vorfeld des Länderfinanzausgleichs wird bereits kräftig zugunsten der neuen Bundesländer umverteilt. Bei der Aufteilung der Umsatzsteuer ist nämlich nicht das örtliche Aufkommen maßgeblich, sondern ein sogenanntes Bedarfsprinzip. Im Grunde werden dadurch nicht unerhebliche Transferströme verschleiert, noch bevor der Länderfinanzausgleich zum Tragen kommt.

Zur besseren Orientierung: 1992, als die neuen Bundesländer noch nicht in den Finanzausgleich integriert waren, lauteten die entsprechenden Zahlen: Baden-Württemberg 107,3, Hessen 112,6, Bremen 80,7, Saarland 85,8 (die beiden waren damals Schlußlichter), Niedersachsen 90,3, Rheinland-Pfalz 90,6, Schleswig-Holstein 91,0.

Alle Länder, die unter 92 Prozent liegen, werden durch Umverteilung auf mindestens 95 Prozent hochgehievt. Bei denen, die sich zwischen 92 und 95 Prozent bewegen, geht die Anhebung über 95 hinaus. Finanzstarke Länder mit zunehmender

Finanzkraft müssen auf der anderen Seite nicht nur absolut, sondern auch relativ gesehen höhere Anteile leisten. Das erklärte Ziel ist, jedem Nehmerland ein Niveau von mindestens 95 Prozent zu garantieren, unter der Nebenbedingung, keines der Geberländer unter 100 Prozent absinken zu lassen. Soweit die rechnerische Theorie. Die Praxis sieht ganz anders aus, denn de facto wird weit mehr umverteilt. Das Bedarfsprinzip bei der Umsatzsteuer habe ich schon erwähnt. Diverse Bundesergänzungszuweisungen (BEZ) mit zum Teil abenteuerlich langen Namen gibt es auch noch. Da ist zum Beispiel die sogenannte Fehlbetrags-Bundesergänzungszuweisung, die allen Ländern eine Mindestausstattung von 99,5 Prozent garantiert. Dann gibt es die Sonderbedarfs-Bundesergänzungszuweisung, die soll teilungsbedingte Sonderlasten ausgleichen. Dadurch kommen die neuen Bundesländer sogar in den Genuß einer Übernivellierung. Das Investitionsförderungsgesetz Aufbau-Ost bewegt jährlich etwa 6,6 Milliarden Mark Richtung neue Bundesländer. Das sind Mittel, die völlig außerhalb der BEZ-Programme laufen. Auf eine extra Zuteilung können neue wie alte Bundesländer rechnen, in denen weniger als vier Millionen Einwohner leben. Nicht zu vergessen noch die Übergangs-Bundesergänzungszuweisungen, die denjenigen alten Bundesländern zustehen, die von einem Nehmer- zu einem Geberland aufgestiegen sind, ohne das bisher fiskalisch verkraftet zu haben. Die »Schlußlichter« der alten Bundesrepublik – Bremen und das Saarland – bekommen Sonder-Bundesergänzungszuweisungen für ihre zerrütteten Staatsfinanzen, damit sie nicht in Konkurs gehen. Es wimmelt also von mehr oder weniger gut getarnten, jedenfalls total unübersichtlichen Umverteilungsmechanismen. Lediglich beim Länderfinanzausgleich sind die regionalen Transferströme einigermaßen transparent.

Wie soll man dieses System bezeichnen? Ich nenne das eine besonders perfide Form von Sozialismus und demotivierender Gleichmacherei. Nach übereinstimmender Meinung der Wissenschaft handelt es sich auf jeden Fall um ein viel zu hohes Ausgleichsmaß, das bei Gebern wie bei Nehmern zu negativen Anreizwirkungen (Mitnahmeeffekte, Demotivation) führen muß. In Fachkreisen wird das seit Jahren kritisiert. Es liegen verschiedene Änderungsvorschläge auf dem Tisch, zum Teil mit Grundgesetzänderung, zum Teil ohne. Aber da geht die Politik nur mit spitzen Fingern ran. Wie sagte Professor Rolf Peffekoven, einer der fünf Weisen: »Reformmodelle aus dem politischen Raum verfolgten dagegen eher das Ziel, die jeweils eigene finanzielle Belastung in Grenzen zu halten, also Vorschläge zu Lasten Dritter vorzulegen.« Ein nur allzu bekanntes Prinzip.

Aber das ist immer noch nicht alles. Um ganz sicher zu gehen, habe ich in Geberländern nach zusätzlichen Ausgleichssystemen gefragt und aus der baden-württembergischen Staatskanzlei folgende Angaben erhalten. Im Jahre 1995 hat das Land in der gesetzlichen Krankenversicherung ca. 2,1 Milliarden Mark netto an andere Länder gezahlt, in der gesetzlichen Pflegeversicherung ca. eine halbe Milliarde. Weitere Transfers sind sowohl im Bereich der gesetzlichen Renten- als auch der Arbeitslosenversicherung angefallen, die in der Höhe noch nicht genau beziffert werden können. Bei der letztgenannten wird es auf einen Betrag zwischen zwei und vier Milliarden Mark hinauslaufen. Und schließlich – warum sollte gerade ich das vernachlässigen? – ist Stuttgart am Finanzausgleich zwischen den Landesrundfunkanstalten ab 1997 mit 19 Millionen Mark beteiligt.

Zurück zu den Verfassungsrichtern. »Die Marge beim Länderfinanzausgleich ist zu klein«, das meint auch Herr Schulze, der sich ansonsten der »Brüderlichkeit« stark verbunden fühlt, »dem fast vergessenen Ideal der modernen Demokratie«, wie er sagt. So sehr er sich zunächst gegen den Begriff Sozialismus gewehrt hat – nun formuliert er doch: »Die Maßstäbe des Länderfinanzausgleichs haben einen deutlichen Hang zur sozialistischen Nivellierung.« Na also. »Und zwar deshalb«, erklärt er weiter, »weil wir nur die Finanzlagen miteinander vergleichen und nicht die Frage der Notwendigkeit des Aufwandes und der Vermeidbarkeit von Kosten.« Der Gedanke ist ihm wohl doch näher und wichtiger, als es zunächst den Eindruck machte, denn er wird konkret. »Wenn die Regierung eines Landes, dem es wirtschaftlich schlechtgeht, sagt: Ich betreibe jetzt Verschwendung, ich gaukle meinen Bürgern vor, ihr könnt alles haben. Ich, der gute Ministerpräsident, gebe es euch. Dann kann dieser Ministerpräsident das leichter Hand tun, denn er refinanziert seine Verschwendung bei den besser wirtschaftenden Geberländern.« Anhand konkreter Untersuchungen macht er es noch deutlicher: »Wir hatten eine Zeit, wo der Hauptzahler Baden-Württemberg in der Spitze des Steueraufkommens für jede eingenommene Mark 1,10 Mark in den Länderfinanzausgleich zahlen mußte. Das heißt, die hinzugewonnene Mark wurde teuer.«

Das kann nicht unser System sein! Und auch Herr Schulze bezeichnet es als aberwitzig und hochgradig demotivierend. In dieser unnachahmlichen Mischung aus Juristerei und Diplomatie fügt er schmunzelnd hinzu: »Und wenn man dann eine neue Industrie ansiedelt, sucht man sich Finanzierungsformen, die sich nicht durch Steuerzahlung ereignen.« Auf gut deutsch: Man drückt alles in Nebenhaushalte und in die außerparlamentarische Kontrolle. Immer wenn sich Gesellschaften falsch organisieren, suchen sich die einzelnen Glieder Auswege und denken sich Umgehungsstrategien aus. Dabei wäre es doch viel einfacher und gleichzeitig wirkungsvoller, sich von nachweislich falschen Regeln zu verabschieden.

Fazit:
Alle räumlichen Umverteilungen müssen systematisch erfaßt und transparent gemacht werden. Die Marge beim Länderfinanzausgleich, der nur die Spitze des Eisbergs darstellt, muß drastisch vergrößert werden. Die Gleichmacherei muß weg.

Bei Herrn Schulze scheint sich im Laufe der Zeit wohl doch mehr aufgestaut zu haben, denn er fährt fort: »Bei einem Empfängerland ist der Anreiz, klug zu wirtschaften, gleich Null.« Und es kommt noch dicker: »Diese Struktur ist bis heute – obwohl wir es in aller Deutlichkeit ins Urteil hineingeschrieben haben – nicht bereinigt.« Drastischer formuliert: Der praktizierte Länderfinanzausgleich ist nicht nur gesetzes-, sondern verfassungswidrig. Vom gesamten Umschichtungssystem gar nicht zu reden. Aber wie die weitere Lektüre des Buches zeigen wird, leisten wir uns Bananenrepublik-Verhalten nicht nur in diesem Bereich. Herr Schulze ist noch nicht zu Ende mit seiner Kritik und nimmt sich einen entscheidenden Knackpunkt vor: »Wir machen nur einen Haushaltsdeckungsvergleich, also wir schauen, wie groß die Lücke im Landeshaushalt des Landes X nach den parlamentarisch definierten Ansätzen von Einnahmen und Ausgaben ist. Ein katastrophales Prinzip, das im Grunde an den Nerv der bundesstaatlichen Solidarität geht.« Genau. Wie soll das um Himmels willen innerhalb Europas werden, wenn wir das schon innerhalb von Deutschland nicht hinkriegen?

Da die Geberländer immer in der Minderheit sind, besteht auf demokratischem Wege, also durch den Bundesrat, überhaupt keine Chance, dieses aberwitzige und letztlich systemfremde Verfahren zu ändern. Denn die Empfängerländer haben kein Interesse daran. Systemfremd oder nicht – das ist denen im Zweifel gleichgültig. Hauptsache, die Überweisung stimmt.

Es hätte die Chance gegeben, im Zuge der deutschen Vereinigung etwas zu verändern. Denn die Kritik an der Finanzverfassung insgesamt ist ja nicht neu. Aber das hat man verpennt. In der Ausdrucksweise der Wissenschaftler heißt das »vertane Chance«. Enttäuscht sind sie alle, lediglich das Maß an Verständnis ist unterschiedlich ausgeprägt. Es gab ja in der Tat eine Menge von Problemen, die gleichzeitig bewältigt werden mußten, so entschuldigen es die einen. Eine bessere Gelegenheit hätte es gar nicht geben können, um einen Schnitt zu machen, so sehen es die anderen. Vielleicht kommt der Satz »Es war nicht gewünscht« der Wahrheit näher als die Behauptung »Es war nicht zu schaffen«. Jedenfalls sind die Beharrungskräfte in den alten Bundesländern ganz enorm, und die Bereitschaft, sich vom Status quo zu lösen, verschwindend gering. Dafür finden sich nahezu täglich neue Beweise. Ändern sollen sich immer nur die anderen.

Unter der vertanen Chance scheint Herr Schmid am meisten zu leiden. »Für mich ist ein Umstand ganz verwunderlich«, beginnt er nahezu sanft und spricht die Verfassungsänderungen im Gefolge der Wiedervereinigung an. »Da gab's ja diese große Revision, aus der zwar quantitativ viel herausgekommen ist, qualitativ aber wenig.« Er berichtet, daß die Länder vom Bund verlangt hätten, einige Gesetzgebungskompetenzen wieder zurückzubekommen. Daraus sei so gut wie nichts geworden. Dann erzählt er von der Sorge der Länder, auf europäischer Ebene ins Hintertreffen zu geraten, und von ihren Bemühungen, Mitspracherechte zu erhalten. Das habe zum neuen Verfassungsartikel 23 geführt, »einem ziemlichen Ungetüm«, wie er meint. Wenn das ein Profi schon so empfindet... »Was die Länder aber nicht gemacht haben«, kommt er zum Punkt, »und was so nahe gelegen hätte – sie haben sich keinen finanziellen Spielraum erbeten. Sie haben nicht einmal danach gefragt.« Gemeint ist damit Finanz- bzw. Steuerautonomie.

Praktisch ist es ja so, daß alle wesentlichen Steuern in Bundesgesetzen geregelt sind – abgesehen von ganz wenigen Bagatellsteuern (wie etwa die Hundesteuer oder die Vergnügungssteuer). Dann setzt der komplizierte Verteilungs- und Umverteilungsmechanismus ein. »Das heißt, sie schalten auf dem Gebiet der Finanzpolitik eigentlich den Wettbewerb aus«, sinniert Schmid. »Der erste Schritt zu vermehrter Eigenständigkeit geht über finanziellen Spielraum«, so Schmid weiter, »daß die Länder *den* nicht gefordert haben!« Er schüttelt den Kopf und meint: »Ich glaube, die haben einfach Angst vor einem finanzpolitischen Wettbewerb gehabt.« Also lieber an der Bundesleine und Verantwortung wegschieben können als selbst gestalten, mit dem Risiko, auch mal danebenzuliegen. Sicher, schlechte Steuerpolitik könnte zur Abwanderung von Bürgern in andere Bundesländer führen, aber gute Steuerpolitik könnte das Gegenteil bewirken. In jedem Fall ist Gestalten natürlich unbequemer als Verwalten. Aber das allein kann ja wohl nicht der Maßstab sein.

Durch alle politischen Lager zieht sich die Überzeugung, daß es vorteilhaft ist, wenn kleinere Einheiten finanzpolitische Rechte haben. Alle wissen natürlich auch, daß dadurch die Macht der Zentrale bzw. der übergeordneten Körperschaft geschmälert wird. Die Zentrale – in dem Fall der Bund – hat also kein zwingendes Interesse, Finanzbefugnisse abzugeben. Die machtpolitischen Vorteile wiegen die Nachteile mehr als auf, die dadurch entstehen, für alles und jedes verantwortlich gemacht zu werden. Denn was kann schon passieren? Der Macht der umverteilenden und reglementierenden Zentrale steht die Ohnmacht des Bürgers gegenüber. Und bei den Ländern hat sich offenbar ein

Sicherheitsbedürfnis eingenistet, das stärker ist als die Lust, selbst gestalten zu können. Angesichts der gewaltigen finanziellen Erfordernisse in Zusammenhang mit der deutschen Vereinigung ist dieses Sicherheitsbedürfnis eher noch gewachsen. Statt sich auf die Kraft der Länder zu besinnen und die Chance zu nutzen, dem Bund mehr Rechte abzutrotzen, ist das Gegenteil passiert. Aus Angst? Aus Feigheit? Aus Bequemlichkeit? Herr Schmid kommt immer wieder darauf zurück: »Die Länder wollten zwar noch und noch Mitspracherechte haben, das schon – aber was eigentlich das Naheliegendste war, nämlich mehr eigenen Spielraum zu bekommen, steuerpolitische Verantwortlichkeit, das haben sie nicht gewollt.« Die Enttäuschung ist ihm heute noch ins Gesicht geschrieben.

Als ich später Herrn Meier darauf anspreche, winkt der nur lachend ab. »Die Politiker fühlen sich doch ziemlich wohl in dem System. Warum sollten sie das ändern wollen?« Er führt aus, daß sich im politischen Entscheidungsprozeß sehr viel auf öffentlichkeitsfernen Verhandlungsbahnen abspielt. Und Herr Schulze bringt den gleichen Mechanismus auf folgenden Nenner: »Als Politiker ist man ja fein raus«, beginnt er, »hat's geklappt, sagt die Mehrheit: Wir waren's. Und die Opposition sagt: Wenn wir nicht noch dieses oder jenes Detail hinzugefügt hätten, dann wär's schiefgegangen. Und wenn es scheitert, kann man immer sagen: Der andere war's. Ein reizvolleres System als unseres kann es für Politiker doch gar nicht geben!« – »Aber für die Bürger ist es offensichtlich nicht reizvoll«, wende ich ein. »Nein, für die Bürger nicht.«

Ich balle meinen Unmut zu einer Frage zusammen: »Welche Möglichkeiten gibt denn unsere Verfassung den Bürgern, die nicht herumrevoluzzern oder randalieren, obwohl sie Lust dazu hätten, sondern sich schlicht politisch einmischen wollen? Was können die machen?« Herr Meier läßt sich lange Zeit mit seiner Antwort, sagt dann schließlich: »Also – man könnte diejenigen wählen, die nicht auf diesem Trip sind« und fängt selbst an zu lachen. »Gibt's die?« frage ich weiter, und er bemüht sich um eine ernsthafte Antwort: »Die Grünen waren's mal, aber die sind's auch nicht mehr. Die profitieren inzwischen genauso von diesem System wie alle anderen.« Nach einer Pause fährt er fort: »Innerhalb der politischen Parteien gibt es ja immer wieder einzelne Leute, mit denen man gut reden kann und – diese Feststellung werden Sie auch machen«, fügt er ein, »die im privaten Gespräch ohne Öffentlichkeit viel besser sind als in ihrer Außendarstellung.« Recht hat er. Es klingt nicht besonders zuversichtlich, wenn er diesen Teil unseres Gesprächs mit dem Satz abschließt: »Zusammen mit der Intransparenz, die durch die Verhandlungssysteme entsteht, ist es für Bürger sehr schwer, sich einzumischen. Denn da, wo sie's könnten, findet die Entscheidung nicht statt. Die passiert ganz woanders.«

Auf mehr Bürgerbeteiligung angesprochen, reagieren alle befragten Verfassungsrichter recht zurückhaltend. Herr Schulze warnt am eindringlichsten und bringt das bekannte Beispiel mit der Todesstrafe. Es sei zu begrüßen, daß unter allen demokratischen Parteien Einigkeit darüber bestehe, dieses Thema nicht zum parteipolitischen Zankapfel zu machen, denn je nach aktuellem Anlaß – wenn gerade mal wieder ein Sexualmord an einem Kind passiert sei – bekäme man in der Bevölkerung ganz leicht eine Mehrheit für die Einführung der Todesstrafe. Auch Herr Schmid will unter keinen Umständen mehr Bürgerbeteiligung in die Verfassung aufnehmen, denn »es entscheidet nicht das Volk«, begründet er seine Auffassung, »es entscheidet derjenige, der dem Volk die Alternativen vorstellt. Und das ist derjenige, der das Mikrophon in der Hand hat.« Die Angst vor Demagogie, Manipulation und Willkür ist nicht unberechtigt. Aber die Frage muß erlaubt sein, ob wir davor im jetzigen System unserer repräsentativen Demokratie wirklich so gut geschützt sind, wie es immer heißt. Es spielt sich möglicherweise nur auf anderen Ebenen ab. Außerdem – wenn unsere Verfassung schon darauf ausgerichtet ist, Demokratie zu bewahren, dann ist es ja ganz sinnvoll, wenn wir sie zunächst einmal praktizieren und anwenden. Und wäre es da nicht angebracht, über Mechanismen nachzudenken, die demokratisches Verhalten erst zulassen? Denn die stupide Abhakerei aufgezwungener Listen bei Wahlen scheint mir nicht die demokratische Erfüllung zu sein. Es ist doch logisch, daß sich Bürger immer weniger für Politik interessieren und sich zurückziehen, wenn sie so gut wie keine Möglichkeit haben, sich einzumischen – es sei denn, sie machen sich auf die Ochsentour innerhalb einer Partei – und nicht einmal das bietet Gewähr.

Die Möglichkeit des Volksentscheids verbucht Herr Meier aus den genannten Gründen unter Verschlechterung, aber ein Volksbegehren, mit dem das Parlament gezwungen werden kann, sich mit einem bestimmten Thema zu befassen, hält er für eine gute Einrichtung. Und er erklärt, warum: »Ich wünsche mir ein Gegengewicht dagegen, daß allein die Parteien bestimmen, was auf die politische Tagesordnung kommt. Wenn ein Thema in einer Gesellschaft oder einer hinreichend großen Gruppe als besonders dringlich erachtet wird und die Politik drückt sich und schweigt, dann wäre es gut, verbindlich sagen zu können: Ihr habt euch jetzt damit zu befassen.«

Auf kommunaler Ebene sehen alle drei Verfassungsjuristen die Möglichkeiten der Bürgerbeteiligung noch nicht voll ausgeschöpft.

Damit wären wir wieder auf der Ebene angelangt, in der sich so schön eigenverantwortlich gestalten ließe, wenn es die Eigenverantwortung denn tatsächlich gäbe. Rein theoretisch sieht die geltende Finanzverfassung laut Artikel 104 a, Absatz 1 des Grundgesetzes das sogenannte Konnexitätsprinzip vor. Das bedeutet, daß Ausgaben nur dort anfallen dürfen, wo auch die Aufgabenverantwortung liegt. Anders ausgedrückt: Wer etwas entscheidet, muß auch für die damit verbundenen Folgen zahlen. »Ein schöner Grundsatz«, schwärmt Herr Schulze, »aber er wird nicht so praktiziert, wie er in der Verfassung steht.« Beispielsweise beschließt der Bund das Sozialhilfegesetz, wälzt aber die damit verbundenen Kosten auf die Kommunen ab. Ebenso schafft der Bund den Rechtsanspruch auf einen Kindergartenplatz, dessen Einrichtungs- und Unterhaltskosten aber an Städten und Gemeinden hängenbleiben.

Die Kehrseite der Medaille sieht so aus, daß der Bund mit dem goldenen Zügel regiert, mit der Macht des großen Etats. Die diversen Mischfinanzierungsprogramme geben ihm die Möglichkeit dazu. Herr Schulze schildert anschaulich vereinfacht, was das im einzelnen bedeutet: »Wenn der Bund einen goldenen

Musikplan auflegt, dann bauen die Länder Musikschulen, weil der Bund verspricht, fünfzig oder siebzig Prozent der Kosten zu übernehmen. Ob die so viele Musikschulen brauchen, ist eine andere Frage, aber kein Ministerpräsident hat die Stirn zu sagen, ich schlage dieses Angebot um der Autonomie willen aus. Und wenn der Bund sagt, ich mache einen goldenen Sportplan, dann bauen die Länder Fußballplätze.« Das bedeutet nichts anderes, als daß die im Grundgesetz festgeschriebenen Kompetenzen durch die Macht des Geldes überspielt werden. Die Eigenverantwortung der Länder wird ausgehöhlt, denn die Alimente von oben beeinflussen und verzerren die Entscheidungen. Selbstredend werden solche Projekte bevorzugt, bei denen der Bund zuschießt, und solche vernachlässigt, bei denen das Land alle Kosten selbst tragen muß. Nicht mehr die volkswirtschaftliche Rendite ist maßgebend, sondern künstlich geschönte Investitionsrechnungen, bei denen der Eindruck erweckt wird, die Finanzierung des Bundesanteils käme von einem anderen Stern. Die Konsequenzen sind übersteigerte Ausgaben, Prestigeobjekte, Überkapazitäten, unbedachte Folgekosten – kurzum: Mischfinanzierung, von der es im alltäglichen Leben nur so wimmelt, führt zwangsläufig zur Verschwendung. Das geht gar nicht anders.

Angefangen hat das zu Zeiten der großen Koalition zwischen 1966 und 1969 auf dem Gebiet der Bildungspolitik, für die eindeutig die Länder zuständig sind. Deshalb war Mischfinanzierung für den Bund die einzige Möglichkeit, Einfluß zu nehmen. Ein prominenter Zeitzeuge erinnert sich:

»Das Zauberwort hieß plötzlich überbetriebliche Ausbildungsstätten. Auch diejenigen, die vorher durch die Lande gezogen waren und in ihren Reden vom dualen Ausbildungssystem geschwärmt hatten, entdeckten nun plötzlich den Reiz der überbetrieblichen Ausbildung.« Auf diese Weise wurde das Land mit solchen Einrichtungen überzogen, denn was dem einen Kammerbezirk recht war, mußte dem anderen billig sein. »Und auf einmal hatte der Bund über die Finanzierung von Gebäuden eklatant die Inhalte der beruflichen Ausbildung verändert.« Ob das gut oder schlecht war, ist nicht die Frage. Jedenfalls hat der Bund – letztlich verfassungswidrig – dem Land seine Eigenständigkeit genommen. Im Wohnungs- oder auch im Hochschulbau läuft das gleiche Muster ab. Die Länder beklagen zum Beispiel, daß der Bundeshaushalt insgesamt nur 1,8 Milliarden Mark für den Bau von Hochschulen vorsieht. Das reicht natürlich vorne und hinten nicht. Da gibt es jahrelange Wartelisten. Was wäre denn, wenn man diese 1,8 Milliarden auf die Länder aufteilte und sagte: Macht damit, was ihr für richtig haltet. Dann kann nämlich jedes Land eigene Schwerpunkte setzen und selbst entscheiden, ob die Zahnklinik wichtiger ist als das Hörsaalgebäude oder umgekehrt. So aber wirkt sich die sogenannte Hochschulförderung eher hemmend aus, denn wenn ein Land die Baumaßnahmen »vorzeitig« einleitet, kann das die Fördermittel des Bundes kosten.

Problemverschärfend kommt folgendes hinzu: Bei Gemeinschaftsaufgaben von Bund und Ländern ist die parlamentarische Kontrolle und die des Rechnungshofes »eher gemäßigt«, wie Herr Schulze formuliert. Denn es bleibt offen, welche Kontrollebene zuständig ist. Ohne solche gemeinsamen Bund-Länder-Einrichtungen wie Max-Planck-Institut oder Deutsches Krebsforschungszentrum als *Institution* zu kritisieren, ist die *Konstruktion* nicht hilfreich, denn »der Bund verschanzt sich hinter den Ländern und die Länder hinter dem Bund«, so Herr Schulze.

Wie kommt man aus diesem Kompetenzwirrwarr heraus? Die erste Möglichkeit besteht darin, den Ländern eigene Steuerhoheit zu geben und im Gegenzug auf Mischfinanzierungen zu verzichten. Dann läge die Einnahmen- und Ausgabenseite in der Verantwortung des jeweiligen Parlamentes und der jeweiligen Regierung. Gegenseitige Schuldzuweisungen von den Ländern an den Bund und umgekehrt wären sinnlos. Jeder müßte sich an seinen für den Bürger nachvollziehbaren Entscheidungen messen lassen. Dieser Vorschlag wird von einer ganzen Reihe von Ökonomen favorisiert, ist aber im Zeitalter der Globalisierung nicht ganz unproblematisch. Einerseits schaffen wir europäische Landesgrenzen ab, andererseits bauen wir innerdeutsche Steuergrenzen auf. Es erscheint allerdings plausibel, daß die Vorteile des politischen Wettbewerbs die Nachteile der organisatorischen Komplikationen aufwiegen. Denn viel spricht dafür, daß sich gerade wegen des Wettbewerbs – den wir jetzt nicht haben – die Kompliziertheiten des Steuerrechts in Grenzen hielten. Jedenfalls ganz reizlos scheint mir der Gedanke nicht, politische Entscheidungsträger auf Länderebene dazu zu zwingen, sich über funktionierende Steuermodelle Gedanken zu machen. Denkbar wäre ja auch, daß sich die Bestimmungen der einzelnen Länder gar nicht so sehr voneinander unterscheiden, aber sie *können* aktiv werden, wenn sie und ihre Bürger das für richtig halten. In einem Betrieb würde man das *corporate identity* nennen, früher hieß das schlicht Zusammengehörigkeitsgefühl. Als Motivationsschub sind solche Dinge jedenfalls nicht zu unterschätzen.

Nach unserer geltenden Verfassung können die Länder bereits einen Zuschlag zur Einkommensteuer erheben. Das steht da extra so drin. Allerdings muß der Bundesgesetzgeber es erlauben »Und die Politiker haben überhaupt nicht die Idee, das zu tun«, kommentiert Herr Meier. »Auch die Landespolitiker wollen das im Grunde nicht«, schiebt er nach, »weil sie dann ja die Höhe der jeweiligen persönlich spürbaren Einkommensteuerlast gegenüber ihren Wählern rechtfertigen müßten.«

Herr Schulze bringt noch eine andere Variante ein. Bund und Länder – oder treffender gesagt: Bundesregierung und Bundesrat – können sich zur Zeit nicht über einen Spitzensteuersatz einigen (Stand August 1997). Was wäre denn, wenn – und die Verfassung sieht diese Möglichkeit ausdrücklich vor! – der Bund einen Steuersatz von 20 Prozent festlegt und das Land, dem die Hälfte der Einnahmen aus der Einkommensteuer zusteht, packt die Prozentzahl obendrauf, die es für richtig und angemessen hält? Auf diese Weise hätte man sogar die Pattsituation im Bundesrat überwunden. Aber mit der Idee, die Einkommensteuer quasi zu regionalisieren, kann sich keiner der Politiker so recht anfreunden.

Es gibt noch eine andere Lösung, um Verantwortlichkeiten überhaupt erst einmal zu schaffen. Vom größeren zum kleineren Etat – also vom Bund an die Länder und von den Ländern an die Gemeinden – dürfen Gelder nur noch ohne jede Zweckbindung zugewiesen werden. Das bedeutet, daß diese Mittel in der Budgethoheit des jeweiligen Parlaments landen. Herr Schulze bevorzugt diesen Weg. »Dann wäre der Spuk vorbei«, meint er. »Wir hätten nicht die Zuweisung an die Exekutive, die das Geld nur für ein bestimmtes Projekt ausgeben darf, über das im Zweifel ganz woanders befunden wurde, sondern die Mittel flössen pauschal zur Stärkung in den Haushalt, über den ein Parlament eigenverantwortlich entscheidet.« Doch er schränkt gleich ein: »Der jeweils große Etat hat nie die ernste Absicht, so zu verfahren, denn er möchte mit seinem Geld natürlich gerne bestimmen.« Bei diesen verschränkten Zuständigkeiten kann jeder »Hier!« schreien, wenn etwas gut gelaufen ist, und sich den Erfolg an die eigene Fahne heften. Mißerfolge lassen sich im Umkehrschluß problemlos auf andere abwälzen. Im Endeffekt läuft unser gesamtes System immer wieder zielstrebig darauf hinaus, Verantwortlichkeiten zu verschleiern. Und da wundern wir uns noch über kostenintensiven Blödsinn?

Herrn Schulze wundert das alles längst nicht mehr: »Es liegt einfach daran«, sagt er, »daß wir unseren Staat noch immer definieren als einen Staat, der im wesentlichen durch Befehl – also Gesetzgebung und Verwaltungsakt – handelt. Aber in Wirklichkeit sind wir längst ein Finanzstaat, der seine Macht und Einflußkraft aus den finanziellen Möglichkeiten seines Etats ableitet.« Diese Entwicklung beschert uns eine zusätzliche Konfliktebene, die noch gar nicht richtig im Bewußtsein mancher Bürger verankert ist. Herr Schulze beschreibt es so: »Wir haben nicht mehr nur den Konflikt: hier der freie Bürger und dort der staatliche Befehl. Sondern wir haben den eleganten Finanzstaat, der viel früher ansetzt. Er greift nicht direkt in die Freiheit des Bürgers ein, sondern er gibt dem Bürger ein Motiv, seinen Willen von vornherein so zu bilden, wie der Staat es will, indem der Staat ihm dann eben einen Finanzanreiz vor Augen stellt.« Der »Spendierstaat« raubt den Menschen auf ganz subtile Art und Weise ihre Freiheit. Durch die Köder der unterschiedlichsten Fördergesetze werden wir vielfach unfrei, ohne es zu merken. Der Bauer, der wegen der Rapsölbeihilfe Raps anbaut, glaubt freiwillig und eigenständig zu handeln. Dabei hat der Staat im Zweifel seine unternehmerische Entscheidung massiv verzerrt.

In meinem Gespräch mit Herrn Schulze komme ich noch einmal darauf zurück, wie es wäre, den Ländern Steuerhoheit zu geben. Seine beiden Kollegen hatten nicht so abweisend reagiert wie er. »Ist es sehr naiv«, beginne ich meine Frage, »wenn man sagt, es könnte doch auch eine Art Wettbewerb sein, daß diejenigen, die besonders intelligent wirtschaften, besonders großen Zuspruch bekommen; daß man sich als Bürger überlegt, in dieses Land zu ziehen, in diesem Land zu investieren. Und das Nachbarland muß sich dann überlegen, was es falsch macht.« – »Nein, das ist nicht naiv«, antwortet Herr Schulze sofort, und ich habe den Eindruck, er sagt das nicht nur aus Höflichkeit, denn er fährt fort: »Das ist der urdemokratische Gedanke.«

Diese Bestätigung tut mir besonders gut, das gebe ich gerne zu. *Das* ist unser System! Oder sollte es sein. Damit der Wähler die »besseren« Politiker honorieren und die »schlechteren« abstrafen kann, müssen die erst einmal Gelegenheit haben, sich als Bessere und Schlechtere zu erweisen. Wenn sie in Zwangsjacken stecken, in denen sie sich nicht entfalten können – wie soll ich sie dann voneinander unterscheiden?

»Jedes Land sollte sich im Wettbewerb mit dem anderen messen«, fährt Herr Schulze fort, immer unsere Verfassung im Blick. »Die Realität ist natürlich die, daß wir in Deutschland ein Nord-Süd-Gefälle haben, was die Standort-Attraktivität betrifft«, schränkt er ein und erklärt, daß sich Bayern und Baden-Württemberg nachweislich leichter tun, Industrie und Wissenschaft anzusiedeln, als Schleswig-Holstein und Niedersachsen. Er fürchtet, daß ein freier Wettbewerb dieses Gefälle noch verstärken würde, weil »die Südländer«, wie er sich ausdrückt, wahrscheinlich zu steuerlich günstigeren Konditionen »anbieten« könnten als die in Norddeutschland liegenden Länder. Und dann hätten wir wieder das Ausgleichsproblem, sofern die Mehrheit unterschiedliche Lebensverhältnisse innerhalb unseres Staates nicht akzeptieren will. Das geschilderte Nord-Süd-Gefälle kann in unseren Breiten ja nicht nur am Klima liegen. Und mir schießt eine Idee durch den Kopf. »Könnte es sein«, frage ich weiter, »daß die Subventionen in sterbende Bereiche wie Werften und Steinkohle dabei eine Rolle spielen? Denn diese Gelder fließen im Zweifel alle in den Norden. Meinen Sie, daß das mit ein Grund ist, warum sich dort bei der Entstehung neuer Produktionen wenig getan hat?« – »Das meine ich nachdrücklich«, sagt

Herr Schulze so, als sei das fast zu selbstverständlich, um es zu erwähnen.

Seltsam – ganz gleich, ob ich mich mit Ökonomen, mit Juristen, mit Fachleuten für das Gesundheitswesen oder sonstwem unterhalte –, irgendwann ist der Punkt erreicht, wo das Thema Subventionen einfach nicht zu vermeiden ist. Auch Herr Schulze beißt sich weiter daran fest. »Grundsätzlich verhindern diese Erhaltungssubventionen die notwendige Erneuerung der gesellschaftlichen, kulturellen und besonders der wirtschaftlichen Situation.« – Wie sagte noch Astrid Rosenschon? »Als erstes muß die Bevölkerung gebetsmühlenartig über die Schäden informiert werden, die unsere Subventionspolitik anrichtet.«

Auch wenn ich mir wie ein Leierkasten vorkomme, dessen Repertoire aus einer einzigen Walze besteht, konfrontiere ich die Verfassungsrichter – von denen sich keiner für Erhaltungssubventionen einsetzt – ebenso wie alle anderen mit meiner Standardfrage: »Jeder weiß es: Dauersubventionen schaden und haben in unserem System nichts verloren – können Sie sich erklären, warum wir so verbissen daran festhalten?«

Zusätzlich zu den üblichen sozialen Überlegungen, die man zwar grundsätzlich entkräften, aber nicht in jedem Einzelfall beiseite wischen kann, wirft Herr Schulze als weiteren Grund in die Debatte: »Die Kurzatmigkeit der Demokratie, die in Wahlperioden von vier Jahren denkt. Wenn der Repräsentant einer Politik die Leute der Gegenwart zufriedenstellen will und – ich glaube sogar, wider die Einschätzung der Menschen – sich nicht zutraut, zu sagen, wir müssen uns jetzt gemeinsam auf den Weg machen, dann – ja dann...« Er kriegt die Kurve zu seinem Amt mit dem Satz: »Die Demokratie ist kurzatmig, deswegen brauchen wir ein langes Gedächtnis, und das ist das Grundgesetz.«

Alle drei Richter habe ich zur Rolle der Parteien und Verbände befragt. Beim Vergleich von Verfassung und Verfassungswirklichkeit liegt dieses Thema auf der Hand. Der sonst so zurückhaltende Herr Meier formuliert in nicht zu überbietender Deutlichkeit: »Wo die Dinge am allerstärksten im Übel liegen – das sind die politischen Parteien. Der bestimmende Faktor für alles ist nur noch Machterhaltung!« Er wünscht sich unumwunden mehr

Menschen in den Parteien, die zwar Spaß an der Macht haben, aber das nicht für allein seligmachend halten. »Es kann nicht das einzige sein, worauf es ankommt. Ich kann nicht mein Parteiprogramm dauernd ummodeln nach vermeintlichen Bürgerwünschen.« Genau. Zur Enttäuschung über vertane Chancen im Zusammenhang mit der deutschen Vereinigung kommen weitere hinzu, die er auch gar nicht kaschiert: »Es gibt doch ungeheuer viel«, engagiert er sich, »wo die Politiker sehr genau wissen, daß das, was sie jetzt in Gesetzesform bringen, überhaupt nichts ausrichten wird. Aber sie tun es, um vorzuspiegeln: Wir haben die Sache im Griff.« Ich versuche ihm ein konkretes Beispiel zu entlocken, aber so weit will er nicht gehen. Die Identifizierung seiner Person wäre durch solche Details wohl leichter möglich. Aber mir fällt spontan das Gerangel um die Rentenversicherung ein.

»Was wäre das für ein Segen«, seufzt er, »wenn wir ein paar Politiker hätten, die einfach sagten: Das Problem existiert, aber von Staats wegen können wir da gar nichts machen. Wie glaubwürdig wären die! Und solche würde ich doch viel lieber wählen als all diejenigen, die mir ständig vorspiegeln, alles im Griff zu haben, und nix auf die Beine stellen!« Er wendet die Angelegenheit tatsächlich positiv, indem er darauf hinweist, daß es um die Rechte der Parteibasis gar nicht so schlecht bestellt sei. Ganz im Gegenteil – wir seien hervorragend ausgestattet im Vergleich zu anderen Ländern, wo viel stärker hierarchische Strukturen vorherrschten. »Was die Basis gegenüber der Parteispitze rechtlich alles darf – wenn sie es denn wahrnimmt –, ist ganz schön ausgebildet«, schwärmt Herr Meier.

Im Hinblick auf die Rolle der Parteien in unserer Gesellschaft hält Herr Schulze unser Grundgesetz für »eine Idealverfassung«. Es nützt nur leider nichts. Artikel 21 sagt, daß die politischen Parteien an der Willensbildung des Volkes mitwirken. Sie haben eine vermittelnde Funktion zwischen Volk und Staat und umgekehrt. Artikel 38 spricht davon, daß die Abgeordneten – nicht die Parteien! – des Deutschen Bundestages gewählt werden, daß sie nur ihrem Gewissen verpflichtet und nicht an Weisungen gebunden sind. »Diese logische Konzeption ist einfach ideal«, wiederholt Herr Schulze, »sie ist nur nicht real.« Und dann kommt ein sehr wichtiger Satz: »Die Demokratie leidet ja bekanntlich daran, daß die nichtorganisierten Interessen der großen Mehrheit in dieser auf Mehrheit angelegten Demokratie nicht zur Geltung kommen.« Jawohl, genauso ist es! Schulze illustriert: »Die Familien mit Kindern, die Sparer, die Steuerzahler – diese Mehrheiten, soweit sie nicht in Gewerkschafts- oder Industrieverbänden organisiert sind, haben in dem System eine deutlich schwächere Chance als gut organisierte, artikulationsfähige Minderheiten.«

Fazit:
Wir Bürger müssen es schaffen, Mehrheiten zu organisieren und die Interessen dieser Mehrheiten zu artikulieren. Wir müssen Druck machen, statt zu resignieren. Wir dürfen das Feld unserer wunderschönen Demokratie nicht lautstarken Minderheiten überlassen.

Herr Schulze bringt das Problem auf den Punkt: »Wenn die Parteien dann nicht nur an der politischen Willensbildung mitwirken, sondern wesentliche Machtpositionen im Staat parteipolitisch prägen, dann ist da ein deutlicher Bruch.« Unsere Verfassung sagt also mal wieder etwas ganz anderes. In Artikel 33 steht nämlich unmißverständlich, daß öffentliche Ämter nach Eignung, Befähigung und fachlicher Leistung vergeben werden und nicht nach Parteizugehörigkeit. Soweit die Theorie. In der Praxis – das weiß jeder – scheren wir uns einen feuchten Kehricht um diese Verfassungsbestimmung. »Daß der Bundestag parteipolitisch zusammengesetzt ist«, so leitet Schulze eine weitere wichtige Aussage ein, »liegt am Wahlsystem und ist klar. Wer sollte sonst die personellen und programmatischen Alternativen vorstellen? Aber daß die Parteien nun auch in der Verwaltung und – leider muß ich sagen – auch in der Rechtsprechung Funktionen übernehmen, obwohl Artikel 33 dagegensteht –« Er vollendet den Satz nicht, weil ohnehin klar ist, was er meint.
Der volle Umfang dieser unverschämten Anmaßung einer Minderheit zeigt sich, wenn man folgende Zahlen gegenüberstellt. Die Parteizugehörigkeit der wahlberechtigten Bürger in

Deutschland liegt bei drei Prozent. (Das sind etwa zwei Millionen Wahlberechtigte und nicht mehr.) Wenn man die Verfassung ernst nähme, dann müßte sich die »Mitwirkung an der politischen Willensbildung« innerhalb der Gesellschaft etwa im gleichen Rahmen bewegen. Tatsache ist jedoch, daß – und hier zitiere ich noch mal Herrn Schulze: »die Inhaber der mittleren, hohen und ganz hohen Ämter in Behörden und Gerichten nicht zu drei Prozent Parteiangehörige sind, sondern schätzungsweise zu 98 Prozent«. Eine grobe Mißachtung unseres Grundgesetzes. Herr Schulze nennt das »einen Hauch von Ämterpatronage«. Da muß einer schon ganz schön gepustet haben.

Herr Meier und Herr Schmid halten sich im Gespräch lange mit der Doppel- bzw. Zwitterrolle der Parteien auf, die im Grundgesetz so schwer zu fassen ist. Denn auf der einen Seite sollen Parteien in der Gesellschaft verwurzelt sein und gesellschaftliche Auffassungen in den Staat hineintransportieren, auf der anderen Seite setzen sie sich im Staat fest und »verschanzen sich dort«, wie Herr Schmid es ausdrückt. »Sie wuchern mit dieser Doppelrolle«, lautet der Kommentar von Herrn Meier. »Sie benutzen die Vorteile von beidem«, erläutert er, »die Vorteile, ein gesellschaftliches Gebilde zu sein, und die Vorteile, im Staat zu sein«. Per Verfassung wird man diesem Mißstand nicht Herr werden – da sind sich die beiden einig. Alle drei legen die Finger in die gleiche Wunde: »Wir haben es ja schriftlich«, so drückt es Herr Meier aus, »daß Ernennungen und Beförderungen im öffentlichen Dienst nicht nach Parteikriterien zu geschehen haben. Aber –«, er zögert, »gucken Sie sich das doch mal an. Das ist wahrscheinlich die meistverletzte Verfassungsnorm.« So wie er das sagt, klingt es, als hätten sich selbst die Hüter unserer Verfassung an diesen Mißbrauch gewöhnt. Es klingt nach Hilflosigkeit und danach, daß auch sie kein Mittel wissen, wie man dem begegnen kann. Welch ein Armutszeugnis für unsere ganze Gesellschaft, daß wir uns das gefallen lassen!

Vielleicht sollte ich an dieser Stelle etwas einschieben. Ich finde es gut und richtig, wenn sich Bürger in Parteien engagieren. Ich selbst gehöre keiner Partei an, weil ich der Überzeugung bin, als Journalist alles tun zu müssen, um Abhängigkeiten zu vermeiden. Durch eine Parteimitgliedschaft würde ich mich in meiner journalistischen Unabhängigkeit behindert fühlen. Das kann auf zweifache Weise passieren. Einmal dadurch, daß ich bei aller Gewissenserforschung doch der Versuchung erliege, parteipolitische Positionen unangemessen stark zu betonen. Und zum anderen dadurch, daß ich aus dem Übereifer heraus, »unabhängig« zu sein, Positionen nicht vertrete, weil sie zufällig mit denen »meiner« Partei übereinstimmen. Kurz und gut: Ich habe für mich beschlossen, daß mich ein Parteibuch die Unbefangenheit kosten würde. Das Engagement in einer politischen Partei hat selbstverständlich überhaupt nichts Anrüchiges, so zu denken wäre ja verrückt, aber die krakenhafte Bemächtigung aller gesellschaftlicher Bereiche durch Parteien ist mehr als anrüchig. Sie ist unter anderem verfassungswidrig.

Herr Schmid gibt seine Beobachtung weiter: »Wo eine Partei lange an der Macht war, müssen Sie sich mal die Parteizugehörigkeit in der Beamtenschaft anschauen. Das ist so offensichtlich! Aber Sie kommen natürlich nicht ran.« Klar, denn wer will im Einzelfall beweisen, daß die Parteifarbe den Ausschlag für die Einstellung oder die Karriere gegeben hat. »Andere Gründe lassen sich immer finden«, winkt Herr Meier ab, »der hat drei Kinder mehr, oder der ist vier Jahre länger im Öffentlichen Dienst oder der hat diese und jene Qualifikation, die man ausgerechnet an der Stelle braucht – und jeder weiß, es ist alles gelogen!«

Die Rolle der Verbände rundet dieses unrühmliche Kapitel ab. Sie haben in immer mehr Bereichen unserer Gesellschaft für ein höchst undemokratisches Verfahren gesorgt: Bevor der Gesetzgeber staatliche Maßnahmen in Gesetzesform faßt, handeln Verbände und Regierung aus, ob es überhaupt dazu kommt, und wenn, in welcher konkreten Ausführung. »Das ist ganz einfach«, faßt Herr Meier seine Erfahrungen zusammen, »die Regierung droht mit dem Erlaß eines Gesetzes, wenn die Verbände nicht freiwillig irgendwelche Konzessionen machen. Und die machen diese Konzessionen natürlich, weil die Regierung verspricht: Dafür wird das, was wir von euch verlangen, milder ausfallen, als wenn wir ein Gesetz erlassen würden.« Herr Meier zuckt die Schultern und fügt vorsorglich hinzu, daß er auch in diesem Fall keine näheren Einzelheiten preisgeben könne. Ich bohre trotzdem weiter, so höflich ich kann. Aber das einzige, was er dazu sagt, ist: »Glauben Sie mir, es handelt sich um eine weit verbreitete, aber wenig bekannte Praxis. Und zwar auf allen Ebenen. Das läuft natürlich sehr intransparent und ist sozusagen das Gegenstück zum Verhandlungsföderalismus.« Ich verstehe nicht ganz. »Ja, glauben Sie, das beschränkt sich auf Verbände und Gesetzgeber? Das ist zwischen Exekutive und Verbänden genauso gang und gäbe. Das sieht man auch nicht, und da kommt man auch nicht ran – leider.« Feines System! Mit welchem Recht regen wir uns eigentlich über andere vemeintlich undemokratische Länder auf?

Selbstverständlich ist es sinnvoll, wenn Verbände und staatliche Stellen im Vorfeld einer Gesetzesänderung Informationen austauschen. Im Zweifel sind die Verbände näher an der Praxis, können auf konkrete Schwierigkeiten bei der Umsetzung hinweisen und so Pannen bezüglich der Wirksamkeit eines neuen Gesetzes vermeiden helfen. Das ist die konstruktive Seite solcher Zusammenarbeit. Aber hinter verschlossenen Türen zu kungeln – das ist etwas anderes.

Die Richter sind sich einig: Es müßte etwas geschehen. »Notfalls per Verfassungsänderung«, meint Herr Meier, »damit man wenigstens versucht, ein paar Schlupflöcher zu stopfen.« Und wie könnte das aussehen? Er setzt auf Öffentlichkeit. Damit ist nun nicht gemeint, die Treffen zwischen Verbänden und staatlichen Stellen nur noch öffentlich stattfinden zu lassen. Das wäre der Sache aus anderen Gründen abträglich. Diskussionen auf dem Weg zu einer Entscheidung laufen nun einmal *mit* Publikum nach anderen Regeln ab als *ohne*. Diese Tatsache kann auch der überzeugteste Demokrat nicht leugnen. »Man müßte öffentlich machen«, so erläutert Herr Meier seine Vorstellungen, »*wann* solche Treffen angesetzt sind, *wer* teilnimmt – und natürlich die Ergebnisse der Verhandlungen.« Und das läßt sich mit einer Änderung der Verfassung bewerkstelligen? Er meint, ja, obwohl er ganz genau die Verlagerung des Problems kommen sieht. »Es wird nicht leicht werden, denn wenn man etwas öffentlich macht, produziert man wieder eine neue geheime Phase im Vorfeld.« Ich meine einen Anflug von Resignation zu spüren, als er ergänzt: »Irgendwo gibt es vielleicht immer ein Aushandeln vorher.« Dann holt er neu Luft, und jetzt klingt er wieder recht entschlossen: »Aber es würde trotzdem was bringen! Gewisse Dinge gingen einfach nicht mehr.« An dieser Stelle versuche ich noch einmal, ein konkretes Beispiel zu bekommen, und schließlich nennt er die Gesundheitsreform. »Nicht gerade in der aktuellen Phase jetzt«, schränkt er gleich ein – wir haben uns im April 1997 getroffen –, »aber in früheren Phasen ist da so einiges gelaufen zwischen Gesundheitsministerium, Krankenhausträgern, Krankenkassen und Pharmaindustrie.« Er verschluckt die Details, bevor er weiterspricht: »*Die* kommen besser weg, weil sie mildere Regelungen kriegen, und die Regierung kommt besser weg, weil sich das leichter durchsetzen läßt. Denn«, schiebt er noch erklärend nach, »natürlich ist es nicht ganz einfach, ein scharfes Gesetz gegen den geballten Widerstand der Interessenverbände durchzusetzen. Es kostet jedenfalls sehr viel Geld.«

Auf den etwas niedrigeren staatlichen Ebenen, wo über Infrastruktur und Ansiedlung entschieden wird, stellt Meier diesen vorauseilenden Gesetzesverzicht in besonders hohem Maße fest. »Das Gesetz nur noch als Drohung im Hintergrund! Das ist besonders bedenklich.« Sein Fazit klingt alarmierend: »Da wird Demokratie unterhöhlt. Da wird auch Rechtsstaat unterhöhlt, weil Dinge erst gar nicht mehr in Rechtsform gegossen werden. Und was ist die Konsequenz? Man kann sich nicht darauf berufen. Man kann es nicht einmal vor Gerichten kontrollieren lassen, denn die rechtliche Steuerung fehlt ja.«

Meine beiden anderen Gesprächspartner beurteilen diese Gefahr ähnlich. Herr Schulze richtet dabei sein besonderes Augenmerk auf die Rolle der Abgeordneten, die sich nach seiner Einschätzung größtenteils »mehr als Koordinator und Moderator gegenüber den von den Verbänden vorgetragenen Anliegen verstehen. Das Gemeinwohl«, so folgert er, »die Interessen der Bürger, geraten dadurch zwangsläufig ins Hintertreffen.« Sein Paradebeispiel, das er für die schädliche Wirkung von Verbänden anführt, spielt sich auf dem Arbeitsmarkt ab. Denn die Tarifverträge seien Verträge zu Lasten Dritter, nämlich derjenigen, die Arbeit suchen. »Das historische Verdienst der Tarifvertragsparteien ist unbestritten«, beeilt er sich zu erklären, aber das Instrumentarium des »unfriedlichen Arbeitskampfes« sei unserem Rechtsstaat in keiner Weise angemessen. Schließlich hätten wir das Faustrecht aus gutem Grunde abgeschafft und uns entschieden, Konflikte mit sprachlicher statt handgreiflicher Gewalt zu lösen. (Er stand wohl noch unter dem Eindruck der gewaltigen Bergarbeiterdemonstrationen von Anfang 1997.)

Ich habe alle drei zum Schluß danach gefragt, was sie in der Verfassung ändern würden, wenn sie könnten, und bei Schulze kam sofort das gerade besprochene Thema hoch. Er würde die Arbeitskampfrechte im Sinne einer Verhältnismäßigkeit »etwas zurücknehmen« und die Allgemeinverbindlicherklärung – sie besagt, daß ein Tarifvertrag zwischen Gewerkschaft und Arbeitgeberverband allgemeinverbindlich, also gesetzesähnlich ist – »deutlich einschränken«. Darüber hinaus würde er mit der großen Schere staatliche Regelungen des Arbeitsmarktes ausdünnen. Als Beispiel nennt er die steuerliche Freistellung von Sonntags-, Feiertags- und Nachtzuschlägen, die trotz allgemeinen Lamentierens dringend abgeschafft gehörte. »Wenn Sie an Ihrem Buch sonntags schreiben«, zwinkert er, »dann kriegen Sie volles Honorar, aber Sie zahlen auch volle Steuern.« Er hat recht, und trotzdem fühle ich mich bei dem Vergleich etwas unwohl, weil ich natürlich auch das Totschlagargument mit der Krankenschwester verinnerlicht habe. Sie kennen es: Wie kann man dem Chefarzt den Spitzensteuersatz senken und ihn von der Vermögensteuer befreien und gleichzeitig der schlecht bezahlten Krankenschwester die Nachtzuschläge per Steuer wegfressen? Dagegen kommt man schwer an, aber falsch ist es doch, diese Dinge zu vermischen. Es kann nicht Aufgabe der Steuerpolitik sein, schlecht bezahlte Mangelberufe aufzuwerten. Jetzt geht es erst einmal um mögliche Gesetzesänderungen, die diejenigen vornehmen möchten, deren tägliches Brot es ist, die Verfassung zu interpretieren und anzuwenden.

Wie so oft haben sich historische Gründe, die zu einem Gesetz führten, längst erledigt, ohne daß das Gesetz wieder abgeschafft oder geändert worden wäre. Das macht man mit Steuern übrigens auch so. Die Schaumweinsteuer wurde 1902 eingeführt, 1933 vorübergehend abgeschafft, 1939 kriegsbedingt wieder eingeführt und besteht mehrfach abgeändert bis heute. Die Steuerbefreiung der Nacht- und Feiertagszuschläge geht auf das Jahr 1940 zurück, als wegen des Krieges Arbeitskräftemangel herrschte und man die wenigen, die zu Hause waren, anreizen wollte durchzuarbeiten. Die viele Arbeit mußte auf wenige Hände verteilt werden. Heute haben wir das umgekehrte Problem. Schulze zählt noch weitere Beispiele auf, um sein Anliegen zu verdeutlichen: »Wenn der Pfarrer am Sonntag predigt, wenn der Tankstellenpächter am Feiertag sein Benzin verkauft – die zahlen doch alle volle Steuern.« Und dann macht er mich darauf aufmerksam, daß diese Steuerprivilegien bereits in der 5. Wahlperiode des Deutschen Bundestages – das war die Regierung Erhard/Kiesinger – in der Subventionsabbauliste des entsprechenden Berichtes gelandet waren. Der 6. Bundestag – das war die Regierung Brandt – betrachtete diese Steuerbefreiung als Bevorzugung kleiner Gruppen, als systemwidriges Privileg, das abzuschaffen sei. Der 7. Bundestag schließlich – das war zunächst die Regierung Brandt und später dann Schmidt – hat diese Einschätzung noch einmal bekräftigt. Daraus schließe ich zweierlei: 1. Es wurde parteiübergreifend festgestellt, daß diese Regelung aufgrund des veränderten Arbeitsmarktes Unfug ist. 2. Sobald eine Partei aus der Opposition heraus der anderen an den Karren fahren kann, schert sie sich nicht um ihr dummes Geschwätz von gestern.

Die größte Notwendigkeit, Gesetze zu ändern, sehen Meier und Schmid auf dem Feld der Finanzverfassung und der Gemeinschaftsaufgaben – das sind die zuvor erwähnten Mischfinanzierungen. Das heißt, sie möchten gerne die vernebelten Zuständigkeiten wieder klar abgrenzen. Schulze will das natürlich auch. »Gemeinschaftsaufgaben (Art. 91 a) würde ich ganz abschaffen«, verkündet Meier. Bei der Verfassungsreform nach der Vereinigung Deutschlands sei das zunächst auch ein Thema gewesen, schiebt er vorwurfsvoll nach, sei aber dann sang- und klanglos vom Verhandlungstisch verschwunden. Weiter würde er ganz rigoros die Gesetzgebungshoheit bei Finanzen in einigen Bereichen den Ländern wieder rückübertragen, sie also vom Bund wegnehmen. »Wenn ich Zeit hätte, die ich nicht habe«, fügt er ein, »würde ich gerne einmal die Gesetzgebungskataloge durchforsten, ob wirklich alles, was im Laufe der Jahre zum Bund herübergewandert ist, auch da bleiben muß.« Ein schöner Forschungsauftrag. Das politische Interesse daran wird sich allerdings in Grenzen halten, denn wer wollte die Ergebnisse umsetzen?

Dem nächsten Änderungsvorschlag stellt Herr Meier eine gehörige Portion Selbstkritik voran. Es geht um die Kompetenzen des Bundesrates, die er zurückschrauben würde. Schon recht früh hat das Bundesverfassungsgericht eine – wie er meint – falsche Weichenstellung vorgenommen. Er spricht sogar von einer Fehlentscheidung. Damals wurde ausdrücklich folgendes beschlossen: Wenn in einem Gesetz – und sei es eines mit Hunderten von Paragraphen – nur ein einziger zustimmungsbedürftiger Paragraph enthalten ist, wird das komplette Gesetz zustimmungspflichtig. Das verleiht dem Bundesrat eine zusätzliche ungeheure Macht. Findig, wie Juristen nun einmal sind, läßt sich diese Bestimmung dadurch umgehen, daß man Gesetze nach Inhalt und Verfahrensanweisungen trennt, also aufsplittet in sogenanntes materielles Recht und Verfahrensrecht, aber es ist ein völlig unnötiger Stolperstein auf dem Weg in Richtung entschlossener Politik. »Je weniger Mitsprache wir haben, um so mehr Eigenverantwortlichkeit der jeweiligen Mehrheit erreichen wir. Und das wäre gut«, faßt Schmid diesen Komplex zusammen.

Meier drängt es, von der Korrektur einer Fehlentwicklung zu berichten, nach dem Motto: Auch das Bundesverfassungsgericht ist lernfähig. Es gibt ja drei Gesetzgebungszuständigkeiten: Bund, Länder und dann diese Mischform der sogenannt konkurrierenden Gesetzgebung, wo der Bund zugreifen darf, wenn ein Bedürfnis nach einheitlicher Regelung besteht, wie es heißt. Die Frage ist: Wer stellt dieses Bedürfnis fest? Die Länder? Wohl kaum. Und der Bund braucht bloß ungeprüft zu behaupten, es handele sich um ein einheitliches Bedürfnis, und schon kann er sich in die Gesetzgebung einschalten. Es läßt sich denken, daß dies von Fall zu Fall höchst heikel werden kann. Da spielen Machtfragen und Interessenpolitik eine größere Rolle als Bedürfnisse der Bürger, zu deren Schutz diese Regelung gedacht war. Als nun vor geraumer Zeit das Bundesverfassungsgericht in der Angelegenheit angerufen wurde, hat es sich mit der Aussage aus der Affäre gezogen, das sei eine politische Entscheidung. Folglich hatten die Länder keinerlei Möglichkeit, gerichtlich kontrollieren zu lassen, ob sich der Bund verfassungsgemäß verhielt. »Es war falsch, das so zu machen«, sagt Meier ohne Umschweife, und er berichtet fast freudig von der Änderung: »Jetzt müssen wir auf Antrag prüfen, ob ein Bedürfnis nach bundeseinheitlicher Regelung besteht.« Nach einer kurzen Pause ergänzt er lachend: »Es ist allerdings in den fünf Jahren, die seitdem vergangen sind, noch keiner damit zu uns gekommen.« Egal – das sei eine vernünftige Korrektur gewesen.

Was wäre denn, wenn man in die Verfassung solche Dinge wie Wirtschaftlichkeitsklauseln oder Kreditaufnahmebeschränkungen aufnehmen würde. Zur Zeit legt Artikel 115 des Grundgesetzes fest, daß der Staat nicht mehr Geld aufnehmen darf, als er investiert. Wenn allerdings das »gesamtwirtschaftliche Gleichgewicht« gestört ist, sind Ausnahmen möglich. Also mit Blick auf die letzten Jahre jederzeit. Bei Wirtschaftlichkeit winken sie alle ab, denn das sei kaum justiziabel. Das stimmt natürlich. Wollte man diese Anforderung in Gesetzesform gießen, käme der klassische Gummiparagraph heraus, der mehr mit Willkür als mit Rechtsstaat zu tun hat. In diese Kategorie gehört § 6, Absatz 2 des Haushaltsgrundsätzegesetzes, der Kosten-Nutzen-Untersuchungen für Projekte mit »erheblicher finanzieller Bedeutung« vorsieht. Aber im Grunde ist all das ein zusätzlicher Hinweis darauf, daß diese Dinge im politischen Rahmen über Verantwortlichkeiten geregelt werden müssen. Das bedeutet im Klartext: Wenn sich jemand nicht wirtschaftlich verhält, wird er eben abgewählt. Punkt.

Für den Bürger wäre das natürlich viel leichter zu durchschauen, wenn das sogenannte Nonaffektationsprinzip abgeschafft würde. Ich habe manchmal den Eindruck, es werden bewußt abschreckend komplizierte Formulierungen gewählt, um das Interesse der Bürger und der Medien gering zu halten, damit die sich nicht plötzlich über die richtigen Dinge aufregen. Hinter diesem Fremdwort verbirgt sich nichts anderes als das Recht der

Politik, Steuermittel je nach Bedarf hin- und herschieben zu dürfen. Wären Politiker gezwungen, bei jeder neuen Ausgabe ihre Finanzierungskarten offen auf den Tisch zu legen, könnten sie nicht länger die Illusion einer »Geschenkwirtschaft« aufrechterhalten. Sie müßten verraten, ob sie dies oder jenes aus Einkommensteuermehreinnahmen bestreiten oder aus einer Mineralölsteuererhöhung oder aus der Kürzung von Arbeitslosengeld oder aus Vermögensverkäufen oder sonst woher.

Herr Schmid leitet aus diesem gesamten Komplex ein grundsätzliches Problem ab. »Man kann den Gesetzestext nicht so formulieren, daß er einen wirklichen Maßstab hergibt. Und ich finde, wenn man solche Dinge in die Verfassung reinschreibt, die nachher nicht umsetzbar sind, entwertet man die Verfassung.« Auch Herr Meier sieht diese Gefahr. Und Herr Schulze meint: »Es stehen schon zu viele Sachen in der Verfassung drin, die nichts weiter sind als schöne Sprüche.« Zum sehr aktuellen Thema der Kreditaufnahmebeschränkung sind die Juristen auch eher skeptisch: Zum einen können solche Bestimmungen, ganz gleich, wie sie im einzelnen formuliert sind, sehr leicht umgangen werden, denn es lassen sich immer Ausnahmesituationen denken – auch konstruieren –, wo der Rahmen »ausnahmsweise« überschritten werden müsse, und zum anderen habe es etwas Armseliges, wenn man der politischen Verantwortung derart mißtraut, daß per Verfassung der Gestaltungsspielraum so autoritär eingeengt wird. Herrn Meier rutscht bei dem Thema die Bemerkung raus: »Mit den Berechnungen ist das ohnehin so eine Sache. Man sieht auch, wie jetzt für die Währungsunion doch sehr stark schöngerechnet wird.«

Nach dem bisher Gesagten nehme ich an, daß die Richter nicht sehr viel davon halten, »Recht auf Arbeit«, »Recht auf Wohnung« etc. in die Verfassung aufzunehmen? Von wegen schöne Sprüche. Sie halten in der Tat gar nichts davon und finden es eher peinlich. »Ich würde nicht gerne solche Verheißungen anbringen, die nicht eingelöst werden können und beim Bürger zwangsläufig den Eindruck erwecken müssen, es sei alles nur schönes Gerede in der Verfassung und nicht so ernst zu nehmen. Das wäre fatal.« Bei Herrn Schmid hört es sich ähnlich an: »Man erweckt lediglich Hoffnungen, die in der Form niemals erfüllt werden können.« Ich sehe ein – das darf sich eine ernstzunehmende Verfassung nicht leisten. Herr Schulze fängt bei dem Thema an zu lästern: »In einigen Landesverfassungen der neuen Bundesländer steht so etwas ja drin. Selbstverständlich ist Recht auf Arbeit moralisch gesehen ein Menschenrecht, aber wenn ich dieses Recht gegen den Staat richte, müßte der Staat streng genommen alle Arbeitsplätze beherrschen – was er zum Glück nicht tut.« Schulze zieht weiter vom Leder: »Oder das Recht auf Wohnung. Jeder hat nach unserer Rechtsordnung moralisch ein Recht auf Obdach, aber wenn ich das als Grundrecht gegen den Staat richte, dann muß der Staat die Wohnungsbewirtschaftung einführen. Albern natürlich.« Schulze läuft zur Hochform auf: »Oder wie in Leipzig, das ist ja rührend in Sachsen, ein Recht auf Sport. Da muß der Staat jetzt Stadien und Lauftreffs organisieren, oder wie?« Beim Thema Umweltschutz, das wir als Staatsziel ja nun in unsere Verfassung aufgenommen haben, zeigt er sich zunächst etwas zugänglicher, um dann eine Horrorperspektive zu entwickeln. Was passiert, wenn jemand das Verfassungsgericht anruft, weil er den Umweltschutz verletzt sieht? »Wenn wir den ersten Fall haben – bisher haben wir Gott sei Dank noch keinen –, dann wird das Verfassungsgericht, das bisher nur die *Instrumente* der Politik kontrolliert hat, jetzt über die *Ziele* der Politik zu entscheiden haben. Und das ist ein ungeheurer Machtzuwachs an die dritte Gewalt, vor der mir angst und bange wird!« Mir auch.

Einer der drei erzählt mit Grausen von der Debatte, eine Klausel in die Verfassung aufzunehmen, die jeden Deutschen zum Gemeinsinn verpflichtet. Ein Abgeordneter aus den neuen Bundesländern hatte diese Initiative gestartet. Der Richter verdreht die Augen zur Decke und schüttelt den Kopf: »Wär' schön, wenn wir mehr davon hätten, Gemeinsinn ist ja prima – aber als Verfassungsnorm? Das kann nur Schaden anrichten.« Er scheint sich an die Situation gut zu erinnern und erzählt von einem Gespräch mit Abgeordneten aus den alten Bundesländern, die sich – von ihm vorsichtig gefragt – auch nicht glücklich über diese Bestimmung zeigten, die da drohte, obwohl sie die entsprechende Initiative mit unterzeichnet hatten. Deren aberwitzige

Reaktion: Finden wir eigentlich auch nicht gut, aber man müßte doch mal was für den Osten tun. Des Richters Kommentar mir gegenüber: »Wo es einen selbst nicht zu schmerzen scheint, ist man bereit, Bonbons zu geben. – Aber es hat glücklicherweise nicht geklappt!«

Ich greife einen Aspekt auf, der im Gespräch bereits kurz anklang und der von Zeit zu Zeit in der Öffentlichkeit heiß diskutiert wird. Er läuft auf folgenden Vorwurf hinaus: Das Bundesverfassungsgericht kontrolliert die Politik nicht, sondern macht sie zunehmend selbst, weil Politiker das, was sie eigentlich machen sollten, unterlassen. Es gibt Fälle, in denen das Verfassungsgericht sie zwingen muß, Dinge überhaupt erst in Angriff zu nehmen, die sie längst abschließend hätten erledigen sollen. Das Verfassungsgericht als aktive politische Instanz – keine sehr beruhigende Vorstellung. Die Richter sind auch nicht glücklich darüber. Bei den etwa sechstausend Fällen pro Jahr überwiegen zwar bei weitem die »Nichtigkeiten«, wie einer der drei es ausdrückt, aber jeder politische Klotz ist eigentlich einer zuviel.

Was die Richter auch nicht gerade mit Freude erfüllt, ist die Tatsache, daß ihre Entscheidungen häufig allenfalls zur Kenntnis genommen, aber in keiner Weise politisch umgesetzt werden. Herr Meier führt als Beispiel die Einheitswerte für Grundstücke an. Seit den sechziger Jahren stand im Prinzip fest, daß die Praxis »verfassungsrechtlich zumindest problematisch« war, formuliert er zurückhaltend. »Aber keine Regierung hat es aufgegriffen, weil das natürlich Wählerstimmen kostet. Jede hat darauf gewartet, daß wir sie zwingen, dann kann die Regierung immer sagen: Wir hätten es euch ja gerne erspart, liebe Bürger, aber wir mußten.«

Ein anderes drastisches Beispiel politischen Versagens – in dem Sinne, daß man sich um Entscheidungen herumdrückt – war der Bundeswehreinsatz im ehemaligen Jugoslawien, wo sich die Koalition nicht einig war und CDU/CSU und F.D.P. unterschiedliche Positionen vertraten. Wie geht man als Bundesrichter mit dieser Aufgabe um? Und ich meine das jetzt nicht nur juristisch. Herr Schulze sagt sofort: »Wenn es irgend geht, spielen wir den Ball zurück.« Im Falle des Bundeswehreinsatzes hat das geklappt.

Die Richter haben festgestellt: Die Verfassung verbietet es nicht, aber sie verlangt einen parlamentarischen Beschluß. Damit waren sie die endgültige Entscheidung los. Beim Einheitswert konnten sie sich ähnlich aus der Affäre ziehen, indem sie eine Frist setzten. So, wie es ist, kann es nicht bleiben, haben sie gesagt, aber *wie* ihr das macht, ist eure Sache. »Jedenfalls ist es nicht so«, erklärt Herr Schmid, »daß wir hier alle sitzen und uns danach sehnen: Hoffentlich kommt mal wieder was Hochpolitisches. Das ist nicht der Fall.«

Wie steht es denn hier mit der Resignation? Eine Ansammlung hochqualifizierter Menschen, die Gutachten erstellen, Artikel schreiben und als Berater gefragt sind. Allen dreien entlockt das Stichwort Resignation ein mehr oder minder lebendiges Lächeln, und Herr Meier erklärt seine Befindlichkeit auf sehr spezielle Weise. Als er damit beginnt, man müsse sich auf die Bedingungen demokratischer Politik einlassen, habe ich noch nicht erfaßt, worauf er hinauswill. Aber dann. »Einen absoluten Herrscher kann man – wenn man Zugang zu ihm hat – viel leichter beraten.« Auf gut deutsch, wer sich unter den Bedingungen demokratischer Politik auf das Beratungsgeschäft einläßt, darf nicht darauf bauen, daß sich seine Vorstellungen und Erkenntnisse in reiner Form durchsetzen. Diese Erwartung wäre verfehlt. »Aber man könnte vielleicht die Erwartung haben«, beginnt Herr Meier ganz vorsichtig und arbeitet sich dann Wort für Wort durch die folgende Formulierung, »daß nicht aus irgendwelchen reinen Parteiinteressen das von den Politikern auch für richtig Erkannte nicht einmal versucht wird durchzusetzen.« Wirklich eine bescheidene Erwartung. Er hat übrigens auch seine schmerzlichen Hearing-Erfahrungen hinter sich und hat geschworen, sich künftig zu verweigern. »Es wird selten zugehört«, begründet er seine unumstößliche Entscheidung und schildert den Mechanismus: »Die Seite, die einen als Sachverständigen nominiert hat, braucht jemanden zum Verstärken ihrer Argumente. Die andere Seite interessiert das gar nicht, sondern sie verfährt mit ihrem Experten genauso. Also, für das Spielchen stelle ich mich nicht mehr zur Verfügung.« Herr Schulze auch nicht. Er erklärt es folgendermaßen. In einem frühen Stadium, in dem die Politiker selber noch nicht festgelegt sind, wo sie lediglich ein Problem erkannt haben und denken, es müßte was geschehen – in dieser Phase sind sie aufnahmefähig. »Wenn sie wissen, was sie wollen, ist man nur noch Alibi. Und dazu muß man sich nicht hergeben.«

Was läßt sich zusammenfassend sagen?
- Wir haben im Prinzip ein gutes Grundgesetz, das wir leider in Teilen ignorieren und gegen das wir täglich kräftig verstoßen, ohne daß es Konsequenzen hätte.
- Wir haben eine aberwitzige Finanzverfassung, die den einzelnen Staatsebenen Eigenverantwortung und Kostendenken unmöglich macht.
- Wir verhunzen unseren Föderalismus durch sinnentleerte und ökonomisch verfehlte Politikverflechtung.
- Wir mißbrauchen den Bundesrat als Gegenregierung.
- Wir haben die große Chance der deutschen Vereinigung für die Verfassung nicht oder schlecht genutzt.

Kann ja sein, daß es wirklich sehr schwer war, das alles besser zu machen. Aber in jedem anderen Lebensbereich interessiert auch nicht, wie schwer eine Herausforderung ist, die jemand zu bewältigen hat. Sei es ein Arbeitnehmer, ein Spitzensportler, ein Selbständiger oder sonstwer – für die Bewertung seiner Leistung ist immer entscheidend, was hinten raus kommt, wie es unser Bundeskanzler so schön formuliert hat. Wenn Journalisten eine Sendung in den Teich setzen, weil die Technik Probleme macht oder das Thema zu kompliziert und die Zeit zu kurz ist oder die Gesprächspartner kurzfristig absagen oder der Moderator Kopfschmerzen hat oder oder oder – das alles interessiert niemanden. Das Ergebnis wird bewertet. Und das ist schließlich auch in Ordnung so. Nicht ohne Grund gibt es die hilfreiche Regel, daß Prüflinge *vor* einer Prüfung ihre volle Leistungsfähigkeit bestätigen müssen. Hinterher zu sagen: »Ja, aber...« gilt nicht.

Wenn sich ein Großteil unserer Probleme auf Kosten reduzieren läßt – was ja wohl unbestritten der Fall ist – dann muß die Frage gestattet sein, warum wir uns sechzehn Bundesländer leisten. Wäre die Vereinigung nicht auch hierfür eine gute Chance gewesen, mit ein paar teuren Anachronismen aufzuräumen? Die Hüter unserer Verfassung hatten die Reduzierung der Bundesländer schon vor der Vereinigung für eine gute Idee gehalten. Und zwar als der Zweite Senat 1988 wegen der Zahlungsunfähigkeit der Länder Bremen und Saarland mit dem Länderfinanzausgleich befaßt war. Einige der Geberländer sprachen damals recht deutlich von Konkursverschleppung und waren nicht mehr bereit, durch ihre Finanzzuweisungen diese merkwürdigen Gebilde am Leben zu halten. Das Gericht stand damals vor der Frage, das Instrumentarium noch einmal aufzufächern, das die Verfassung zur Behebung eines Notstandes eröffnet, also alles zu mobilisieren, um diese Regionen nicht verkümmern zu lassen. Und als erstes Mittel der Abhilfe nannte das Gericht die Neugliederung der Bundesländer. Herr Schulze meint dazu lapidar: »Davon hat der angesprochene Gesetzgeber bisher keinen Gebrauch gemacht.« Er lacht etwas bitter und fügt sarkastisch hinzu: »Es ist natürlich auch schwer für jemanden, der ein schönes Amt hat, zu sagen, ich gebe dieses Amt auf und gliedere mich in ein anderes ein.« Ich verstehe diese Schwierigkeit durchaus und kann mich noch allzu gut daran erinnern, als es um die Reduzierung der Ministerien innerhalb der damaligen Sowjetunion ging. Wie viele deutsche Politiker fühlten sich berufen – reihenweise und parteiübergreifend –, ein entschlossenes Vorgehen anzumahnen ohne Rücksicht auf diejenigen, die an ihren Pöstchen und Posten klebten. Da müsse man durch, da dürfe es keine halben Sachen geben. Ich könnte mich totlachen, wenn es nicht so traurig und ärgerlich wäre!

Ich signalisiere meinem Gegenüber mein begrenztes Verständnis dafür, aber angesichts handfester Probleme finanzieller Art weiß ich nicht, wie lange es gut geht, davor die Augen zu verschließen. Ohne zu zögern, meint Herr Schulze: »Es geht im Grunde heute schon nicht mehr.« Und er bringt das Problem schonungslos auf den Punkt: »Bremen würde, wenn es Niedersachsen angegliedert wäre, eine unauffällige Mittelstadt sein. Und das Saarland wäre ein großer Landkreis, nichts anderes. Auch im Osten haben wir nicht lebensfähige Bundesländer.

Damit aufzuräumen wäre ein Segen.« Unabhängig voneinander sind wir uns alle einig, daß es durch die gleichermaßen freudige wie traumatische Situation der Vereinigung für die Bürger der neuen Bundesländer viel wichtiger ist, an traditionellen Landesgrenzen festhalten zu können. Wegen der ohnehin schwierigen Identitätsfindung. Aber vielleicht hätten sie es gar nicht so schlecht verkraftet, wenn ihnen ihre Brüder und Schwestern im Westen diesen Akt vorgemacht hätten, indem auch sie sich von gewohnten Strukturen verabschieden. Nur war davon nie die Rede. Herr Meier weist darauf hin, daß dreimal Kommissionen eingesetzt waren, die sinnvolle Länderneugliederungen vorgeschlagen haben. Aber ohne Aussicht auf Erfolg. Auch diese Leute haben für den Papierkorb gearbeitet.

Herr Schmid ist fest davon überzeugt, daß wir mit sieben geographisch und wirtschaftlich einigermaßen sinnvoll zusammengesetzten Ländern viel besser bedient wären. Und Herr Meier führt die Aufteilung der Landeszentralbanken als gutes Modell für eine Neugliederung an. Baden-Württemberg, Bayern, Hessen und Nordrhein-Westfalen bleiben so erhalten, wie sie sind. Es handelt sich nicht zufällig um Geberländer beim Finanzausgleich. Rheinland-Pfalz und das Saarland bilden eine neue Einheit, ebenso Thüringen und Sachsen. Berlin und Brandenburg gehören zusammen. Apropos: Man könnte auf die bösartige Idee kommen, daß bei der politischen Länderumgestaltung absichtlich mit dieser hochbrisanten und problembeladenen Variante begonnen wurde. Da konnte man drauf wetten, daß es schiefgehen würde, und damit war das Thema Neugliederung auf lange Sicht vom Tisch. Aber vielleicht ist das auch nur eine böse Unterstellung. Sie paßt nur so gut in die politische Landschaft...

Zwei Einheiten bleiben noch übrig, in denen jeweils drei bestehende Bundesländer aufgehen. Einmal Bremen, Niedersachsen und Sachsen-Anhalt und zum anderen Schleswig-Holstein, Hamburg und Mecklenburg-Vorpommern. Das sind zwar alles in allem mehr als die sieben, die Herr Schulze favorisiert, nämlich neun, aber gegenüber der heutigen Kleinstaaterei mutet es geradezu paradiesisch großzügig an.

Sogar der Deutsche Beamtenbund – an den man nicht zwangsläufig denkt, wenn es um gesellschaftliche Veränderungen geht – setzt sich zwischenzeitlich dafür ein, aus sechzehn Bundesländern acht zu machen. Der Vorsitzende Erhard Geyer hält es für absurd, daß Länderbürokratien überwucherten, während die Kommunen am Hungertuch nagten. Nach seinen Rechnungen würde eine Neugliederung mindestens zehn Milliarden Mark pro Jahr sparen. Deshalb zeigt er sich auch recht rigoros, wenn es darum geht, dieses Ziel zu verfolgen. Da das Grundgesetz eine Neugliederung des Bundesgebietes ohne Volksentscheid nicht erlaube, so Geyer Ende Mai 1997 in einem Interview, müsse man es eben ändern.

Fazit:
Wir müssen die Zahl der Bundesländer reduzieren. Wir – die Bürger – müssen unsere Politiker dazu zwingen. Das können wir zur Zeit nur, indem wir jeden einzelnen von ihnen mit dieser Forderung immer und immer wieder bombardieren.

Von einer »echten« Länderneugliederung versprechen sich die Geberländer viel. »Ein lebendiger Föderalismus beruht auf der Lebenskraft der Mitgliedsstaaten. Fehlt es an dieser Lebenskraft, muß die territoriale Abgrenzung korrigiert und nicht unentwegt nachfinanziert werden«, heißt es in einem Gutachten zum Thema Finanzausgleich und Verfassungsrecht. Dieses steht im Zusammenhang mit der bereits erwähnten neuerlichen Klage von Bayern und Baden-Württemberg. Das Bundesverfassungsgericht muß sich also nun zum dritten Mal mit dem Länderfinanzausgleich befassen. Es geht den beiden »Südstaaten« nicht darum, das System des Ausgleichs grundsätzlich auszuhebeln, sondern seine nicht mehr nachvollziehbaren Verzerrungen abzuschaffen. Für Baden-Württemberg stellt sich die Lage, bezogen auf die Daten von 1996, nämlich folgendermaßen dar: Vor dem Ausgleich steht das Land mit seiner Wirtschaftskraft nach Hamburg und Hessen an dritter Stelle. Nach dem Länderfinanzausgleich findet sich Baden-Württemberg an sechster Stelle wieder. Und nach Auswertung der geschilderten diversen Umverteilungsmaßnahmen landet das ursprünglich leistungsstarke Land sage und schreibe auf dem vorletzten Rang, also Platz 15. Die Daten für Bayern sehen nicht viel besser aus. Von der vierten Stelle vor dem Ausgleich rutscht der Freistaat über den siebten Platz nach dem Ausgleich schließlich auf die Schlußposition, Rang 16. Die umgekehrte Rutschpartie funktioniert natürlich auch. Auf diese Weise wird ausgerechnet Bremen an die Spitze katapultiert, gefolgt von Berlin, das vorher im Mittelfeld rangierte. Das Saarland hat es auf Platz drei geschafft. Finanzausgleich wird auch innerhalb der Länder praktiziert, aber Baden-Württemberg legt Wert auf die Feststellung, daß die Finanzstärkeren den Schwächeren zwar auf der Leiter hochhelfen, aber auf jeden Fall die Reihenfolge erhalten bleibt.

Darüber hinaus sollen Zuwendungen »Hilfe zur Selbsthilfe« sein. So hat es auch das Bundesverfassungsgericht charakterisiert. Diese Art von Hilfe zeichnet sich dadurch aus, daß sie anschiebt und irgendwann aufhört, weil derjenige sich selbst helfen kann. Wenn die Anschieberei aber dreißig Jahre lang erfolglos läuft, kann etwas nicht stimmen. Die eindeutige Schlußfolgerung lautet: statt Zeit und Kraft (und Geld) in eine erneute Veränderung des Länderfinanzausgleichs zu investieren, lieber das Übel bei der Wurzel packen und eine längst überfällige Länderneugliederung in Angriff nehmen.

Speziell für diejenigen, die diese Ausgleichszahlungen in der praktizierten Form nach wie vor für gerecht halten, folgende Episoden. Da kehrt ein Bürgermeister eines Geberlandes von einem Besuch in der Partnergemeinde eines Nehmerlandes zurück und erzählt fassungslos von der Ausstattung eines neugebauten Krankenhauses: »Lauter Einzelzimmer mit Naßzelle – so was können wir uns nicht leisten.« Da berichtet der Ministerialbeamte eines Geberlandes, das für seine Staatsdiener wieder die 40-Stunden-Woche eingeführt hat: »Wie stehe ich da, wenn die Leute zu mir kommen und sagen: Wir müssen bei gleichem Lohn länger arbeiten, und in einem Land, in das ihr Finanzausgleich zahlt, bleibt es nicht nur bei den 37 Stunden, sondern die schaffen da auch noch zusätzliche Lehrerstellen.« Es ist und bleibt ein ungerechtes System mit einem Netz völlig falscher Anreize.

Nach dem Gespräch mit den Verfassungsrichtern mache ich mich in einigen Bundesländern auf die Suche nach Einsparpotentialen, die diese hätten, wenn sie denn so wirtschaften könnten, wie sie wollten und wie es ihnen das Grundgesetz eigentlich garantiert. Dabei wird überdeutlich, mit wieviel Krampf winzige Millionenbeträge gestrichen werden und in welchen lohnenden Größenordnungen Ausgaben nicht angetastet werden dürfen.

»Wir sparen jetzt im siebten Jahr«, sagt einer der Ministerpräsidenten, »und stoßen nun wirklich an Grenzen, weil man Investitionen nicht auf Null zurückfahren kann, weil man bei Bibliotheken, Theatern oder Museen nicht über eine bestimmte Grenze hinausgehen kann, will man diese Einrichtungen funktionsfähig halten. Ich sehe Dinge, wo man problemloser einsparen könnte, habe aber nicht die Möglichkeit dazu.«

Bei den Ländern spielen die Personalkosten eine enorme Rolle. Der elementare Unterschied zwischen Bundes- und Landeshaushalt besteht darin, daß der Personalkostenanteil beim Bund lediglich etwa 13, 14 Prozent beträgt (andere Quellen sprechen sogar von 10,7 Prozent beim Bund), Landeshaushalte jedoch zwischen 40 und 42 Prozent für Personal aufwenden müssen. Je nach Rechnung – da gibt es ja immer verschiedene Möglichkeiten – steigt der Anteil sogar auf 50 bis 55 Prozent (einige der neuen Bundesländer sollen allerdings mit etwa 25 Prozent auskommen). Wenn in Zeiten knapper Kassen die Länder zu Ausgabenkürzungen gezwungen sind, dann ist es nicht sinnvoll, von vornherein nahezu die Hälfte des Haushaltes ausklammern zu müssen, weil den Ländern durch Bundesrahmenregelungen die Hände gebunden werden. Konkret: Bundesweit ist festgelegt, wer mit dem zweiten Staatsexamen in den Staatsdienst geht, wird nach A 13 besoldet. Ein Volksschullehrer nach A 12, ein Polizeibeamter im mittleren Dienst nach A 7. Es ist alles präzise vorgeschrieben.

Eines der Bundesländer hat folgendes ausgerechnet: Wenn man nur bei den Beamten 10 Prozent des Weihnachtsgeldes streichen würde, hätte man auf einen Schlag 100 Millionen Mark eingespart. Mit den Angestellten des Öffentlichen Dienstes müßte man dann ebenso verfahren und könnte die Summe entsprechend erhöhen. »Verstehen Sie?« sagt der dazugehörige

Länderchef, »ich möchte jetzt wirklich nicht alles auf die Beamten abladen, aber nur um mal die Größenordnung deutlich zu machen, was drin wäre, wenn ich an die Personalkosten randürfte.« Der Kampf mit den Tarifpartnern stünde ihm natürlich auch noch bevor. Jedenfalls hat er sehr genaue Vorstellungen und würde die Streichaktion sozial staffeln. Danach verbliebe dem unteren und mittleren Dienst prozentual mehr, dem gehobenen und höheren Dienst entsprechend weniger. Dürfte er sein Konzept für alle Staatsbediensteten umsetzen, brächte das zwischen 400 und 500 Millionen Mark. Darf er aber nicht. Dafür ist er gezwungen, die Graduiertenförderung gnadenlos zusammenzustreichen. Da geht es um ein, zwei fehlende Millionen für junge Akademiker, die ihre besonderen Fähigkeiten bereits bewiesen haben und nun während der Promotion oder der Habilitation in den Seilen hängen. Wissen ist unser Kapital. Die ein, zwei Millionen wären da gut angelegt.

Die Bereitschaft der Staatsdiener, sich mit weniger zufriedenzugeben, wird von ihren Chefs unterschiedlich eingeschätzt. Die einen vertrauen auf Einsicht nach dem Motto: Als wir es uns erlauben konnten, haben wir draufgesattelt, jetzt müssen wir uns eine Zeitlang einschränken. Die anderen fürchten Kampf. Und einer beschreibt anschaulich das St.-Florians-Prinzip. »Ich bekomme Briefe«, sagt er, »die könnte ich alle selber schreiben. Auf der ersten Seite absolutes Verständnis für die Sparmaßnahme, manchmal auch noch mit klügeren Argumenten, als sie mir eingefallen sind. Und auf der zweiten Seite wird mir beredt und zum Teil auch schlüssig dargetan, warum es hier nun ausgerechnet gar nicht möglich ist zu sparen.«

Der Stadtstaat Hamburg soll übrigens der Auslöser für die Bundesrahmenregelung gewesen sein. Als wir das Geld noch mit vollen Händen ausgeben konnten und Lehrermangel herrschte, plante die Hansestadt, auch Volksschullehrer grundsätzlich nach A 13 zu besolden, also in den höheren Dienst einzugruppieren. Dem hat der Bund dann mit Zustimmung der überwältigenden Ländermehrheit einen Riegel vorgeschoben. Heute braucht man vor derlei Ansinnen wohl keine Angst mehr zu haben.

5
Regeln im Überfluß – überflüssige Regeln
Arbeit und Wettbewerb sinnvoll organisieren

»Gott erhalte uns die Knappheit!« flötet mir fröhlich ein Kommunalpolitiker entgegen. »Solange wir Geld genug haben, kann der Dümmste regieren, aber wenn es knapp wird, dann brauchen wir das, was man kreative Intelligenz nennt.« So kann man es auch sehen. Angesichts der Tatsache, daß unsere Welt allenthalben aus Defiziten besteht, scheint mir diese Sicht der Dinge sogar praktisch und hilfreich zu sein. Der langjährige ehemalige Oberbürgermeister hat noch mehr solcher Sprüche auf Lager: »Wir müssen mit dem Unsinn des Sparens bei der öffentlichen Hand aufhören«, sagt er, ohne mit der Wimper zu zucken. »Denn das bedeutet doch nichts anderes als das Eingeständnis, in früheren Zeiten Geld mit vollen Händen zum Fenster rausgeworfen zu haben.« Auch nicht ganz falsch. Die Konsequenz dessen auszusprechen hat allerdings – im politischen Sinne – etwas Selbstmörderisches. »Eingriffe in Leistungsgesetze des Staates sind unausweichlich.« Das weiß jeder, auch diejenigen, die sich dabei regelmäßig mehr oder weniger publikumswirksam echauffieren. Unbestritten ist, daß sich was ändern muß, aber was und wie – darüber toben fundamentalistische Glaubenskriege, bei denen Parteiinteressen als Evangelium dienen.

Die Erfahrung zeigt, daß sich Menschen nur ungern selbst ändern, daß sie Anpassung immer vom jeweils anderen erwarten. Die Erfahrung zeigt weiter, daß auch noch so moralisch fundierte Appelle äußerst wenig bewirken. Wohin man blickt, läßt sich allerdings feststellen, daß Änderungen immer dann in Angriff genommen und meist auch durchgezogen werden, wenn existentielle Ängste im Spiel sind. Ein Politiker im Ruhestand gab mir für mein Buch folgenden Rat: »Sie dürfen nicht sagen: Wir müssen uns ändern. Das hat noch nie was gebracht. Sondern Sie müssen sagen: Es sind die anderen, die uns zur Änderung zwingen. Unser Überleben hängt davon ab. Leute, es geht nicht nur darum, daß ihr die anderen an uns vorbeiziehen laßt. Ihr müßt auch sehen, daß hinter den anderen noch andere kommen, und daß wir vieles aufgeben müssen, wenn wir unsere Gesellschaft in ihrem Bestand erhalten wollen.«

Mein fröhlicher Kommunalpolitiker wartet mit einem plastischen Bild auf: »Wir laufen wie ein leicht angefetteter Athlet von 40 oder 45 Jahren mit etwas dickeren Hüften in die Bahn ein und begreifen nicht, daß wir uns zuerst einmal den Fettbauch wieder abtrainieren müssen, bevor wir mit den anderen mitlaufen können.« Und auch der Ex-Politiker hat ein Bild parat – ein sehr sympathisches und sensibles – das zur Handlungsanweisung für menschliche Politik taugt: »Ich muß den Leuten einfach nicht den nassen Waschlappen des Erkenne-Dich-selbst oder Menschwerde-wesentlich um die Ohren schlagen, sondern ich muß versuchen, ihm im tiefen Winter einen wärmenden Mantel hinzuhalten und zu sagen: Du überlebst leichter, wenn du den anziehst.« Dann darf der Mantel vielleicht auch mal kratzen oder zu groß oder zu klein sein ...

Es haben sich solche klassischen Irrtümer festgesetzt wie: Man muß nur die Reichen abschaffen, um die Armut in den Griff zu kriegen. Das Gegenteil ist richtig: Je erfolgreicher der einzelne ist, um so mehr nützt es auch unbekannten Dritten. Das paßt zwar gerade nicht zum Zeitgeist, läßt sich aber beweisen.

Politiker und alle, die Entscheidungen zu treffen haben, müssen sich den Ursachen für Probleme zuwenden, statt sich mit dem Kurieren von Symptomen aufzureiben, immer nur an allem festhalten zu wollen und zu glauben, mehr Staat bedeute gleichzeitig mehr Wohlfahrt und Gerechtigkeit in einer Gesellschaft. Auf die Gefahr hin, mich zu wiederholen, aber offenbar muß es in westliche Gehirne eingebleut werden: Die östlichen Systeme haben uns doch gerade bewiesen, daß es nicht funktioniert. Ich hätte es ja auch lieber, wenn es anders gewesen wäre, das gebe ich offen zu. Auch ich träume vom guten Staat mit guten Menschen, die wie in einer guten Familie für den anderen nur Gutes im Sinn haben, denen es mehr oder weniger gleich gut geht, weil sich jeder für jeden bedingungslos einsetzt. Wunderbar! Welch schöne Idylle! Aber so ist es nicht, und so wird es wohl nie werden. Muß man deshalb gleich resignieren und an der Menschheit verzweifeln? Keineswegs. Ich muß mir nur die Mechanismen menschlicher Antriebs- und Verhaltensweisen klarmachen und diese im besten Sinne zum Wohle aller nutzen. Und das funktioniert erfahrungsgemäß am schlechtesten, wenn ich versuche, zwangsumzuverteilen und Solidarität zu verordnen. Es funktioniert am besten, wenn ich die Würde des Menschen und sein Recht auf Chancengleichheit so verstehe, daß ich diejenigen auch zum eigenen Vorteil etwas leisten lasse, die dazu imstande und willens sind. Das hat sich selbstverständlich innerhalb eines gewissen Rasters abzuspielen, das ausbeuterische Auswüchse verhindern muß; anders ausgedrückt: unter Wettbewerbsbedingungen, die Monopolstrategien ausschließen. Aber wir machen »Management by Champignon«, so nennt es ein weiterer humorvoller Kommunalpolitiker, »wir gießen so lange die Erde in einem dunklen Loch, bis sich Köpfe zeigen, und die schneiden wir sofort ab«. Wir verhalten uns elitefeindlich, was letztlich auch den schwächeren Mitgliedern eines Gemeinwesens schadet. In gewisser Weise seien Würde und Gleichheit der Menschen sogar ein Widerspruch in sich, so meint der Mann, »denn menschenwürdig nehme ich einen nur an, wenn ich seine Ungleichartigkeit zu mir akzeptiere, respektiere und versuche, mich in Toleranz zu üben, damit er's und ich's aushalten kann«.

Fazit:
Gleichheit vor dem Gesetz – unbedingt ja.
Chancengleichheit – unbedingt ja (wobei sie konkret sehr schwer zu definieren ist).
Gleichheit in allen Lebensbereichen – nein.

Ich drehe die landläufige Argumentation für Chancengleichheit mal um und sage: Es widerspricht der Würde des Menschen, die Latte so niedrig zu hängen, daß alle es schaffen drüberzuhüpfen. Denn diejenigen, die höher springen können, langweilen sich zu Tode.

Das Merkwürdige und kaum Faßbare besteht ja darin: Alle Entscheidungsträger wissen, daß Marktwirtschaft nicht funktionieren kann, wenn sie durch ein immer engeres staatliches Regelkorsett eingeschnürt wird. Seit Jahren hauen wir uns gegenseitig nur Ideologien und uralte »Klassen«-Standpunkte um die Ohren, statt uns gemeinsam über parteipolitische Grenzen hinweg nach pragmatischen Lösungen umzuschauen und dem sogenannten mündigen Bürger zuzutrauen, daß er Probleme auch mal ohne staatliche Gängelung lösen kann. Statt dessen haben wir ein Klima geschaffen, in dem die Höhe des Bankkontos landläufig gleichgesetzt wird mit der moralischen Verwerflichkeit seines Inhabers. Als ob »Reiche« per se unsozial veranlagt wären. Ich habe dagegen die Erfahrung gemacht, daß Menschen, denen es wirtschaftlich gutgeht, noch mehr abgeben würden, als sie heute müssen, wenn sie wüßten, daß diese Mittel sinnvoll eingesetzt würden. Aber davon kann man nicht ausgehen. Darin liegt das Problem.

Nebenbei bemerkt – hat es nicht etwas Schizophrenes: Im Wirtschaftsleben regeln wir uns zu Tode, aber wenn es darum geht, Kinder vor Pornographie und Gewalt zu schützen, dann fallen uns diverse Freiheiten ein, die dadurch tangiert werden »könnten«. Ich weiß, daß man sich mit diesem gefährlichen und tabuisierten Thema schnell den Vorwurf einhandelt, populistisch zu sein. Das Dauerargument all derer, denen inhaltlich nichts mehr einfällt.

Es ist in diesem Buch bereits mehrfach angeklungen: Im Grunde müßten parallel und synchron mehrere Themenfelder gleichzeitig behandelt werden, um ein »rundes Ganzes« zu schaffen. Das ist schlechterdings nicht möglich, also Punkt für Punkt mit Querverweisen. Nehmen wir die Arbeitslosigkeit. Andere Länder haben das Problem auch, manche mehr als wir, manche weniger. Ich gehe davon aus, daß Deutsche prinzipiell nicht dümmer oder klüger sind als der Rest der Welt. Es muß also andere Gründe haben, wenn wir diesem Problem in besonderer Weise nicht Herr werden. Eine Möglichkeit wäre die, daß wir es mit einem Phänomen zu tun bekommen, für dessen Bekämpfung es noch kein geeignetes Mittel gibt, weil veränderte Umstände auf alte Rezepte nicht mehr reagieren. Ähnlich wie bei Malaria, wo die Erreger innerhalb kürzester Zeit immun werden und sich die Forscher ständig neue Methoden bei der Bekämpfung dieser Krankheit ausdenken müssen. Zurücklehnen und auf Erfolgen ausruhen wäre im wahrsten Sinne des Wortes tödlich.

Eine andere Möglichkeit wäre, daß wir zwar wüßten, was zu tun sei, aber in Gesellschaft und Recht über Jahrzehnte hinweg entwickelte Strukturen uns zur Tatenlosigkeit zwingen.

Zur sauberen Argumentation beim Thema Arbeitslosigkeit gehören selbstverständlich Zahlen. Und jeder, der sich mit diesem Thema beschäftigt und eine Position vertritt, hat »seine« Ziffern parat, die »seine« Position untermauern. Da den Überblick zu behalten ist schon schwierig genug. Vollständig unübersichtlich und für den Normalbürger überhaupt nicht mehr nachprüfbar wird es, wenn Zahlen anderer Länder zum Vergleich herangezogen werden. Die Ziffern entsprechen im Zweifel der Realität (wobei bewußte Verdrehung natürlich auch vorkommt), sagen aber noch lange nichts über deren Bedeutung aus, die man für einen aussagekräftigen Vergleich kennen muß. Simples Beispiel: Mit der Information, wieviel jemand in der Stunde oder im Monat verdient, kann ich nichts anfangen, wenn ich nicht weiß, was der Lebensunterhalt in diesem Land kostet.

Besonders überzeugt haben mich Zahlen und Aussagen, die ich in einem Artikel des Politikwissenschaftlers Fritz W. Scharpf entdeckt habe. Dabei geht es um das beliebte Thema Globalisierung und Standort Deutschland. Scharpf hat folgende Rechnung aufgemacht: Nimmt man alle Sektoren zusammen, die verschärft internationaler Konkurrenz ausgesetzt sind, alle »international exponierten« Bereiche, wie er es nennt, und setzt die Zahl der dortigen Arbeitsplätze ins Verhältnis zur Bevölkerung im erwerbsfähigen Alter (also zwischen 15 und 64), dann waren

1994 in unserem Land sage und schreibe 36 Prozent dort beschäftigt. »In der hochgelobten amerikanischen Wirtschaft«, wie Scharpf leicht süffisant bemerkt, waren es im gleichen Zeitraum nur 32 Prozent, und in den Niederlanden, die uns neuerdings auch häufiger als Vorbild hingestellt werden, waren es sogar »nur« 27 Prozent.* Das heißt: »Die Wettbewerbsfähigkeit der deutschen Wirtschaft ist offenbar viel besser als ihr Ruf.« Freilich darf man nicht vergessen, daß der Außenhandelssektor eines Landes geringeres Gewicht hat, je größer das Land ist.

Das ist die eine Seite der Medaille, wobei man nicht übersehen dürfe – auch darauf macht Scharpf aufmerksam –, daß in unserem Land also relativ gesehen mehr Arbeitsplätze der internationalen Konkurrenz ausgesetzt sind. Auf gut deutsch: Sie hängen von der Fähigkeit ab, sich im weltweiten Wettbewerb weiterhin zu behaupten.

Die andere Seite der Medaille sieht so aus: Auf dem gerade beschriebenen Sektor läßt sich in keinem der Industrieländer ein Zuwachs an Arbeitsplätzen verzeichnen. Zuwächse gibt es laut Scharpf nur in jenen Dienstleistungsbranchen, in denen örtliche Nachfrage durch örtliche Anbieter befriedigt wird. Also weit ab von jeder internationalen Konkurrenz. Damit sind Haushalts- und Reparaturdienste ebenso gemeint wie Bildungs- und Gesundheitswesen, Gaststättengewerbe und Einzelhandel, sowie Telekommunikation, Finanzdienstleistungen, Rechts- und Wirtschaftsberatung. »Bei diesen ›lokalen Dienstleistungen‹ liegt Westdeutschland aber mit einer Beschäftigungsquote von nur 28 Prozent fast auf dem letzten Rang unter den vergleichbaren Ländern, weit hinter den Vereinigten Staaten oder Schweden, wo 41 bzw. 39 Prozent der erwerbsfähigen Personen ihre Arbeit finden.« Diese Beobachtung haben die meisten wahrscheinlich schon selbst gemacht, und es entspricht dem Vorwurf, Deutschland sei in puncto Dienstleistung Entwicklungsland.

---

* Andere Quellen sprechen zwar von folgenden Zahlen: Bundesrepublik 52,8 Prozent, USA 38,8 Prozent, Niederlande 33,9 Prozent. Aber die Reihenfolge verändert sich dadurch nicht.

Aber bleiben wir zunächst beim Thema Arbeitsmarkt allgemein und bei der Tatsache, daß sich eine Gesellschaft wie die unsere die Höhe der Arbeitslosenzahl in doppelter Hinsicht – ethisch und finanziell – nicht leisten kann. Das zentrale Problem besteht darin, daß der Arbeitsmarkt längst kein Markt mehr ist. Ein zementiertes Tarifkartell zwischen Gewerkschaften und Arbeitgeberverbänden hat – trotz vereinzelter Abbröckelungen – immer noch das Sagen. Staatliche Vorschriften versehen das Ganze mit einer zusätzlichen Kruste, und die Zwangskombination von Arbeitslohn und Sozialversicherung sorgt für dauerhafte Verkleisterung. So kriegt man jeden lebenden Organismus kaputt, auch den Arbeitsmarkt.

Der in Kapitel 1 bereits erwähnte Jürgen R. Wiese hat mir nicht nur einen Brief geschickt, sondern auch ein Buch mit dem Titel »Schatten über Deutschland«, das er sich 1996 als frustrierter Kleinunternehmer von der Seele geschrieben hat. Das Inhaltsverzeichnis listet handfeste Themen auf wie etwa »Was von einem Überstundenverbot zu halten ist«, »Nachteile durch Gewerbe- und andere Steuern«, »Lohn-Nebenkosten«. Darüber hinaus finden sich Überschriften wie »Unternehmer sein, ein Traumziel?« oder »Von der Schule und vom Selbständigsein«. Das Kapitel »Einstellungsgründe« interessiert mich besonders, und ich schwanke zwischen Amüsement und Frust, als ich unter der Überschrift lediglich gähnende Leere entdecke. Es steht nichts weiter dort. Auf der Rückseite des leeren Blattes erklärt der Autor, warum. Weil mir seine Begründung symptomatisch zu sein scheint, zitiere ich seine Zeilen: »Wenn Sie sich darüber wundern, daß auf der Vorseite nichts steht, dann ist es das Ergebnis intensivsten Nachdenkens. Ich kann im Deutschland von heute keinen vernünftigen Grund finden, warum ein Arbeitgeber Arbeitsplätze schaffen und keine bestehenden abbauen sollte. Das würde nur Sinn machen, wenn der Arbeitgeber sich in irgendeiner Form einen Nutzen davon versprechen könnte. Dafür, daß er es besser läßt, Arbeitsplätze zu schaffen, lassen sich leicht 100 Gründe und mehr aufzählen. Die Forderung von Politik und Gewerkschaften an die Unternehmen, mehr Arbeitsplätze zur Verfügung zu stellen, mag ja in einer dirigistischen Volkswirtschaft, wie einst zu DDR-Zeiten, funktionieren, in einer Marktwirtschaft wird es zum Unfug, wenn sich die Unternehmen keinerlei Vorteile davon versprechen können.« Und ich sollte hinzufügen: In dirigistischen Volkswirtschaften funktioniert es auch nicht dauerhaft.

Bei meiner Suche nach Antworten beginne ich mit dem Tabuthema Arbeits- und Kündigungsschutz. Auch wenn sich diese Erkenntnis noch nicht durchgesetzt hat: Ausgedehnter Kündigungsschutz nutzt denjenigen, für die er gedacht ist – nämlich den Arbeitnehmern –, nur sehr bedingt. Lediglich die langjährigen Inhaber bestimmter Arbeitsplätze – die Insider – profitieren davon. Jene, die neu auf den Arbeitsmarkt drängen, zahlen nicht selten die Zeche für diesen Insiderschutz, weil sie gar nicht erst eingestellt werden. Ich kann nicht sehen, was das mit »sozial« zu tun hat. Ganz im Gegenteil, das ist nichts weiter als in höchstem Maße unsoziale egoistische Besitzstandswahrung. Der Horror, seinen Arbeitsplatz zu verlieren, würde ja einiges an Schrecken einbüßen, wenn sich bei uns der Stellenwechsel wegen verkrusteter Strukturen nicht so schwierig gestaltete und überdies auch noch mit dem Makel des Unsteten behaftet wäre. Berufstätige, die ihren Arbeitsplatz häufiger wechseln, ziehen mehr Skepsis als Bewunderung auf sich.

Was wäre, wenn Menschen, die Ahnung vom Arbeitsmarkt haben, ohne eigene bzw. Gruppeninteressen vertreten zu müssen, mal die Liste der Arbeitsschutzbestimmungen, die sich im Laufe der Zeit angesammelt haben, mit der Frage durchforsten würden: Was muß bleiben, was muß weg. Professor Juergen B. Donges, einer der fünf Wirtschaftsweisen und Vorsitzender der einstigen Deregulierungskommission, zuckt bei dieser Bemerkung nur mit den Schultern und sagt: »Das haben wir ja gemacht!« und meint zum Kündigungsschutz: »Klar brauchen wir den. Was sich der Gesetzgeber 1951 ausgedacht hat, war ja von viel Vernunft getragen. Da wird differenziert nach betriebsbedingten, personenbedingten und verhaltensbedingten Kündigungen. Alles klar definiert. Das reicht. Das heutige Kündigungsschutzrecht ist denaturiert zum reinen Abfindungshandel.« Die Frage ist, ob das nur am Gesetzgeber oder wesentlich auch an der Rechtsprechung liegt. Donges schildert salopp: »Man rennt zum Gericht, protestiert gegen irgendwas und einigt sich bei einer Summe.«

Besonders verhängnisvoll wirke sich diese Regelung in Sozialplänen aus, »wo geradezu ein Anreiz geschaffen wird für die Leute, die bereits einen alternativen Job in Aussicht haben, dies zu verschweigen, um erst zu kassieren«. Mit dieser Aussage macht man sich zwar keine Freunde, aber sie trifft den Kern. Das Stichwort Sozialplan scheint ihn auch emotional zu berühren. Mit Empörung in der Stimme erzählt er von Rheinhausen. »Bei Thyssen damals, wissen Sie noch, als sie auf die Brücke gegangen sind« – er hat die Demonstrationsbilder offenbar noch sehr plastisch vor Augen –, »da wurde auch erst mal ein Sozialplan gemacht. Kaum hatten sie den, sind viele in ihre neuen Jobs gegangen, quasi mit einem kleinen Lottogewinn in der Tasche. Da haben wir damals gesagt – also, so geht das nicht.«

Schutzbestimmungen muß man gar nicht erst mißbrauchen, damit sie sich unsozial auswirken. Das geht automatisch. Von einem besonders drastischen Beispiel, wie Arbeitnehmer dadurch überhaupt erst schutzlos werden, erzählt Jürgen Wiese: Ein Elektromeister, dessen Betrieb von drei Mitarbeitern auf über neunzig angewachsen war, schrieb über Jahre hinweg rote Zahlen. Eine Reduzierung der Belegschaft hätte den Laden wieder flott gemacht. Aber Entlassungen waren nur in Verbindung mit Abfindungen möglich. Da der Firmenchef aus steuerlichen Gründen sein Unternehmen in eine GmbH umgewandelt hatte, war der Weg frei zum Konkurs. »Der Elektromeister stützte das Unternehmen nicht mehr mit eigenem Geld aus besseren Tagen«, schreibt Jürgen Wiese, »verkaufte ein Haus, zahlte Finanzamt, Sozialversicherung und Lieferanten aus und machte Pleite. So war er mit einem Schlag alle Mitarbeiter los. Behielt seinen guten Namen und begann kurz darauf mit drei seiner besten Mitarbeiter wieder von vorn. (...) Welch eine verkehrte Welt.« In der Tat. Arbeitnehmerschutz als Etikettenschwindel. Nach eigenen Angaben hätte der Elektromeister etwa fünfzig Mitarbeiter halten können. So aber hat er sich aus seiner staatlich verursachten Zwangslage durch »formaljuristische Tricks« befreit.

Bei übertriebenem Mutterschutz geht der Schuß auch nach hinten los. Was haben Frauen im gebärfähigen Alter von paradiesischen Schutzbestimmungen, deren Existenz ihre Anwendung verhindert, weil sie sich als nahezu unüberwindliche Hürden auf dem Weg zu einem Arbeitsplatz erweisen? Kein vernünftiger Arbeitgeber wird sich gegen Lohnfortzahlung vor und nach der Geburt aussprechen. Selbst der bis zu drei Jahren dauernde Erziehungsurlaub wird überwiegend als löbliche Einrichtung akzeptiert. Der große Frust setzt aber spätestens ein, wenn sich Frauen von Erziehungsurlaub zu Erziehungsurlaub hangeln – was offenbar gar nicht so selten geschieht – und der Unternehmer nicht nur einen Arbeitsplatz für ein Phantom freihalten muß, sondern in den Übergangzeiten auch noch für eine Arbeitskraft zahlen soll, die ihm gar nicht mehr zur Verfügung steht.

Selbst die auf den ersten Blick so plausibel wirkende Bestimmung, nach der bei Einstellungen arbeitslose Deutsche, EU-Bürger und bei uns ansässige Ausländer sogenannte »Bevorrechtigte« sind, führt zu satirereifen Ergebnissen. Eine typische Geschichte, der sich auch Simone Claus in der Süddeutschen Zeitung widmete. Ein Malermeister in der Oberpfalz, also im deutsch-tschechischen Grenzgebiet, beschäftigt seit mehreren Jahren einen tschechischen Gerüstbauer mit Wohnsitz in Tschechien. Dafür braucht der deutsche Unternehmer eine Arbeitserlaubnis. Insgesamt fehlen ihm noch fünf Maler und der erwähnte Gerüstbauer, um zugesagte Bauprojekte fristgemäß fertigzustellen. Auf dem deutschen Arbeitsmarkt stehen offenbar keine geeigneten Kräfte zur Verfügung. Eine Genehmigung bekommt der Malermeister trotzdem nicht. Auch drohende Vertragsstrafen können das zuständige Arbeitsamt nicht erweichen. Er soll »Bevorrechtigte« einstellen. Eine Erlaubnis für Tschechen könne nicht erteilt werden. Das Arbeitsamt beruft sich auf ein Grundsatzurteil des Bundessozialgerichts zu §19 des Arbeitsförderungsgesetzes (AFG). Demnach dürfen nur dann Grenzgänger beschäftigt werden, wenn »auch bei Ausschöpfung aller Möglichkeiten kein auch nur entfernt geeigneter deutscher oder bevorrechtigter Arbeitnehmer« gefunden werden kann.

Bei der derzeitigen Arbeitsmarktlage bedeutet das nach Ansicht des Arbeitsamtes auch, daß dem Unternehmer zuzumuten ist, einen deutschen Arbeitslosen anzulernen. Der Amtsleiter verweist mit Stolz darauf, daß in seinem Bezirk die Zahl der Arbeitserlaubnisse für Ausländer von fünftausend im Jahre 1992 auf rund zweitausend im Jahre 1996 reduziert wurde. Nach seiner Einschätzung – wobei er einen gewissen Schwund einkalkuliert – bedeutete das eine Entlastung des deutschen Arbeitsmarktes um mindestens zweitausend. Dem Malermeister hilft das wenig. Zudem fühlt er sich ungerecht behandelt, weil er in seinem 33-Mann-Unternehmen sage und schreibe neun Lehrlinge ausbildet. Den Vorwurf der Verantwortungslosigkeit läßt er nicht gelten. Und mit Lohndumping hat das Ganze auch nichts zu tun. Die Arbeitserlaubnis ist seit jeher an die Verpflichtung gebunden, Grenzgängern deutschen Tariflohn zu zahlen. Was er für seinen Betrieb braucht, kann ihm der deutsche Arbeitsmarkt einfach nicht bieten. »Von zehn Vermittlungen im Mai haben sich sechs Leute gar nicht gemeldet«, berichtet der Oberpfälzer Malermeister, »zwei sind nach telefonischer Einstellungszusage nicht erschienen, einer wollte sich selbständig machen, und einen habe ich mangels Qualifikation nicht als Gerüstbauer, sondern als Maler beschäftigt.«

Das ist kein Einzelfall. Auch in meinem direkten Bekanntenkreis gehören solche Erfahrungen zum Alltag. Ein befreundeter Maschinenbauer suchte für seinen Betrieb eine Buchhalterin. Es handelte sich nicht um ein »Billigangebot«, sondern um einen richtig gut dotierten Posten. Auf die erste Anzeige meldeten sich zwei, bei der Wiederholung kamen fünf. Aber die Qualifikation stimmte nicht. Er stellte schließlich eine 52jährige ein, obwohl er gedacht hatte: »Die jungen arbeitslosen Frauen stürmen mir die Bude.«

Im Vergleich zum folgenden Brocken sind die Hemmnisse durch die genannten Schutzbestimmungen geradezu lächerlich gering. Haupthindernisse auf dem Weg zu mehr Arbeitsplätzen finden sich im Betriebsverfassungsgesetz und in der starren Tarifvertragsregelung. Nun werden potentielle »Sozialpolitiker« unter Ihnen möglicherweise gleich aufheulen und Wildwestmethoden wittern. Denen sei mit Ludwig Erhard gesagt: »Die beste Sozialpolitik ist eine gescheite Wirtschaftspolitik.« Der Arme rotierte wohl ohnehin in seinem Grabe, wenn er sähe, was heutige Regierungen dem Volk als »soziale Marktwirtschaft« verkaufen. Aber ich greife vor.

Tarifverträge sind das Thema, und die Forderung ist klar: Der Staat muß die Absicherung des Tarifkartells aufgeben. Als Juergen Donges noch Vizepräsident des Kieler Instituts für Weltwirtschaft war, hat er zusammen mit Klaus-Werner Schatz, dem heutigen Vizepräsidenten, 1986 eine Studie erstellt mit dem Titel »Staatliche Interventionen in der Bundesrepublik Deutschland«. Schon damals wurde umfassend erklärt und belegt, wie schädlich sich die sogenannte Allgemeinverbindlicherklärung (AVE) von Tarifverträgen auf den Arbeitsmarkt auswirkt. Sie besagt, daß auf Antrag der Tarifvertragsparteien der Bundes- oder die Länderarbeitsminister einen Tarifvertrag für allgemeinverbindlich erklären könne, also auch für diejenigen, die diesen Vertrag gar nicht abgeschlossen haben. Das kommt immer dann in Frage, wenn es sich um Branchen oder Regionen handelt, in denen der Organisationsgrad von Arbeitnehmern und Arbeitgebern gering ist.

Ansonsten läßt sich sagen, daß Tarifverträge in der Regel ohnehin als ungeschriebenes »Gesetz« allgemein akzeptiert werden. Und hin und wieder wird dann der Arbeitsminister bemüht, um verbal noch draufzusatteln. Im Gesetz steht, daß diese Regel – die vom Grundsatz her einen Fremdkörper in unserem System darstellt – nur angewandt werden darf, wenn ein öffentliches Interesse vorliegt. Die Frage lautet natürlich: Wer definiert denn das? In der Studie von 1986 ist nachzulesen: »Die AVE verhindert nicht nur, daß (arbeitslose) Arbeitskräfte mit Arbeitgebern Vertragsbedingungen selbst aushandeln und so zusätzliche Arbeitsplätze entstehen können. Sie bewirkt auch, daß unnötig viele marginale Unternehmen ausscheiden müssen. Außerdem stellt sie ein schwerwiegendes Existenzgründungshemmnis für neue Unternehmen dar, weil diese von Anfang an mit denselben hohen Kosten belastet werden wie die im Markt etablierten Unternehmen. Daß bei diesen Wirkungen das Abweichen von Tarifvertragsnormen als sozialschädliches Verhalten gebrandmarkt werden kann, wie es oft geschieht, mutet schon merkwürdig an.«

Zur Erinnerung: Diese Sätze entstanden nicht erst nach der Diskussion um Globalisierung und Standort Deutschland, auch nicht nach Kenntnis der Belastungen durch die deutsche Vereinigung, sondern 1986. Die Befürchtung, Löhne und Gehälter könnten ohne diese Absicherung ins Bodenlose fallen, halten die Autoren für unbegründet. »Dem widerspricht schon die Überlegung, daß es mit dem Fall der Arbeitskosten immer lohnender wird, Arbeitskräfte zu beschäftigen. Dies treibt die Nachfrage nach ihnen und mithin auch die Preise hinauf. Es gibt also eine immanente Bremse gegen den Fall des Arbeitslohns.«

Die beiden Wissenschaftler setzen sich auch mit dem Urteil des Bundesverfassungsgerichts auseinander, das die AVE für nötig hält, »damit der Arbeitsfriede nicht gestört wird und nichtorganisierte Arbeitnehmer angemessene Arbeitsbedingungen erhalten«. Die AVE soll nach Ansicht des Gerichts verhindern, daß in Zeiten nachlassender Konjunktur und gefährdeter Vollbeschäftigung nichtorganisierte Arbeitnehmer Gewerkschaftsmitglieder beim Wettbewerb um knapp gewordene Arbeitsplätze verdrängen. Und Arbeitgeber sollen sich durch bevorzugte Einstellung von nicht organisierten Arbeitskräften keine Konkurrenzvorteile verschaffen können. Theoretisch alles schön und gut, praktisch zweifelhaft. Denn das Gericht mißt auf diese Weise der Zementierung einmal durchgesetzter Forderungen ein höheres Gewicht bei als der Beseitigung von Arbeitslosigkeit. Ist das gerechter oder sozialer? Die beiden Autoren geben zu bedenken: »Weil die AVE nach Überlegungen des Gerichts verhindert, daß diese Arbeitnehmer zu Lasten der organisierten einen der knappen Arbeitsplätze erhalten, bewirken sie gleichzeitig, daß zwar die Arbeitsplatzbesitzer zu ›angemessenen‹ Arbeitsbedingungen, die Außenseiter jedoch zu überhaupt keinen Bedingungen beschäftigt sind, und erst recht nicht zu denen, die als angemessen gelten mögen; sie bleiben nämlich arbeitslos.«

Mit den Knebelwirkungen von Tarifverträgen beschäftigt sich Juergen Donges auch heute noch, und die AVE hält er nach wie vor für »schlimm«. Er wird konkret und bringt in brutaler Deutlichkeit die Mindestlöhne am Bau ins Spiel. »Da frage ich mich, wo liegt denn da das öffentliche Interesse?« Das darf man zwar so nicht sagen, aber er hat dennoch recht. Bundesarbeitsminister Blüm wird das öffentliche Interesse daraus ableiten, daß auf den deutschen Baustellen wieder Frieden herrscht. Das mag ja vielleicht so sein. Aber was ist mit dem öffentlichen Interesse all der anderen? Donges: »Ich halte dagegen das Interesse der Leute, die möglichst preiswert bauen wollen. Ich halte dagegen das Interesse der Kommunen, bei denen ein wichtiger Teil ihres Investitionshaushaltes in den Bau von Straßen etc. fließt. Ich halte dagegen das Interesse des Steuerzahlers ganz allgemein, denn wenn der Staat weniger Geld für seine baulichen Infrastrukturmaßnahmen ausgeben muß, dann braucht er dafür auch weniger Steuern von seinen Bürgern. Und dann kann ich mir noch den europäischen Hut aufsetzen«, fährt Donges zeitgeistbewußt fort, »und sagen: Ich halte dagegen das Interesse eines ansonsten arbeitslosen Menschen in Portugal oder Irland.«

»Blüm wird natürlich sagen«, wende ich ein, »wenn ich das in diesem Fall nicht mache, dann haben wir ganz viele arbeitslose deutsche Bauarbeiter; es besteht großes öffentliches Interesse, die in Lohn und Brot zu halten, statt sie den Sozialkassen zu überantworten.« Donges läßt das nicht gelten und meint, die Probleme am Bau haben am allerwenigsten mit den »entsandten« Leuten zu tun. Außerdem werden die Zahlen maßlos übertrieben. Er zitiert den Präsidenten der Bundesanstalt für Arbeit, Bernhard Jagoda, mit den Worten: »So viele Portugiesen gibt es gar nicht, wie angeblich in Deutschland arbeiten.« Donges macht kein Hehl daraus, daß er ein in Teilen zutreffendes Problem für maßlos aufgebauscht hält, damit mal wieder Gruppeninteressen in unserem Land als öffentliches Interesse durchgesetzt werden können. Diese Masche kennen wir schon.

Es ist ja nicht so, als könnte man für die Lage der Bauwirtschaft kein Verständnis aufbringen, und die Probleme in diesem Bereich sollen überhaupt nicht verniedlicht werden. Aber unter öffentlichem Interesse stelle ich mir etwas anderes vor, und Donges steuert noch folgende Überlegung bei: »Die Bauwirtschaft – das gilt für die Gewerkschaften wie für den Arbeitgeberverband –

hat lange so getan, als bewege sie sich hinter hohen Schutzmauern. Für sie galt nicht, was für die gewerbliche Wirtschaft galt, nämlich der internationale Wettbewerb. Bauleistungen sind normalerweise international nicht handelbar. Da konnte man also in die vollen gehen. Die Mindestlöhne am Bau sind ja weit höher als die untersten Tariflöhne in manch anderen gewerblichen Branchen. Jetzt kommt der europäische Binnenmarkt. Jetzt ist Freizügigkeit da. Stichwort Dienstleistungsfreiheit. Und zur Dienstleistungsfreiheit gehört halt eben auch das Erbringen von Arbeitsleistungen durch EU-Ausländer. Das wußten die schon lange. Es ist ihnen auch immer wieder gesagt worden: Ihr müßt euch umstellen. Und jetzt« – seine Stimme wird lauter und schneller –, »kaum war das Entsendegesetz verabschiedet, kommt die IG Bau und fordert fünf Prozent Lohnerhöhung, so als sei nichts passiert. Und dann sagen sie, sie hätten Probleme am Bau?!«

Als nächstes nimmt sich Donges die sogenannte »Nachwirkungsregelung« vor. Damit ist folgendes gemeint. Nicht nur der Gewerkschaft laufen die Mitglieder davon, auch die Arbeitgeberverbände klagen über Schwund. Unternehmer fühlen sich nicht mehr optimal vertreten, haben Probleme, die Bedingungen des ausgehandelten Flächentarifvertrags zu erfüllen, und wollen raus aus dem Verein. Das Tarifvertragsgesetz bindet sie jedoch auch nach einem fristgemäßen Austritt an die Bedingungen – deshalb die Bezeichnung Nachwirkungsregel –, und zwar so lange, bis ein neuer Tarifvertrag zwischen Gewerkschaft und Unternehmerverband zustande kommt. Donges zieht ein Bild außerhalb der Arbeitswelt heran, um zu dokumentieren, was er von dieser Regel hält: »Stellen Sie sich vor, Sie wollen aus Ihrem Tennisclub austreten (im Gegensatz zu Donges war ich nie in einem und kann leider auch nicht Tennis spielen, aber meine Phantasie reicht, um das Beispiel auf andere Sportarten auszudehnen...) und die sagen Ihnen, ja, das können Sie machen, aber die nächsten fünf Jahre müssen Sie weiter die Beiträge zahlen. Das steht so in den Clubstatuten.« Donges ist ein temperamentvoller Mann und regt sich richtig auf. »Das sind alles Mechanismen, um das Tarifkartell zu stützen. Und wenn ich von Tarifkartell spreche, meine ich das Kartell der Gewerkschafts*funktionäre* und der

Arbeitgeber*funktionäre*, das hat mit den Arbeitnehmern selbst überhaupt nichts zu tun. Die werden nur hin- und hergeschoben oder vorgeschoben. Aber um die geht es gar nicht primär.«

Mittlerweile werden ja diverse Ausnahmeregelungen vom Flächentarifvertrag akzeptiert oder zumindest praktiziert. Die Rechtsunsicherheit ist allerdings sehr groß, und die Gerichte schlagen sich mit Prozessen herum, die der Gesetzgeber bzw. die Regierung durch ein klares Zeichen verhindern könnte. Dies würde nicht gegen die Tarifautonomie verstoßen. Es würde lediglich die Monopolpraktiken der Funktionäre zügeln, welche die Rechtsunsicherheit zu ihren Gunsten ausnutzen. Im bestehenden System wären die Tarifvertragsparteien sehr wohl in der Lage, diese Dinge selbst zu regeln – wenn sie denn in der Lage wären. Dann brauchten wir den Gesetzgeber gar nicht. »Aber wenn das so weitergeht«, meint Donges unwirsch, »dann muß der Gesetzgeber ran und sagen, jetzt müssen wir mal ein paar Takte reden!« Jedenfalls handelt es sich um zwei Übeltäter: einmal die Funktionäre, die so tun, als folge aus der Tarifautonomie zwangsläufig der Flächentarifvertrag; und zum anderen der Gesetzgeber, der das duldet, obwohl er diesen Monopolisten kräftig auf die Finger klopfen müßte.

Das sogenannte Günstigkeitsprinzip muß auch fallen. Dieses Prinzip ist in § 4 des Tarifvertragsgesetzes festgelegt. Es besagt, daß Arbeitnehmer zwar jederzeit über, aber keinesfalls unter Tarif bezahlt werden dürfen. Das heißt, man darf vom Tarifvertrag nur zugunsten des Arbeitnehmers abweichen. Donges hält den Begriff Günstigkeitsprinzip unter heutigen Bedingungen für zynisch. Denn es kann für einen Arbeitnehmer günstiger sein, den Arbeitsplatz dadurch zu sichern, daß er auf einen Teil seines Tariflohns oder auf eine schon vereinbarte Tariflohnsteigerung verzichtet. Solche Methoden werden bereits angewandt. Rechtssicherheit besteht aber nicht.

Weiter geht es mit § 70, Absatz 3 des Betriebsverfassungsgesetzes, berühmt-berüchtigt, wie manche sagen, und auch bekannt unter der Bezeichnung Regelungssperre. Weg damit! Dieser Paragraph verbietet, daß sich Arbeitgeber und Arbeitnehmer innerhalb eines Betriebes auf andere Bedingungen einlassen, als sie der Tarifvertrag vorschreibt.

Zurück zu Professor Donges und den Vorschlägen, welche die fünf Weisen, denen er angehört, im Jahresgutachten 1996/97 zum wiederholten Male gemacht haben. Unter der Überschrift »Mut zu institutionellen Reformen« wird eine Arbeitsmarktordnung gefordert, die der jetzigen Rechtsunsicherheit ein Ende bereitet. Es müssen im wesentlichen zwei Dinge gewährleistet sein. Erstens: Unter bestimmten Voraussetzungen (etwa wenn Arbeitsplätze gesichert oder sogar geschaffen werden) muß man vom Flächentarifvertrag abweichen dürfen. Zweitens: Für Arbeitslose sollen Einstiegstarife gelten, um ihre Chancen auf dem Arbeitsmarkt zu erhöhen.

Zu den nötigen Rechtsreformen im einzelnen: Es müssen Öffnungsklauseln eingeführt werden, die Vereinbarungen auf betrieblicher Ebene frühzeitig zulassen und nicht erst in existenzbedrohenden Notsituationen. Wenn man die Schwelle zu hoch ansetzt, kommen solche Regelungen oftmals zu spät, um noch etwas retten zu können. Unabdingbare Voraussetzung für solche Öffnungsklauseln: Innerhalb des Betriebes müssen sich Unternehmensleitung, Betriebsrat und die Mehrheit der Belegschaft einig sein. Über ein Widerspruchsrecht der Tarifvertragsparteien könne man nachdenken, aber dann muß auf jeden Fall ein verbindlich vereinbartes Schiedsverfahren mit einem neutralen Gutachter eingebaut werden, das innerhalb eines Monats beendet sein muß. Donges und die anderen vier Wirtschaftsweisen machen ihre Forderungen selbstredend ganz konkret an den entsprechenden Paragraphen des Betriebsverfassungsgesetzes fest, aber diese juristischen Details erspare ich Ihnen. Wer sich dafür interessiert, kann sich das Jahresgutachten als Bundestagsdrucksache besorgen. Jedenfalls müssen die »Nachwirkungsregelung« und die »Regelungssperre« abgeschafft werden.

Da der Teufel ja bekanntlich im Detail steckt, noch ein paar Bemerkungen zu den niedrigeren Einstiegstarifen für Problemgruppen auf dem Arbeitsmarkt. Dazu zählen Langzeitarbeitslose, Berufsanfänger und ältere Menschen. Der Abstand zwischen unteren Lohngruppen und Sozialhilfe ist ohnehin zu klein. Wenn nun beim Lohn noch weiter nach unten abgewichen werden darf – wo bleibt da die Gerechtigkeit, und wer wird unter den

Umständen arbeiten wollen? Was sollen also niedrigere Einstiegstarife praktisch bewirken? Donges und seine Kollegen klammern das Problem nicht aus, sondern machen folgenden Vorschlag dazu: Für einen befristeten Zeitraum und bis zu einer bestimmten Obergrenze müßte diesen Menschen eine großzügige Zusatzverdienstmöglichkeit eingeräumt werden, »so daß sich der *arbeitende* Empfänger von Sozialhilfe und Arbeitslosenhilfe finanziell deutlich besser steht als der *arbeitslose*«. Das heißt, daß die Lohnersatzleistungen nicht in dem Maße gekürzt werden dürfen, in dem der einzelne seine Bezüge durch Leistungen am Markt aufbessert. Die Gefahr des Mißbrauchs sehen die Gutachter natürlich auch, halten sie aber für sehr gering – wer wird schon freiwillig zum Langzeitarbeitslosen, nur um später irgendwann günstiger hinzuverdienen zu dürfen? Außerdem könnte man diese Maßnahme probeweise auf fünf Jahre beschränken, um Erfahrungen damit zu sammeln. »Angesichts der Massenarbeitslosigkeit«, so stellen die Wissenschaftler fest, »kann auf Experimente mit erfolgversprechenden, wenn auch nicht völlig problemfreien Maßnahmen nicht verzichtet werden.« Genau so ist es.

Das Gutachten fordert den Gesetzgeber weiterhin auf zu verdeutlichen, wie das »öffentliche Interesse« an der Allgemeinverbindlicherklärung von Tarifverträgen zu verstehen ist, und »insbesondere zweifelsfrei klarzustellen, daß die Abwehr unliebsamer (ausländischer) Konkurrenten ebensowenig zum »öffentlichen Interesse« gehört wie der Versuch, die Liberalisierung der Ladenöffnungszeiten durch überhöhte, für allgemeinverbindlich erklärte Lohnzuschläge für bestimmte Arbeitszeiten zu unterlaufen«. Deutliche Worte, die kaum jemand hören will.

Die Sache mit dem Ladenschluß ist ohnehin ein Drama. Ich werde nie die Bemerkung eines ausländischen Kollegen vergessen, von der ich nicht mehr weiß, ob ich sie von ihm gelesen oder gehört habe. Aber *was* er ausdrückte, hat sich eingegraben: Ihr seid schon ein komisches Volk, fast fünf Millionen Arbeitslose, aber um halb sieben sind die Geschäfte zu. Mittlerweile hat es nach jahrelangem Tauziehen diese »überaus großzügige« Liberalisierung gegeben (lächerlich natürlich!), daß zwischen sechs

Uhr morgens und acht Uhr abends bedient und verkauft werden darf. Aber welch ein Kampf und welch ein Geschrei um eine Albernheit. Mir ist sehr wohl bewußt, daß Verkaufspersonal nicht zu den fürstlich entlohnten Berufsgruppen gehört. Aber das kann man doch nicht als Begründung für regulierte Ladenschlußzeiten heranziehen. Ich kenne auch die Argumente des Einzelhandels: Die Leute sind ohnehin knapp bei Kasse, sie werden nicht mehr kaufen, aber unsere Kosten gehen in die Höhe, organisatorisch kriegen das nur die Großen in den Griff. Ich halte dagegen: Ganz so schlimm kann das mit dem fehlenden Geld nicht sein. Sobald irgendwo ein neuer Partyservice aufmacht, ist er drei Wochen im voraus ausgebucht. Die Reisebüros können sich über mangelnden Zuspruch auch nicht beklagen, kaum ist der neue Katalog raus, wird es schwer, sich das gewünschte Urlaubsziel zu sichern. Und freitags/samstags sind die Geschäfte so voll, als gäbe es etwas umsonst. Außerdem – der Anteil des Versandhandels am Handelsvolumen in Deutschland ist höher als in Ländern mit liberalisierten Ladenöffnungszeiten. Woran das wohl liegt? Vielleicht ließen auch deutsche Kunden mehr Geld beim Einzelhandel, wenn sie das zu den von ihnen bevorzugten Zeiten tun dürften. Und was die Kosten betrifft: Erfahrungen in anderen Ländern zeigen, daß sich das Problem völlig undramatisch von selbst löst. In den Läden, die nur zu bestimmten Kernzeiten geöffnet sind, kann man billiger einkaufen. Wenn ich abends um zehn losziehe, muß ich mich – unter Umständen – auf höhere Preise gefaßt machen. Das akzeptiert der Kunde, denn er will es ja so. Und die traurige Geschichte der alleinstehenden Verkäuferin, die zu Hause ihre alte Mutter pflegen muß und deshalb nicht noch später nach Hause kommen kann, als sie es ohnehin schon tut, ist zwar im Einzelfall wirklich traurig, aber doch wohl kaum geeignet, um als Grundlage für eine bundesweite gesetzliche Regelung zu dienen. Solche Argumentationen sind unredlich.

Was viele offenbar durcheinanderbringen – bewußt oder unbewußt –: Niemand wird gezwungen, seinen Laden rund um die Uhr geöffnet zu halten. Die Bedürfnisse der Menschen sind – zum Glück – unterschiedlich, und wir sind keine normierten

Roboter. In manchen Stadtvierteln werden die Bewohner das abendliche Einkaufen nutzen, in anderen nicht. In manchen kann man getrost erst morgens um zehn öffnen, in anderen empfiehlt es sich um acht. In manchen werden durchgehende Öffnungszeiten ohne Mittagspause gut angenommen, in anderen nicht. Das wird sich alles finden. Aber wir haben offenbar ein besonders großes Talent, alles das, was nicht so ist, wie es immer war, erst einmal als gefährlich und chaotisch abzulehnen. Woran liegt es bloß, daß wir nicht in konstruktiven Alternativen denken, sondern bei Veränderungen immer das dicke Aber und das noch dikkere Wehe im Kopf haben! Angesichts der hohen Arbeitslosigkeit ist diese Zauderei ein besonderer Skandal.

Jedenfalls ist es mittlerweile so, daß unsere politischen Strukturen fast nur noch den Status quo ermöglichen.

Von 1988 bis 1991 haben wir uns eine Deregulierungskommission geleistet. Die Bundesregierung hat sie einberufen. Vorsitzender war Professor Juergen Donges. Das ist nun sechs Jahre her, und ich habe ihn nach seinen Erfahrungen gefragt. Zuvor noch ein Wort zur Entstehungsgeschichte dieser Kommission mit dem – wie es damals hieß – unmöglichen und furchtbar komplizierten Namen. Sowohl in den Vereinigten Staaten von Amerika als auch in Europa, besonders in Großbritannien, brach in den achtziger Jahren eine regelrechte Deregulierungswelle los. Sie wurde ein wichtiger Eckpfeiler der sogenannten angebotsorientierten Wirtschaftspolitik. Margaret Thatcher war daran maßgeblich beteiligt. Diese Herausforderung für die deutsche Politik regte die Wirtschaftswissenschaft zu einer Bestandsaufnahme an. Donges, damals noch am Kieler Institut für Weltwirtschaft tätig, kam zusammen mit seinem Kollegen Klaus-Werner Schatz zu einem alarmierenden Ergebnis, das sie selbst überraschte. Sie fanden nämlich heraus, daß praktisch nur die Hälfte unserer deutschen Wirtschaft nach marktwirtschaftlichen Regeln ablief. Das heißt, in der Bundesrepublik (gemeint ist 1986 natürlich die Altrepublik) wurde die Hälfte der Wertschöpfung von Sektoren erbracht, die nach *nicht*-marktwirtschaftlichen Regeln arbeiteten; anders ausgedrückt: in Sektoren, in denen Marktkräfte und Wettbewerb von staatlichen Regulationen mehr oder minder behindert wurden. Dieser Befund sorgte damals für einiges Aufsehen.

Da war also einerseits der Druck des wirtschaftspolitischen Wettbewerbs aus dem Ausland, dann diese alarmierende Studie und schließlich die politische Diskussion um die Vollendung des europäischen Binnenmarktes. Der sah Dienstleistungs- und Niederlassungsfreiheit vor. Zu der Zeit setzte sich in der Europäischen Kommission eine neue Denkweise mit weitreichenden Konsequenzen durch. Bis dahin lautete die Integrationsidee, man müsse nationale Bestimmungen erst harmonisieren und könne dann ein Stückchen mehr zusammenwachsen. Doch nun änderte sich die Philosophie. Man wandte sich dem sogenannten Ursprungslandprinzip zu. Das bedeutet, wenn in einem Land der Europäischen Union ein bestimmtes Produkt oder eine Dienstleistung zugelassen ist, dann müssen alle anderen Länder die Einfuhr dieses Produktes oder dieser Dienstleistung in ihrem Land nach den Regeln des Ursprungslandes akzeptieren, selbst wenn sie bei sich zu Hause strengere oder andere Vorschriften haben.

Juergen Donges glaubt, daß Deutschland unfreiwillig diese Umorientierung ausgelöst hat. Er erzählt die Geschichte: »Deutschland hatte Anfang der achtziger Jahre vor dem Europäischen Gerichtshof einen Prozeß gegen Frankreich verloren. Da ging es um den Cassis de Dijon. Das ist ein Likör. Dieser französische Likör hat einen *niedrigeren* Alkoholgehalt, als das deutsche Gesetz für einen Likör vorschreibt. Aus diesem Grund wollte Deutschland die Einfuhr des französischen Likörs verbieten. Das haben sich die Franzosen nicht gefallen lassen. Sie haben geklagt, und der Europäische Gerichtshof hat zum ersten Mal das Ursprungslandprinzip angewandt. Die Richter stellten fest: Der Likör ist in Frankreich ordnungsgemäß zugelassen, ist offenbar nicht gesundheitsschädlich, erfüllt die Charakteristika eines Likörs. Ihr Deutschen könnt das gerne schärfer handhaben, wenn ihr wollt, aber ihr müßt den französischen Likör reinlassen.« Donges verteilt in dem Fall ein dickes Kompliment an europäische Institutionen, denn »sie haben auf diese Weise einfach das Öffnen von Märkten erzwungen«. Ich verkneife mir die Bemerkung: »Lang ist's her! Und auch bloß innerhalb der EU!« Denn ansonsten – in den sogenannten sensiblen Bereichen wie etwa Textilien oder Agrar – zeichnet sich die Europäische Union eher dadurch aus, daß sie ihren Markt mit allen Mitteln abschotten will.

Vor dem geschilderten Hintergrund stand die Bundesregierung unter Handlungszwang. Sie konnte ja schlecht warten, bis sie beim Europäischen Gerichtshof wieder vorgeführt wurde, denn der gemeinsame Binnenmarkt sollte 1992 kommen. Also setzte sie die Deregulierungskommission ein.

Welche Erfahrungen hat Juergen Donges bei dieser Arbeit gesammelt, die man zweifellos als spannend, aber auch als mühselig bezeichnen kann? Er nennt insgesamt drei, die ihm wesentlich scheinen, und beginnt mit der für ihn überraschendsten: »Ich habe zum ersten Mal in meinem Berufsleben gelernt«, sagt er immer noch beeindruckt, »was es heißt, daß es da partikuläre Interessen, also Gruppeninteressen gibt, die sich organisieren und die nur nach eigenem Nutzen streben. Ich hatte zwar selbst schon darüber geschrieben, und die wissenschaftliche Literatur ist bei uns ja voll davon – aber was das in der Praxis wirklich bedeutet, das hab' ich zum ersten Mal damals erfahren.«

Das hört sich nach viel Druck an. Und das war auch so. Zunächst einmal gab es gleich zu Anfang einen Riesenkrach mit dem Zentralverband des Deutschen Handwerks. Die Aufgabe der Kommission bestand darin, marktwidrige Regulierungen aufzuspüren und Vorschläge zu machen, wie sie abgeschafft werden können. Die Kommissionsmitglieder durften sich nicht verzetteln und zuviel vornehmen, also fahndeten sie nach Bereichen, wo Änderungen besonders dringlich schienen. Unter anderem wurden sie beim Handwerk fündig. Aus folgendem Grund. Die Handwerksausbildung wird mit der Gesellenprüfung abgeschlossen. Aber ein Geselle darf sich in Deutschland nicht selbständig machen. Dafür braucht er eine Meisterprüfung. Außer bei uns gibt es das meines Wissens nur noch in Luxemburg, Österreich und Frankreich.

Der Weg bis zum Meister ist ein langwieriges, anstrengendes und kostspieliges Verfahren. Die Deregulierungskommission gelangte zu der Auffassung, daß eine Meisterprüfung allenfalls für diejenigen vorgeschrieben werden sollte, die ihrerseits ausbilden wollen. Es sollte ähnlich sein wie bei Volkswirten oder Medizinern, die nach Abschluß des Studiums – also ihrer Gesellenprüfung – praktizieren können. Nur wenn sie selbst lehren wollen, müssen sie sich habilitieren, um Professor, also Meister, zu werden. »Wer das aber nicht will«, meint Donges, »wer nur selbständig werden will und bei der Gelegenheit vielleicht noch ein paar Arbeitsplätze für andere schafft – warum die Gewerbefreiheit einschränken? Das leuchtete uns nicht ein.« Die Kommission befragte Experten, entwickelte Fragebögen und wollte vom Zentralverband des Deutschen Handwerks wissen, warum er am Meisterbrief festhalten will. Immer noch leicht fassungslos erzählt der Wirtschaftsprofessor, daß der damalige Präsident der Handwerkskammer schnurstracks zum Bundeskanzler gelaufen sei, um sich zu beschweren. Mit Erfolg – denn er erhielt das regierungsamtliche Versprechen, daß am Meisterbrief nicht gerüttelt werde, was bis heute auch so ist. »Wir hatten noch keinen Satz geschrieben. Wir hatten nur Fragen gestellt.« Donges bekennt, er habe die Welt nicht mehr verstanden. Seine Kollegen und er hätten sich ernsthaft überlegt, ob sie unter diesen Bedingungen überhaupt weitermachen sollten, »wenn schon das Fragen zu einem solchen politischen Aufruhr führt. Die haben ja glatt behauptet, wir wollten das Handwerk abschaffen. Absoluter Unfug.« Das war also seine erste direkte Erfahrung mit Interessengruppen: »Wenn die das Gefühl haben, da könnte was anbrennen, dann wird nicht mehr argumentiert, dann wird auch nicht mehr sauber analysiert, sondern mit gezielter Desinformation polemisiert, auch unter der Gürtellinie.«

Nach dem ersten Schock waren sich die Wissenschaftler einig: »Jetzt erst recht« – und legten los. Beinahe spitzbübisch ergänzt Donges: »Wir hatten das Gefühl, wirklich etwas Wichtiges zu tun. Nicht nur so Beschäftigungstherapie. Wir hatten offenbar einen Nerv getroffen.« Und dann wieder ganz ernst und fast angewidert: »Wie sich Interessengruppen wehren und überhaupt keinen Sinn für gesamtwirtschaftliche Zusammenhänge haben – das selber zu spüren...« Ihm fehlen die Worte, und er setzt neu an: »All das, was sie nach außen immer erklären, von wegen Allgemeinwohl – das können Sie alles vergessen. Ich sage jetzt auch immer meinen Studenten: Wenn eine bestimmte Gruppe erklärt, sie tue etwas für das Allgemeinwohl, dann ist größte Vorsicht geboten.« Eher witzig schließt er diesen Punkt mit einem persönlichen Eingeständnis: »Die sind nicht anders als ich. Ich denke auch erst mal an mich selbst. Das sind ganz normale Menschen, die sollen nicht so tun, als würden sie immer nur darüber nachdenken, wie sie den Rest der Republik glücklich machen wollen. Das ist einfach nicht so!«

Ähnliche Geschichten weiß er auch von anderen Gruppen zu berichten, so etwa von der Bundesrechtsanwaltskammer, derentwegen er Gegenstand einer Anfrage im Bundestag war.

Eines der Hauptargumente gegen Deregulierung war immer wieder der dann angeblich reduzierte Verbraucherschutz. Gerade in bezug auf die Handwerksordnung sei sichergestellt, so hieß es, daß nur wirkliche Könner auf die Menschheit losgelassen werden. Donges muß schmunzeln, er plaudert privat. »Ich hatte in den letzten Jahren in meiner Wohnung häufig mit Handwerkern zu tun – also wenn ich damals schon meine ganz persönlichen Erfahrungen gehabt hätte, dann wäre der Text noch ganz anders geschrieben worden. Wir waren ja viel zu zurückhaltend! Ich hab' das meiste zugunsten des Handwerks einfach mal geglaubt, was die mir da erzählten. Aber natürlich ist es bei den Handwerkern wie auch sonst überall: Es gibt gute und weniger gute, solche, die gut ausbilden, und andere, die weniger gut ausbilden. Man muß diesen Berufsstand nicht mit einem Glorienschein versehen.« Ein Blick in andere Länder, zum Beispiel in die Schweiz, zeigt jedenfalls überzeugend, daß die dort fehlende Meisterprüfung weder den Verbraucherschutz tangiert noch sonstwie zum Notstand führt. Außerdem – auch das sei praktisch ergänzt: Wer kommt denn, wenn man einen Handwerker ruft? Der Meister? Das kann ja keiner mehr bezahlen. In der Regel hat man es als Kunde mit Gesellen und Auszubildenden zu tun. Ist es nicht so? Und die machen ihre Arbeit – wie Journalisten, Wissenschaftler, Ärzte und alle anderen Berufe auch – mehr oder weniger gut oder schlecht.

Wenn man die Handhabung der Meisterprüfungen kritisch unter die Lupe nimmt – die etablierten Anbieter entscheiden über Sein oder Nichtsein jener, die neu auf den Markt wollen – und wenn man sich die Quote derjenigen, die bestehen bzw. durchfallen, genauer ansieht, dann drängen sich ganz andere Überlegungen auf. Könnte es nicht sein, daß da ein Instrument, das offiziell der Qualitätssicherung dienen soll, zum primitiven Konkurrenzkiller verkommt? Je weniger Gesellen die Prüfung schaffen, um so weniger neue Betriebe muß man fürchten.

Für alle diejenigen, die auf dem Markt ein schwarzes Schaf erwischt und schlechte Erfahrungen gemacht haben und deshalb auf besonders hohen Hürden bestehen, um den Verbraucherschutz zu gewährleisten: Wäre verstärkte Produzentenhaftung nicht ein wesentlich besserer Schutz? Lassen Sie sich nicht von denen einlullen, die Verbraucherschutz sagen und Anbieterschutz, also ihren eigenen, meinen.

Die zweite wesentliche Erfahrung von Juergen Donges in seiner Eigenschaft als Vorsitzender der Deregulierungskommission war höchst positiv. Die Kommissionsmitglieder stellten nämlich fest, daß sie zuweilen der Politik helfen konnten, etwas Unpopuläres, aber Notwendiges zu tun. Plötzlich begannen auch deutsche Gerichte und der Europäische Gerichtshof, deren Aussagen in ihre Entscheidungsfindung einzubauen. Diese Erfahrung löste einen ungeheuren Motivationsschub aus. Die Wissenschaftler waren geradezu beseelt von der Aufgabe, entsprechenden Organen der Politik und Justiz Argumente zu liefern, warum bestimmte Dinge nicht so weitergehen können wie bisher. Donges erzählt, daß ein amtierender Minister es seinerzeit ganz prima gefunden habe, von Europa aus zur Deregulierung gezwungen worden zu sein. »Das machen wir dann alles wegen Europa«, so zitiert er den Minister, »und ich kriege zu Hause weniger Prügel.« Donges sinniert: »Wir wollen ja alle gute Europäer sein, nicht? Und dann muß man halt manches auf dem Altar Europa opfern. Offenbar können die Politiker das innenpolitisch besser verkaufen.« Andererseits muß man sich dann über das schlechte Image, das Europa mittlerweile bekommen hat, auch nicht wundern. Wobei die Europäische Union auch genügend selbst dazu beisteuert. Zunehmender Politzentralismus, wettbewerbspolitische Sündenfälle wie der gemeinsame Agrarprotektionismus und die verordnete Einheitswährung lassen selbst überzeugte Europäer skeptisch werden.

Die dritte Erfahrung schließlich, die ihm zwangsläufig erst heute so richtig bewußt wird, macht ihn am nachdenklichsten. Die Kommissionsmitglieder haben sich bei ihren Vorschlägen von dreierlei leiten lassen. Erstens von Einsichten, die man auf Grund wissenschaftlicher Untersuchungen gewinnen konnte. Zweitens von Erfahrungen anderer Länder mit Deregulierung und drittens von gezielten Befragungen direkt Betroffener. »Es gibt ja Dinge«, räumt Donges ein, »wo es einfach nicht geht. Es ist ja nicht alles dummes Zeug, was uns gesagt wurde. Es gibt wirklich Bereiche, wo einem die Gegenargumente einleuchten, daß man sagt, aha, hier kann man nichts machen, das muß wohl so sein.« Als Beispiele nennt er strenge Auflagen für die Versicherungswirtschaft und Teilbereiche des Arbeitsmarktes, weil dort die Machtverhältnisse zwischen Arbeitgebern und Arbeitnehmern von der Natur der Sache her nicht ausgeglichen seien. Er legt Wert darauf, daß es der Kommission zu keinem Zeitpunkt darum gegangen sei, sozusagen Tabula rasa, also alles platt zu machen. »Wir haben immer gesagt, man muß sich jedes Ding einzeln anschauen und prüfen: Braucht man diese Regulierung, braucht man sie nicht, oder braucht man sie vielleicht in abgemilderter Weise?« Er lehnt sich nachdenklich zurück und formuliert seine dritte Erfahrung so: »In einigen Fällen bin ich doch sehr erstaunt darüber, wieviel mehr Deregulierung wir bekommen haben als das, was wir uns damals überhaupt nur vorstellen konnten und gar nicht erst gewagt hatten, es zu fordern. Und vieles davon hat der Markt erzwungen.« In der Tat eine nachdenkenswerte Erfahrung, aus der man folgende Konsequenz ziehen kann: Wenn ich mich zu lange gegen Veränderungen sträube und eine geregelte Kursänderung ablehne – versetzen Sie sich im Geiste auf ein Boot oder in ein Sportflugzeug und malen sich eine ungünstige Wetterlage aus –, dann verliere ich die Kontrolle und muß nehmen, was kommt.

»Gerade der Arbeitsmarkt ist ein typisches Beispiel«, erklärt

Donges, »kein einziger unserer Vorschläge ist damals aufgenommen worden. Erst sehr viel später die Privatisierung der staatlichen Arbeitsvermittlung. Aber am Anfang wurde der Arbeitsmarkt gleich zur Tabuzone erklärt. Die Gewerkschaften haben ›gut gearbeitet‹, deshalb durfte da nichts angefaßt werden.« Donges ist sicher: Wenn die Gewerkschaften damals mit auf den Zug gesprungen wären, wie er sagt, dann hätten sie heute eine ruhigere Zeit. »Denen rinnt doch alles durch die Finger«, meint er, »wo sie hingucken – Betriebsvereinbarungen haarscharf am Gesetz vorbei. Und zum Teil drücken die Gewerkschaften alle Augen zu, weil es da um Arbeitsplätze geht. Jetzt findet das alles einfach so statt. Damals? Denkverbot!«

Wie der weitere Verlauf des Gesprächs mehrfach zeigen wird, hat Donges einen Hang, die positiven Seiten einer Entwicklung hervorzuheben. Für ihn ist das Glas immer halb voll, nie halb leer. Als ich nach seinen Schilderungen etwas vorwurfsvoll feststelle, daß die Realität der Entscheidungsebene in Bonn und die Realität »im wirklichen Leben« zu sehr auseinanderklaffen, widerspricht er vehement: »Das kann man auch ins Positive kehren«, sagt er. »Offenbar beschließt eine Gesellschaft nicht kollektiv, sozusagen von der Weltbühne abzutreten. Wir lernen vielleicht ein bißchen pathologisch. Wir brauchen ein paar Krisen, damit es mal so richtig rüttelt. Das kostet alles Zeit und Geld. Aber irgendwann passieren die Änderungen dann doch. Das ist das Positive.« Na ja ...

An dieser Stelle fällt der Begriff »Elite« zum ersten Mal. Wir sind uns einig, daß wir in Deutschland ein gestörtes Verhältnis dazu haben. »Unsere Nachbarn in Frankreich und Großbritannien sind stolz auf ihre Eliteschulen«, meint Donges, »und bei uns? Wird alles nivelliert und möglichst nach unten.« Ich habe hier keine flächendeckenden Recherchen unternommen, die mir Vergleiche ermöglichen, muß aber sagen, daß sich mehrere Hochschullehrer in Nordrhein-Westfalen diesbezüglich größte Sorgen machen. Vom zuständigen Wissenschaftsministerium seien hauptsächlich Signale Richtung Gleichmacherei und Absenken des Niveaus zu empfangen. Studien- und Prüfungsordnungen sähen immer weniger Stunden vor, und »natürlich keinerlei

Sanktionen, wenn die Leute durchfallen«, ergänzt Donges. Jeder soll die Chance haben, studieren zu können, aber warum muß jeder studieren? Und Donges sprudelt los: »Das Menschsein beginnt bei vielen ja sowieso erst, wenn man promoviert hat. Schrecklich. Wie viele bedauernswerte Kinder werden ins Gymnasium gequält! Sie hätten einen guten Realschulabschluß erzielen und nach einer Lehre gute Facharbeiter werden können, die wir ja auch brauchen.« Und er wiederholt zu meiner großen Freude mein Motto fast wortwörtlich: »Gleichheit vor dem Gesetz, ja. Gleiche Chancen, ja. Aber im übrigen sind wir nicht gleich. Das ist halt so.« Ich erfahre – das war mir in Moskau damals entgangen – daß Bayern Ende der achtziger Jahre einmal eine Kultusministerkonferenz mit der Überlegung aufgemischt hat, Abiturzeugnisse aus Berlin und Nordrhein-Westfalen nicht mehr automatisch als Befähigungsnachweis zum Studium anzuerkennen. Der Kölner Wirtschaftswissenschaftler steuert Erfahrungen aus dem Bekanntenkreis bei, nach denen Studienanfänger aus Berlin und Nordrhein-Westfalen in München die Hauptklientel der Nachhilfekurse bei Mathematik stellen.

Wenn wir nun schon über Hochschulen und Bildung reden, dann will ich natürlich auch die Meinung meines Gesprächspartners zum Thema Studiengebühren wissen. Er ist dafür. Ich auch. Und beide sind wir davon überzeugt, daß sich Mittel und Wege finden lassen, damit auch diejenigen ein Studium absolvieren können, denen die notwendigen finanziellen Mittel von Hause aus fehlen. Warum sind Studiengebühren so wichtig? Ihre Bedeutung geht weit darüber hinaus, leere Kassen zu füllen. Es gilt auch hier, Mechanismen menschlicher Antriebs- und Verhaltensweisen zur Kenntnis zu nehmen und die richtigen Anreize zu schaffen. Es gibt diesen Spruch: »Was nichts kostet, das ist auch nichts.« Selbst Menschen, die diese Aussage intellektuell ablehnen, können sich – wenn sie ehrlich sind – davon nicht ganz frei machen. Angewandt auf die Hochschule, bedeutet das: Der Erfolg einer Universität bemißt sich an der Motivation und Leistungsfähigkeit von Professoren und Studenten gleichermaßen. Donges formuliert da ganz brutal: »Studenten müssen einen Anreiz haben, Professoren zu zwingen, gute Vorlesungen anzubieten. Und wann ist der Anreiz am größten? Wenn sie dafür selbst bezahlt haben.« Menschen funktionieren nun einmal so. Wenn man das weiß, warum richtet man nicht das System danach aus, statt ständig und auf allen Feldern das Umgekehrte zu versuchen, nämlich Menschen nach gewünschten Systemen auszurichten. Das funktioniert nicht, wie wir alle wissen.

Das Killerargument mit dem Arbeiterkind, das unter diesen Umständen nicht studieren kann, läßt sich leicht aushebeln. Es sind verschiedene Modelle denkbar, auch in Kombination miteinander. Zum einen muß es Stipendien geben (die selbstverständlich an Leistungsnachweise gebunden werden müssen). Die Finanzierung dürfte kein allzu großes Problem darstellen, wenn man sich klarmacht, daß hier »Humankapital« gebildet wird, das zukünftig Erträge abwirft. Hier lohnt sich also der Einsatz staatlicher Mittel. Hier wird der Steuerzahler freudig – so freudig ein Zahler sein kann – mitmachen, weil uns das später allen zugute kommt. Durch hohe Berufsqualifikation werden die Beschäftigungs- und Einkommenschancen der Minderqualifizierten verbessert. Das hätte endlich wirklich mal etwas mit Allgemeinwohl zu tun. Statt dessen überholte Wirtschaftsstrukturen zu fördern dient nur Gruppeninteressen, zerstört per saldo Arbeitsplätze und erschwert darüber hinaus noch jedes perspektivische, also zukunftsweisende Denken.

Die andere Möglichkeit, Studiengebühren aufzubringen, besteht in verschiedenen Varianten von Darlehen, die bei späterer Berufstätigkeit langfristig zurückgezahlt werden können. Wer das als unsozial einstuft, möge die folgende Frage beantworten: Was ist sozial an der Vorstellung, daß Fließbandarbeiter mit ihren Steuern Studenten – vielleicht sogar aus reichem Hause – ein Studium ermöglichen und auf diese Weise dazu beitragen, daß diejenigen später besser verdienen als sie selbst? Unter dem Stichwort Sozialverträglichkeit gerät Donges so richtig in Fahrt: »Wenn ich eine gute Elite habe, dann zieht mir doch diese Elite auch die Leute mit, die es unter den heutigen Bedingungen der globalisierten Wirtschaft besonders schwer haben. Denn die mit wenig Qualifikation oder mit falscher Qualifikation – das sind doch die ersten, die von den Indern und von den Südkoreanern auf dem Arbeits-

markt verdrängt werden.« Elite als Frontantrieb – bei problematischen Wetterlagen bekanntlich nicht die schlechteste Lösung.
Donges wirft einen Blick auf die USA. In Silicon Valley liefen schließlich auch nicht lauter Nobelpreisträger rum. Da zieht die Elite jede Menge Menschen nach, die sonst keine Chance hätten. »Und was machen wir? Wir drängen diese Leute erst mal in die Arbeitslosenhilfe, dann in die Sozialhilfe, und das nennen wir dann Solidarität.« Donges gehört zu der Spezies von Wissenschaftlern, die sich noch aufregen können. »Wir lästern über die Amerikaner«, fährt er fort, »weil sie so viele *working-poor*, also berufstätige Arme haben. Das stimmt und ist schlecht, aber die vertikale Mobilität ist auf dem amerikanischen Arbeitsmarkt sehr hoch.« Zum Beweis nennt er Studien der OECD und eigene Erfahrungen. Also: Lassen wir mehr Elite zu. Sie wird dafür sorgen, daß Beschäftigungschancen in der Breite entstehen, immer noch besser, als arbeitslos zu sein, also *non-working poor*. Da verkümmern wirklich die allerletzten Fähigkeiten.
Zurück zur Arbeit der Deregulierungskommission und zum heutigen Stand der Dinge. Über zwei Bereiche freut sich Donges besonders und schildert das auch freimütig. Da ist einmal der innerdeutsche Linienflugverkehr. »Das haben wir nur schon vergessen«, meint Donges, »als wir alle praktisch wie die kleinen Lämmer bei Lufthansa eingestiegen sind und fast um Entschuldigung gebeten haben, daß wir da überhaupt reingehen. Heute sind die über jeden froh, der kommt.« Er zählt als meßbare Vorteile gesunkene Preise und gestiegene Flugfrequenz auf. Zum anderen nennt er den Telekommunikationssektor, dessen Deregulierung »phänomenale Aktivitäten« ausgelöst habe, so Donges. Nicht ohne Amüsement erzählt er von Köln und den vielen kleinen Diensteanbietern, die plötzlich wie Pilze aus dem Boden geschossen sind. »Die haben ja schon angefangen, als das noch gar nicht richtig erlaubt war. Da haben auch die Etablierten immer wieder versucht, irgendwelche Hürden aufzubauen, aber das war denen wurscht. Die haben gesagt: Bis die uns vor Gericht kriegen und bis das Gericht entschieden hat, ist der Markt ohnehin liberalisiert. Das Risiko nehmen wir auf uns. Haben die auch gemacht, und ich finde das ganz prima.«

»Wo wir allerdings noch Lichtjahre von Marktwirtschaft entfernt sind«, verdüstert sich seine Miene, »das ist die Energiewirtschaft; die leitungsgebundene Strom- und Erdgasversorgung.« Er berichtet von diversen Anläufen, die das Bundeswirtschaftsministerium unternommen habe, um das zu ändern, auch derzeit wieder. Aber das sei kaum zu schaffen. »Es ist ein wirkliches Machtkartell«, meint er vielsagend. Ich habe den Eindruck, daß er in diesem Fall mehr verschluckt als ausspricht. Jedenfalls kritisiert er RWE und andere, weil sie einerseits etwa die Öffnung der Telekommunikationsnetze mit Nachdruck fordern – irgendwo wollen sie ihr vieles Geld ja zukunftsträchtig investieren –, andererseits in ihrem Beritt alles hermetisch abschotten. »Ich nenne das immer die intellektuelle Beweglichkeit der Elektrizitätsversorgungsunternehmen«, meint er ironisch kühl, »daß sie mit guten Gründen bei anderen Marktwirtschaft fordern, aber bei sich selbst natürlich nicht.« Er klingt wieder engagierter, als er fortfährt: »Und vor allen Dingen drohen die immer gleich, daß die Lichter ausgehen, wenn zu energisch dereguliert wird.« Er hat eine griffige Formel parat, die sich auch auf andere Bereiche ausdehnen läßt: die Tyrannei des Status quo. Und das geht so. Erst einmal werden die Menschen verunsichert. Also klammern sie sich an das, was sie kennen. Die Alternative kann nur chaotischer sein.

Wenn der Wirtschaftswissenschaftler Prioritäten setzen soll, wo Deregulierung besonders dringend angesagt ist, dann nennt er Energiewirtschaft, Handwerk und als besonders ärgerlichen Brocken staatlicher Einmischung die Subventionen. »Man muß sich das mal vorstellen«, schüttelt er den Kopf, »da wird gesagt, die Steuerreform sei nicht finanzierbar, weil wir 30 Milliarden Mark brauchen, und viele liebäugeln mit einer Mehrwertsteuererhöhung von einem oder zwei Prozentpunkten. Und andererseits gewährt der Staat 240 Milliarden Mark jährlich an Subventionen, den größten Teil davon als Ausgabesubventionen. Kürzte man Subventionen, gäbe es genügend Spielraum für Steuersenkungen.«
Diese und andere Dinge stehen immer wieder im Jahresgut-

achten der Wirtschaftsweisen, darauf fußende politische Entscheidungen ziehen sich über Jahrzehnte hin. Wie kommt man damit als Ideengeber zurecht? »Ich habe gelernt, daß man in der Politik in längerfristigen Zeiträumen denken muß.« Als ich schon Luft hole zur nächsten Frage, macht er eine erstaunliche Bemerkung: »Politiker, die wichtige Entscheidungen treffen, müssen die Möglichkeit haben, sich diese als eigene Erfindung selber an den Hut zu stecken.« Er grinst: »Ob das Ding Kohl-Reform oder Lafontaine-Reform heißt, ist mir völlig egal. Hauptsache, es wird gemacht. Meinen Bedarf an Eitelkeit befriedige ich anderswo.« Er erklärt die praktische Beratungssituation: »Ich kann doch nicht erwarten, wenn wir da als Sachverständigenrat beim Bundeskanzler oder einem Bundesminister sind und etwas Konkretes vorschlagen, daß das sofort akzeptiert und gleich vor der Kamera kundgetan wird.« Er lacht: »Da könnte ja einer auf die Idee kommen und sagen, wozu brauchen wir die Politiker dann eigentlich. Die müssen erst mal...« Er sucht nach einem passenden Begriff, ich helfe mit dem Wort »geknetet« aus. »Geknetet werden. Genau. Das muß sich entwickeln, die Überzeugungsarbeit ist ganz wichtig.«

Nicht zu unterschätzen ist in diesem Zusammenhang die Information der Öffentlichkeit. Da haben Wissenschaft und Medien eine verantwortungsvolle und hochsensible Aufgabe. Donges wirft vielen seiner Kollegen vor, daß sie sich »zu fein« seien, um sich mal »unters Volk zu mischen«, wie er sagt. »Es wäre ja hilfreich«, meint er, »wenn wir das, was wir uns da so schön akademisch ausdenken, mal in Worte kleiden, die der Normalmensch versteht. Aber nein – die Herren Wissenschaftler werfen gleich mit komplizierten Fachausdrücken und mathematischen Formeln um sich, und dann ist es natürlich vorbei.« Einige seiner Kollegen, die er darauf angesprochen hat, geben ihm im Prinzip recht, haben aber Angst vor den vielen »Konzessionen«, die man machen muß, wenn man sich einfach und allgemeinverständlich ausdrücken will. Da funktionieren wissenschaftliche Absicherungsrituale nicht mehr. Da zählen keine unterschwelligen Spitzfindigkeiten, da produzieren klare Worte schlicht eindeutige Aussagen.

An den Kollegen meiner Zunft stören ihn im wesentlichen zwei Dinge: einmal die ewige Sekundenschinderei. Es gibt nun einmal Themen, denen man in drei Minuten nicht gerecht wird, meint er, und ich mag ihm da nicht widersprechen. Zum anderen bringt ihn die stereotype Frage: Was ist neu daran? auf die Palme, vor allem wenn jeweils im November vor der Bundespressekonferenz in Bonn das »neue« Jahresgutachten der Wirtschaftsweisen vorgestellt wird und alle nach »Neuigkeiten« lechzen. »Unsere Antwort ist dann immer«, sagt er monoton, »es geht überhaupt nicht darum, ständig etwas Neues zu machen, sondern es geht darum, Probleme zu lösen.« Er führt den Gedanken weiter aus: »Wenn wir zu einem bestimmten Thema im letzten Jahr und im vorletzten und möglicherweise auch schon vor drei Jahren etwas angeregt oder vorgeschlagen haben, und es wurde nicht aufgegriffen, so daß das Problem fortbesteht, dann werden wir uns erlauben, es zum vierten Mal zu wiederholen. Immer diese Neuheiten-Manie!«

Ich habe den Eindruck, daß Professor Donges in seinem Beratungsgeschäft in der Tat voll aufgeht und seine Depri-Einheiten relativ gering sind. Das mag damit zusammenhängen, daß er weiß, wie vielen Menschen er mit seiner Arbeit auf die Nerven geht. »Und das kann ja nur heißen«, meint er zufrieden, »daß ich offenbar dran bin an den Dingen.«

Der Sachverständigenrat war übrigens eine Erfindung von Ludwig Erhard. Wie ich hörte, soll Adenauer ihn damals davor gewarnt haben, denn er schaffe sich mit diesem Gremium eine Nebenregierung. Donges hält es den jeweiligen Regierungen zugute, daß sie sich einen Sachverständigenrat leisten und zu heiklen Themen Kommissionen einsetzen. »Das kann man natürlich auch umdrehen«, widerspreche ich, »durch den Einsatz von Kommissionen und Beratungsgremien habe ich die Medien zunächst einmal beruhigt, und ansonsten sitze ich das sowieso aus.«

»Ganz nah dran an den Dingen« war auch Johann Eekhoff, im April 1991 vom damaligen Wirtschaftsminister Möllemann als beamteter Staatssekretär geholt, mit Beginn des Jahres 1995 von

Minister Rexrodt in den einstweiligen Ruhestand versetzt und seither Inhaber des Lehrstuhls für Wirtschaftspolitik an der Universität zu Köln. Sein Ausscheiden aus dem Wirtschaftsministerium kommentierte ein Fachjournalist mit den Worten: »Klar, daß Eekhoff abgeschossen werden mußte: Er wußte zuviel.« Davon können jetzt seine Studenten profitieren. Jedenfalls eckte der Wissenschaftler auch schon in seiner früheren Zeit an: als Abteilungsleiter Wohnungswesen im Bundesbauministerium. Er bewahrte sich immer unabhängig von der gerade ausgegebenen politischen Linie die Freiheit der eigenen Meinung und scheute keine Kontroverse. So was gilt bei uns als unbequem. Sein Kontakt zur Politik ist zwar noch vorhanden, hat sich aber gewandelt. Jetzt unterhält er Beziehungen zum Parlament, zum Finanzausschuß usw. Abgeordnete und Medien schätzen ihn als Experten für Fragen des Arbeitsmarktes. »Zu den Beamten im Wirtschaftsministerium bestehen weiterhin intensive Kontakte«, sagt er, »aber von der politischen Ebene gibt es keine Rückkoppelung mehr.«

Auf das Thema Arbeitslosigkeit angesprochen, nennt er als schwerwiegendsten Fehler eine »völlig falsche Lohnpolitik«. Er beginnt mit den neuen Bundesländern und rechnet vor, daß die dortigen Löhne etwa 30 bis 40 Prozent höher liegen als die Produktivität. Man kann das auch anders ausdrücken: Was da erwirtschaftet wird, reicht nur für 60 bis 70 Prozent der gezahlten Löhne. Das kann keine Wirtschaft auf Dauer ohne Transferleistungen aushalten. »Wir haben ein Drittel des Bruttosozialprodukts in Ostdeutschland durch Transferleistungen bestritten«, sagt Eekhoff. Wenn diese Transfers nun eingefroren werden oder gar sinken, entsteht eine Lücke. Die ursprüngliche Erwartung, daß der Fehlbedarf durch steigende Produktivität ausgeglichen werden kann, hat sich nicht erfüllt. Im Grunde auch kein Wunder, denn diese phantastischen Wachstumsraten, die nötig gewesen wären, um den steilen Lohnanstieg zu überflügeln, sind in unserer Gesellschaft nicht zu schaffen. Mit gewissen Einschränkungen gilt Eekhoffs Vorwurf auch den alten Bundesländern. Aus Angst, durch die deutsche Einheit irgendwann einem starken Konkurrenzdruck ausgesetzt zu sein, hätten die Arbeitgeberverbände zusammen mit den Gewerkschaften vorsorglich eine aggressive Lohnpolitik betrieben, um sich unbequeme Newcomer vom Leibe zu halten. Das führte dazu, daß wir im Westen gemessen an der – weniger stark gestiegenen – Produktivität sogar höhere Lohnsteigerungen gehabt hätten als vorher. »Und das bedeutet«, folgert Eekhoff, »daß wir auch in Westdeutschland massenweise Arbeitsplätze unrentabel gemacht haben.« Unter den praktischen Auswirkungen leiden wir heute. Eekhoff erklärt: »Leider folgt die Strafe nicht immer sofort auf dem Fuß, weil Unternehmen erst einmal ihre Investitionen getätigt haben. Sie können also ihr Kapital verbrauchen und verwirtschaften, bevor sie sagen, ich produziere überhaupt nicht mehr. Deshalb haben viele gar nicht gemerkt, was wir uns da selber angetan haben.«

Halten wir fest: Überzogene Löhne führen also erst mit zeitlicher Verzögerung zu einem Anstieg der Arbeitslosigkeit. Zunächst werden bei noch unveränderter Beschäftigung die alten Kapitalgüter (also Ausrüstungen und Anlagen) aufgezehrt, die zu einem niedrigeren Lohnniveau »gepaßt« haben. Mündet die allgemeine Investitionsschwäche in eine Rezession, dann werden schubartig Arbeitskräfte entlassen. Vorher war das wegen Kündigungsschutz nicht möglich. Über lange Zeitperioden hinweg stieg die Arbeitslosigkeit treppenförmig an. Daß sie nach den Rezessionen in den Aufschwungphasen nicht wieder merklich gesunken ist, liegt an folgendem: Bei der nächsten Investitionswelle sind Ausrüstungen und Anlagen angeschafft worden, die Arbeitsplätze einsparen, die also zum höheren Lohnniveau wieder »passen«. Und so schrauben wir uns von einer Million zur nächsten.

Der erste Teil von Eekhoffs Lösungsformel lautet: »Wir werden das Problem nur bewältigen, wenn wir die Lohnentwicklung wieder vernünftig mit der Produktivitätsentwicklung verbinden.« Dazu macht er einen ganz konkreten Vorschlag, der auf folgendes hinausläuft. Der Sachverständigenrat, also die fünf Weisen, haben irgendwann in den sechziger Jahren die Regel aufgestellt – die lange Zeit kaum umstritten war –, daß die Löhne mit dem gleichen Tempo steigen können wie die Produktivität.

Die Logik dieser Forderung leuchtet auch wirtschaftswissenschaftlichen Laien auf Anhieb ein: So viel, wie mehr produziert wird, kann auch mehr verteilt werden. Nun haben wir uns ein zusätzliches Ungleichgewicht durch die vielen Arbeitslosen eingehandelt. Wenn wir nach der alten Regel verfahren, haben diejenigen, die aus dem Arbeitsmarkt rausgeflogen sind, gar nichts davon. Eekhoffs angepaßte Regel lautet: Für jeweils zwei Prozentpunkte Arbeitslosigkeit muß ich jeweils einen halben Prozentpunkt Abschlag bei der Lohnentwicklung hinnehmen. Er verknüpft also den Stand der Arbeitslosigkeit mit der Lohnentwicklung. Je höher die Arbeitslosigkeit, um so geringer die Lohnsteigerung – und umgekehrt.

Auch an dieser Stelle sei darauf hingewiesen, daß solche Maßnahmen niemals isoliert betrachtet werden dürfen. Der oben beschriebene Ausweg kann den Menschen nur zugemutet werden, wenn gleichzeitig ihre Belastungen auf anderen Gebieten – Steuern und Sozialversicherungen – sinken. Das wiederum wird erleichtert, wenn die Zahl der Arbeitslosen fällt. Es greift eben eins ins andere. Über die *Richtung* müssen wir uns endlich einig werden, dann über die Details, und nicht umgekehrt unter Zuhilfenahme stupider Etikettierungen wie »sozial« oder »unsozial«. Damit wird im Grunde jede echte Reform bereits im Keime erstickt. Es ist nahezu überlebenswichtig, primitive Kurzschlüsse zu erkennen und sich nicht dummquatschen zu lassen von Funktionären, denen es um »sozial« zuallerletzt geht, die vielmehr unter dem sozialen Deckmäntelchen nur ihre eigenen Pfründe schützen wollen. Lohnkürzung gleich unsozial, Lohnerhöhung gleich sozial – diese Formel verkehrt sich angesichts der Arbeitslosen in ihr Gegenteil. Und immer nur Unternehmer anzuklagen, die partout keine Arbeitsplätze schaffen wollen, wird allmählich langweilig und hilft nicht weiter. Wenn sie keine schaffen, dann machen wir als Gesellschaft und als Staat offenbar ein paar gravierende Fehler, denn *eigentlich* ist es das ureigenste Interesse von Unternehmen, zu wachsen, Arbeitsplätze zu schaffen und Geld zu verdienen. Und wenn das Geldverdienen auf andere Weise – am Kapitalmarkt, ohne Arbeitsplatz-Klötze am Bein – besser und leichter geht, wer ist dann wohl schuld? Die Unternehmer?

Eekhoff macht sich keine Illusionen darüber, daß sein Modell in allernächster Zeit angewandt wird. »Natürlich ist die Formel nicht aufgenommen worden. Keine Gewerkschaft wird sich so ohne weiteres heute bereit erklären, von irgendeinem Wissenschaftler, der sich auch noch liberal nennt, so was zu übernehmen. Das ist erst einmal tabu. Man hat nur dann gewonnen, wenn sie das nach ein paar Jahren selber erfinden, wenn dieser Gedanke irgendwo haftenbleibt und sie später sagen: Jetzt haben wir eine Idee, wie man das machen kann.« Eekhoff räumt ein, daß die Gewerkschaften zur Zeit recht zurückhaltend mit ihren Lohnforderungen seien. Aber nach seiner Erfahrung handelt es sich dabei nicht um eine nachhaltige Erkenntnis: »Das hält nur so lange an, bis sie wieder das Gefühl haben, daß die noch vorhandenen Arbeitsplätze sicher sind.« Bedauerlich und »unsozial« sei die Tatsache, so Eekhoff weiter, daß mittlerweile zwischen Gewerkschaften, Unternehmen und Regierungspolitik unausgesprochene Übereinstimmung bestehe, diejenigen auf Dauer auszugrenzen, die mal draußen sind. Sicherlich nicht bewußt als Ziel formuliert, aber praktisch als Konsequenz der konkreten Politik.

Häufig taucht als Argument für Lohnsteigerungen – auch über die Produktivität hinaus – die Stärkung der Kaufkraft auf. Was ist davon zu halten, wenn gesagt wird: Sobald die Menschen mehr im Portemonnaie haben, werden sie mehr kaufen, dadurch setzen Unternehmen mehr ab und brauchen mehr Arbeitskräfte. Eekhoff hält diesen Gedankengang für einen großen Irrtum, und seine Erklärung leuchtet ein: »Wenn ein Unternehmen den Mitarbeitern mehr Lohn zahlt, entsteht nicht mehr Kaufkraft, sondern es werden Mittel vom Unternehmen auf die Mitarbeiter umverteilt. Selbst wenn die Mitarbeiter mit dem zusätzlichen Geld ausschließlich Produkte ihres Arbeitgebers kaufen, fließt im günstigsten Fall nur das gesamte Geld in das Unternehmen zurück. Das Unternehmen hat nicht mehr Geld als vorher, aber es hat den Mitarbeitern Produkte im Wert der ›Kaufkrafterhöhung‹ geliefert – letztlich geschenkt. Wenn aber schon vorher Kosten- und Rentabilitätsprobleme bestanden, sind diese nicht verringert, sondern verschärft worden. Das Unternehmen wird eher mit einem Personalabbau als mit der Einstellung zusätzlicher Mitarbeiter auf die aus Kaufkraftgründen erhöhten Löhne reagieren.«

Immer wieder werden in diesem Zusammenhang die USA als abschreckendes Beispiel genannt. Arbeitnehmer mit geringer Qualifikation, so heißt es, hätten seit 25 Jahren keine Lohnsteigerungen mehr bekommen, sondern sich vielfach mit Lohnsenkungen abfinden müssen. Ein Teil von ihnen verdiene so wenig, daß man sie als *working poor* bezeichnen müsse. Das stimmt. Etwa drei Prozent der Arbeitnehmerhaushalte in den USA schaffen es nicht, sich durch eigene Arbeit zu ernähren. Andererseits bezieht sich der enorme Zuwachs von Arbeitsplätzen in den USA überdurchschnittlich auf qualifizierte Tätigkeiten. Von 1970 bis heute ist die Zahl der Arbeitsplätze in den USA um 60 Prozent gestiegen, in Westdeutschland nur um 7 Prozent. Jeden Monat kommen in den USA netto 200 000 Arbeitsplätze dazu, während in Deutschland gleichzeitig 30 000 verlorengehen. Und – ganz wichtig: Bezieht man Lebensstandard und Kaufkraft mit ein, kann man sagen, daß der durchschnittliche amerikanische Arbeitnehmer nicht weniger verdient als der durchschnittliche deutsche. Und das will was heißen, weil wir den Billiglohnschwanz, der den Amerikanern den Durchschnitt versauen müßte, gar nicht dranhaben. Man muß schon beide Seiten betrachten, um ein vollständiges Bild zu bekommen. Wenn wir nun – was die schlechte Seite der Medaille angeht – keine »amerikanischen Verhältnisse« wollen, dann müssen wir auf folgendes achten: Durch die hohe Zahl der Arbeitslosen entsteht hierzulande ein zweifacher Schaden: Es werden keine wirtschaftlichen Leistungen erbracht, und die Sozialsysteme werden extrem belastet. Das hat zu der Regelung geführt, daß die staatliche Unterstützung um mindestens ein Viertel gesenkt wird, wenn der Empfänger eine zumutbare Arbeit ablehnt. Der Schritt ist mit Blick auf das Allgemeinwohl sicher richtig, sollte aber dringend ergänzt werden. Einmal – diese Forderung hat auch Donges erhoben – darf sich einer mit Arbeit nicht schlechter stellen als ohne. Und zum anderen muß das sogenannte Zusätzlichkeitskriterium abgeschafft werden, nach dem wirtschaftliche Aktivitäten von Sozialhilfeempfängern nicht in Konkurrenz zu marktüblichen Tätigkeiten stehen dürfen. Diese Bestimmung war vermutlich gut gemeint und als Schutz für Erwerbstätige in unteren Lohngruppen gedacht, ist aber letztlich für Sozialhilfeempfänger eine Fußangel auf dem Weg zu mehr Eigenständigkeit. Menschen nach ihren Fähigkeiten tätig werden zu lassen sollte oberstes Gebot sein.

Eekhoff kommt noch einmal auf die Regel zu sprechen, auf die wir uns in den achtziger Jahren weitgehend besonnen haben: Lohnzuwächse an Produktivitätssteigerungen zu orientieren. Tarifparteien und Politik haben versäumt, diese Regel an die Arbeitslosigkeit anzupassen, die sich während der siebziger Jahre aufgebaut hatte. Jetzt komme es darauf an, die neue Regel, die den Stand der Arbeitslosigkeit mit einbezieht, den Menschen so plausibel zu machen, wie ihnen die alte war. Denn nur dann wird die neue Regel durchsetzbar sein und eine ähnlich friedenstiftende Wirkung entfalten können wie die alte unter den alten Bedingungen.

Wie die Äußerungen einiger Gewerkschaftsführer zeigen, ist denen sehr wohl klar, daß es eigentlich nicht so weiterlaufen kann wie bisher. In ihrer Rolle als Verband haben sie natürlich ebenso ein großes Interesse daran, das, wofür sie sich jahrelang eingesetzt haben, nicht plötzlich als überflüssig erscheinen zu lassen. Sie stecken ohne Zweifel in einer Zwickmühle. Sicher ist es auch eine schwierige Aufgabe, wirtschaftliche Erfordernisse im Sinne von Allgemeinwohl abzugrenzen gegen ausschließlich egoistisch motivierte Forderungen einzelner, die lediglich als Allgemeinwohl verkauft werden. In dieser Disziplin sind Arbeitgeber genauso erfindungsreich wie Gewerkschaften.

Die »völlig falsche Lohnpolitik«, die Eekhoff zu Beginn als schwerwiegendsten wirtschaftspolitischen Fehler bezeichnet hat, bezieht sich auch auf Arbeitsbeschaffungsmaßnahmen, die sogenannten ABM-Stellen. »Es ist absurd, für eine sozialpolitische Maßnahme Tariflohn zu zahlen.«* Auf die Idee war ich noch gar nicht gekommen und will es nicht glauben: Der Staat

---

* Derzeit können vom Tariflohn 10 Prozent abgezogen werden, ab 1998 sollen es 20 Prozent sein.

formuliert eine sozialpolitische Hilfe, und Dritte bestimmen, wie teuer das wird. Aber wundern darf man sich nicht. Damit bleiben wir ganz im Stil unserer Finanzverfassung, die es nahezu flächendeckend ermöglicht, daß diejenigen über Maßnahmen befinden, die sich um die Finanzierung der Folgekosten keine Sorgen machen müssen.

Doch der Unsinn staatlicher Alimentierung von Arbeitsplätzen beginnt nicht erst bei der tarifvertraglichen Bezahlung von ABM-Maßnahmen. Er liegt im System. Das wird denjenigen, die durch solche Programme der Arbeitslosigkeit entronnen sind, schwer einleuchten. Aber es trifft dennoch zu. Zwei konkrete Beispiele, die mir ein emeritierter Wirtschaftsprofessor beiläufig erzählt hat, sollen die Absurdität erläutern. Eine ostdeutsche Unternehmerin betreibt eine Maschinenfabrik mit etwa 100 Beschäftigten. Sie hatte die Firma aus einer Konkursmasse übernommen und wieder flott gemacht. »Der Absatz stimmt, die Kosten stimmen, die Bilanz stimmt, und dennoch bin ich bald pleite«, mußte sie feststellen, als der Nachbarbetrieb zu 100 Prozent Kurzarbeitergeld aus der Kasse der Treuhand bekam. Das war pro Kopf höher als der Lohn, den sie zahlte. »Die kriegen mehr als wir und tun gar nichts«, beschwerten sich ihre Leute und forderten die Differenz. »Wenn ich darauf eingehe, dann kann ich dichtmachen.« So oder ähnlich spielen sich heute Geschichten rund um Arbeitsplätze ab. Durch gute Kontakte und persönlichen Einsatz ist es dem Emeritus in einigen Fällen gelungen, das Schlimmste abzuwenden. »Aber was man in dieser Republik für einen Krach machen muß, bevor solcher Stuß abgestellt wird, ist unglaublich«, ereifert er sich. Oder: Ein Telekom-Mitarbeiter berichtet von seinen Erfahrungen in Rostock. Er interessierte sich für technisches Personal von Werften, dem Arbeitslosigkeit bevorstand. Er brauchte händeringend Fachleute. Die aber winkten ab und vertrösteten ihn auf später, denn erst wollten sie die Abfindungen des Sozialplans einstreichen, die sie durch einen nahtlosen Übergang in eine andere Beschäftigung verloren hätten. Das ist pervers und nicht sozial.

Für pure Augenwischerei in bezug auf den Arbeitsmarkt hält Eekhoff Altersteilzeitarbeit und Teilrente. Er macht die Absurdität an folgendem Beispiel deutlich. Wenn sich jemand mit Vollzeitarbeitsplatz bereit erklärt, auf 50 Prozent zurückzugehen und sich diesen Arbeitsplatz mit jemand anderem zu teilen, dann bekommt er nicht etwa 50 Prozent seines bisherigen Lohns, sondern 70, und von der Sozialversicherung werden ihm sogar 90 Prozent seiner vormaligen Ansprüche zugebilligt. (Genau gesagt verhält es sich so, daß die Ansprüche bei der Kranken- und Pflegeversicherung sogar zu 100 Prozent erhalten bleiben und die Bundesanstalt für Arbeit die Beiträge zur Rentenversicherung auf 90 Prozent aufstockt.) Das bedeutet, daß ein Arbeitsplatz, der bislang mit unmittelbaren Kosten von 100 Prozent verbunden war, plötzlich Kosten von 140 verursacht, in der Sozialversicherung sogar von mehr als 180. »Dann kann ich nicht mehr verstehen, was wir da eigentlich tun.« Eekhoff zuckt die Schultern. Das Schlimme dabei ist, daß die meisten Bürger solche Maßnahmen als Erfolg beklatschen und diejenigen Politiker zum Teufel jagen würden, die sich hinstellen und sagen: So einen Blödsinn mache ich nicht mit. Was deplazierten Applaus betrifft, da greift Eekhoff noch einmal auf den Beginn unseres Gesprächs zurück: »Es ist erschütternd«, sagt er, »wenn man sieht, welchen Beifall Leute bekommen, die eine Baustelle besetzen. Und das ist für mich der Hauptengpaß: Wie kommen wir dahin, daß Menschen besser begreifen, wie sie die eigenen Chancen kaputtmachen?«

Es ist an der Zeit, darauf hinzuweisen, daß die Schwierigkeiten auf dem deutschen Arbeitsmarkt *auch* eine Frage der Kosten sind, aber nicht *nur* aus den unbestreitbaren Kostenproblemen resultieren. Der ehemalige baden-württembergische Ministerpräsident Lothar Späth, seit 1991 Chef der Jenoptik AG Jena (früher Carl Zeiss Jena), brachte das in einem Vortrag im Mai 1997 schnörkellos auf den Punkt: »VW produziert zu 44 Mark Stundenlohn in Wolfsburg, zu 36 Mark in den neuen Bundesländern, zu 20 Mark in Barcelona, zu 4,80 Mark bei Skoda und zu 92 Pfennig in Schanghai. Also senken wir unsere Löhne auf 92 Pfennig, dann sind wir mit den Chinesen wettbewerbsfähig...? Im Grunde ist doch jedem klar, daß das ein Hirngespinst ist.« Fazit: Ein Hochlohnland wie das unsere kann seinen Standard nicht allein durch Kostenmanagement halten, sondern nur mit neuen Ideen und Produkten – unterstützt von Strukturänderungen. Wir müssen schlicht produktiver sein.

Eine oft vorgebrachte Forderung lautet: Baut endlich die Überstunden ab, das schafft soundso viel Arbeitsplätze. Das klingt gut und logisch, erweist sich in den allermeisten Fällen jedoch als weltfremd. Theoretisch, rein mathematisch, mögen sich daraus eine Menge zusätzlicher Arbeitsplätze errechnen lassen. Die praktische Arbeitswelt funktioniert aber anders, und das weiß auch jeder! Weil weder die Menschen noch die durch sie bestimmten Wirtschaftsabläufe normiert sind, muß ein Betrieb flexibel auf Nachfrageschwankungen reagieren und sich gezielt mit jenen Leuten eindecken können, die eine bestimmte Aufgabe optimal erfüllen. Es ist unrealistisch, von einer übers Jahr verteilten gleichmäßigen Auftragslage auszugehen. Da gibt es Flauten und Spitzen. Und es ist ebenso unrealistisch, auf kostenlose Austauschbarkeit von Personen zu bauen. Für die Stammbelegschaft rechnet sich die Einstellung, zusätzliche Arbeitsplätze rechtfertigt das jedoch noch lange nicht, schon gar nicht mit dem ganzen Drum und Dran an Zusatzkosten und der in Kauf genommenen Unmöglichkeit, auch wieder schrumpfen zu können. Oder: Ein Unternehmer beschäftigt einen Fünfzigjährigen mit viel Erfahrung, den er von Fall zu Fall Überstunden machen läßt. Niemand wird ernsthaft behaupten wollen, daß ein zwanzigjähriger Berufsanfänger die Aufgaben in der gleichen Zeit genauso gut erledigt. Oder: Jemand arbeitet intensiv projektbezogen. Dessen Überstunden mit einer projektfremden Arbeitskraft in eine zusätzliche Stelle zu verwandeln ist die pure Theorie, eine total lebensfremde Annahme, die allenfalls politisierenden »Praktikern« einfällt, aber keinem ernstzunehmenden – auch theoretisch ausgerichteten – Ökonomen. Wir schaffen es ab einer gewissen beruflichen Qualifizierung ja nicht einmal, Teilzeitarbeitsplätze anzubieten mit Hinweis auf die Schwierigkeiten fehlender Kommunikation und exakter Abgrenzung der Aufgaben. Lösen sich diese Probleme in Luft auf, sobald die entsprechende Arbeit in Überstunden geleistet wird?

Was ist von staatlichen Beschäftigungsprogrammen zu halten, von denen sich die SPD soviel verspricht und an denen auch die CDU nicht vorbeizukommen glaubt? Da liegen Modelle in der Schublade, die dafür mal eben 10 Milliarden Mark über Mehrwert- und Mineralölsteuer abschöpfen wollen. Lohnt sich das? Altbundeskanzler Helmut Schmidt hat sich veranlaßt gesehen, seinen Nachfolgern den Kopf zu waschen. Solche Methoden hat er zu seiner Zeit auch versucht und mußte die Erfahrung machen, daß diese Dinge nicht wirklich helfen und auf lange Sicht meist sogar noch zusätzliche Kosten »produzieren«. Bei aller Kritik an »amerikanischen Verhältnissen« dürfen wir nicht die Augen davor verschließen, daß dort Arbeitsplätze ohne »aktive Arbeitsmarktpolitik« geschaffen wurden, ohne Umverteilung von Arbeit durch den Staat, ohne ABM-Maßnahmen. Staatliche Rettungsaktionen für in Not geratene Unternehmen gibt es kaum, Sozialpläne beim Abbau von Arbeitsplätzen sind unbekannt.

Eekhoff steuert eine kleine Geschichte zur Illustration bei, damals war er noch Abteilungsleiter im Bundesbauministerium: Ein Kollege, zuständig für Städtebau, schwärmte in einer Sitzung, an der auch der Minister teilnahm, vom sogenannten Städtebaumultiplikator. Damit war folgendes gemeint: Wenn der Staat eine Mark in diesen Sektor investiert, dann erhöht sich das Investitionsvolumen insgesamt und damit dann auch das Volkseinkommen auf ein Vielfaches. Das finanzielle Engagement des Staates sozusagen als Initialzündung mit Sogwirkung. Der Städtebau-Abteilungsleiter verkündete freudestrahlend, man habe jetzt ausgerechnet, daß dieser Multiplikator 26 betrage. Eine staatliche Mark bewirkt also angeblich 26 Mark privates Engagement. Da Eekhoff als Ordinarius gerade frisch von der Hochschule ins Ministerum gewechselt war, fragte ihn der Minister nach seiner Meinung. Eekhoff antwortete: »Alles, was ich aus wissenschaftlichen Untersuchungen dazu kenne, besagt, daß der Staat unheimlich froh sein kann, wenn der Multiplikator 1 ist. Das heißt nämlich, daß der Staat mit dem Geld, das er ausgibt, genauso sinnvoll und wirtschaftlich umgeht wie diejenigen, denen er das Geld weggenommen hat. Wenn der Multiplikator 1 ist, passiert auf der gesamtwirtschaftlichen Ebene gar nichts. Sondern wir können nur sagen: Das, was die anderen nicht mehr haben, verursacht keine größeren Schäden als das, was der Staat mit dem Geld macht.« Allein der für Städtebau zuständige Abteilungsleiterkollege mochte es nicht glauben und beeilte sich zu sagen: »Aber 20 ist der Multiplikator bestimmt, Herr Minister!«

Es ist modern geworden, von Runden Tischen à la Kanzlerrunde das Heil zu erwarten. Die Idee, Entscheidungsträger aus allen möglichen Ecken zusammenzutrommeln, um in direkten Verhandlungen Lösungen zu erarbeiten, hat zweifellos etwas Bestechendes. Dennoch ist mir im Laufe der Recherchen enorm viel Skepsis begegnet, die mit der Zeit auf mich abgefärbt hat. Als ich Eekhoff damit konfrontiere, daß ich auf so wenig Liebe für dieses im Kanzleramt plazierte Möbelstück gestoßen bin und einen meiner Gesprächspartner mit den Worten zitiere: »Wir brauchen keine Runden Tische, sondern endlich mal Menschen, die entscheiden«, lacht er nur. »Man kann sogar noch einen Schritt weiter gehen«, sagt er, »auch an Runden Tischen wird entschieden – nur das Falsche.« Eine kühne Behauptung, die er plausibel erklärt: »Runde Tische – das klingt nach Konsens, man setzt sich zusammen, man redet wieder miteinander. Dabei wird übersehen, daß es Regelverstöße im Konsens sind.« Mit Blick auf diverse Runde-Tisch-Aktionen faßt er zusammen: »Man kann immer wieder feststellen, daß sie am besten und schnellsten zu Ergebnissen kommen, wenn diejenigen, die belastet werden sollen, nicht mit am Tisch sitzen. Und dafür sorgt man.« Er konkretisiert diesen Vorwurf ebenso verblüffend wie logisch: »Am Tisch sitzen nie die Steuerzahler. Wir werden nie erleben, daß sie Herrn Däke (den Präsidenten des Steuerzahlerbundes) oder jemand Vergleichbaren dazu einladen. Es sitzen nie die Vertreter der jüngeren Generation dabei, ebensowenig diejenigen, die investieren sollen. Dafür sitzen am Tisch solche, die ihr Geld bereits investiert haben. Aber wir brauchen eigentlich diejenigen, die sagen, ich *könnte* hier investieren, wie sind die Bedingungen?« In der Konsequenz heißt das: »Man verstößt ständig gegen vitale Interessen derer, die als Steuerzahler das Ganze tragen müssen, der künftigen Generationen und derer, die eigentlich das Ruder herumreißen könnten, nämlich der Investoren. Das Ergebnis ist regelmäßig eine Zusatzbelastung, die uns das

Leben schwermacht.« Nach Eekhoffs Einschätzung kostet jede Kanzlerrunde etwa eine Milliarde Mark. »Man will ja was vorzeigen, man kann doch nicht aus dem Kanzleramt wieder rauskommen und sagen, es war nix. Und der Kanzler kann auch nicht sagen, wir haben uns nett unterhalten, aber eigentlich nichts gemacht.« Stimmt, irgendein Programm, irgendeine Hilfe wird meist beschlossen, und unter einer Milliarde geht es selten ab. Für weniger kommt diese erlauchte Runde erst gar nicht zusammen.

Nun darf man natürlich nicht in bewährter Entweder-oder-Manier das Kind mit dem Bad ausschütten. Runde Tische haben ihre Berechtigung an ganz anderer Stelle: überall dort, wo es gilt, Sachverstand aus unterschiedlichen Bereichen anzusammeln, um sich kurzfristig kundig zu machen und die Ergebnisse dann einem Entscheidungsgremium vorzulegen. Eekhoff steuert eine konkrete Geschichte aus seiner eigenen Erfahrung bei. Als am 9. November 1989 die innerdeutsche Grenze fiel, saßen Funktionsträger diverser Bereiche zwei Tage im Kanzleramt zusammen, um auf mögliche Szenarien handfest vorbereitet zu sein. Dabei ging es um so simple Geschichten wie diese, daß westdeutsche Tankstellen dem erwarteten Trabi-Ansturm nicht Herr werden könnten – das Benzin-Öl-Gemisch war im Westen nicht so gefragt – mit der Folge, daß diese Autos überall im Lande hängenbleiben. Man hat also die Bundeswehr mit entsprechenden Tanklastwagen in Marsch gesetzt, die Wohlfahrtsverbände und deren Logistik eingebaut und ähnliche Vorkehrungen für denkbare Varianten getroffen.

»Für solche Dinge sind Runde Tische gut«, betont Eekhoff, »aber für Regelungen, wie man ein Wirtschaftssystem wieder in Gang bringt, wie man Regeln verändert, weil es mit den bestehenden nicht mehr klappt – dafür taugt das Instrument nicht, weil die falschen Leute zusammenkommen. Bündnis für Arbeit ist Bündnis gegen Nicht-Arbeitende.« Stimmt. Denn was wurde in Angriff genommen? Beschäftigungsgarantien für diejenigen, die Arbeit haben. Eekhoff setzt noch einmal nach: »Alle Ergebnisse aus Kanzlerrunden haben mittelfristig Kosten ausgelöst, welche die Probleme nur verschlimmert haben.«

Konsens als untaugliches Mittel der Politik? Das wird den harmoniebedürftigen Deutschen in ihrer Mehrheit aber gar nicht schmecken.

Beim Schreiben dieses Buches war ich hin und wieder versucht, eine spezielle Technik anzuwenden, die ich im Vorläufer »Jetzt mal ehrlich« an einer Stelle – erfolgreich – ausprobiert habe. Der Kniff besteht darin, zunächst nur von einem Gespräch zu berichten, ohne den Gesprächspartner namentlich zu nennen, und erst zum Schluß aufzudecken, um wen es sich handelt. Damit wollte ich erreichen, daß die *Aussagen* desjenigen im Vordergrund stehen und nicht sein möglicherweise ramponiertes Image. Diese zutiefst dumme Angewohnheit praktizieren ja auch intelligente Menschen, wie ich neulich bei einer Ausgabe der Sendung »Privatfernsehen« feststellen mußte, als sich der scharfzüngige Friedrich Küppersbusch sinngemäß zur Formulierung hinreißen ließ: Wenn Jörg Haider für die Verschiebung des Euro eintritt, dann ist allein das für mich Grund genug, dagegen zu sein.

Um solchen Mechanismen vorzubeugen, hatte ich beim Thema Gesundheitssystem meinen Gesprächspartner Jürgen Möllemann bis zum Schluß »verheimlicht«. Leserreaktionen zeigen, daß meine Rechnung aufgegangen ist. »Hätte ich von Anfang an gewußt, mit wem Sie da reden, wäre ich gleich auf Distanz gegangen. So aber fand ich vieles nachdenkenswert.« Damit das klar ist: Selbstverständlich muß ich mich für die Quelle einer Aussage interessieren, um sie beurteilen zu können. Aber erst einmal will ich so unvoreingenommen wie möglich zuhören.

Kurz und gut – den Namen meines nächsten Gesprächspartners erfahren Sie später. Ich nenne ihn Konrad. Er ist studierter Ökonom und international erfahren. Als erstes konfrontiere ich ihn mit einer typischen Journalistenfrage: Können Sie mir sagen, was in unserem System, das wir als »Soziale Marktwirtschaft« bezeichnen, falsch läuft? Ich dachte, jetzt muß er erst einmal überlegen, denn es ist unbequem, auf solche allgemein gehaltenen Fragen zu antworten. Aber weit gefehlt. Als sei es das Selbstverständlichste von der Welt, sagt er: »Wir kultivieren den Homo ludens (den spielenden oder spielerischen Menschen) in einer Weise, daß das wahrscheinlich auch unseren spielerischen Fähigkeiten am Ende Abbruch tut.« Sie merken schon, Konrad befleißigt sich einer Ausdrucksform, mit der man höflich und beinahe liebevoll jemandem sagen kann, daß er ein Trottel ist. Was er mit diesem Satz meint, erklärt er so: »Die importierten Kulturtechniken derer, die im Sozialismus mit größerer Disziplin erzogen wurden, sind ja durchaus wertvoll. Da können Leute Sprachen, weil sie die richtig gelernt haben. Was in Tschechien, Ungarn oder auch in den neuen Bundesländern an solchen Fähigkeiten vorliegt, das sollte uns eigentlich zu denken geben, ob unser eigenes, etwas nachlässiges 68er-Bildungssystem noch zeitgemäß ist.« Auf gut deutsch: Die pauschale Verteufelung der »Sekundärtugenden« wie Disziplin, Pünktlichkeit und Fleiß beginnt sich zu rächen. Die Abwehr von übermäßigem Leistungsdruck darf nicht dazu führen, Leistung generell für etwas Unmenschliches und Schlechtes zu halten. Nur »spielerisch« und »lustvoll« werden wir die Kurve nicht kriegen. Wer Kreatives umsetzen will, braucht Disziplin. Alles andere ist Augenwischerei. Konrad hatte unmittelbar vor unserem Gespräch eine Firma mit dem beziehungsreichen Namen Oak Tree, also Eiche, in Richmond, USA, besucht. Dabei handelt es sich um eine Kooperation zwischen Siemens und Motorola. Er erzählt ganz begeistert vom Leuchten in den Augen der Siemens-Mitarbeiter – »ich weiß, wie frustriert viele Siemens-Leute in Deutschland sind«. In Richmond sei eine solch mitreißende Dynamik zu spüren, soviel Einsatz und Begeisterung, »die stören in München (der Siemens-Zentrale) in ungeheurer Weise – im positiven Sinne. Die arbeiten wie die Pferde, sie werden aber erkennbar erfolgreich, und das trägt.«

Zwangsläufig kommt Konrad an dieser Stelle auf Elite zu sprechen und bringt ein für mich neues Argument in die Diskussion, warum sich Deutsche mit Elite so schwer tun: »Vielleicht hatten unsere Generationen immer wieder das Gefühl von Schuld und Nicht-Sicherheit, Regeln an die nächste Generation zu vermitteln.« Das ging wohl seinen Eltern mit ihren Eltern so, die aus dem Kaiserreich stammten, vermutet er, dann seinen Eltern mit ihm, weil sie über die Zeit des Dritten Reiches selber nicht hinwegkamen und bei der Vermittlung von Werten zögerlich waren. Dann folgte der Umbruch vom Nachkriegsmief in die antiautoritäre Phase. »Daraus wurde auch eigentlich nichts – außer einer Enttäuschung«, kommentiert Konrad, »man merkte zwar, daß es nicht klappt mit der praktischen Umsetzung, aber eine neue Gestalt wurde nicht daraus.« Fazit: Wir sind eine Gesellschaft, die sich – was Vermittlung von Werten und Prinzipien anlangt – schwerer tut als unsere Nachbarn.

Auf dieser Basis schleichen sich (Vor)urteile ein, die dazu führen, daß wir uns ständig selbst im Weg stehen. Beispielsweise ist Wettbewerb bei uns immer mit der falschen Vorstellung verbunden, daß einer gewinnt, was der andere verliert. Die Denkfigur des Nicht-Nullsummenspiels – also eines Spiels mit einer »positiven Summe« – existiert nicht in der Öffentlichkeit, wenn von Wettbewerb die Rede ist. Was der eine gewinnt, muß dem anderen abgenommen worden sein; daß alle Beteiligten gewinnen, ist deutschem Denken fremd. Obwohl Konrad eher britisch unterkühlt wirkt und sich überwiegend einer aristokratischen Ausdrucksweise bedient – er kann auch anders: »Die Idee von Adam Smith, daß Arbeitsteilung funktioniert und alle reicher macht, wird bei uns intuitiv abgelehnt. So ein Quatsch.« Um seine Erziehungsversuche in dieser Richtung unterhaltsamer zu gestalten, greift er auf die Figur des Robinson Crusoe zurück, erzählt er. Der eine braucht den anderen, und beiden geht es besser. Als Robinson Crusoe der einzige Schiffbrüchige auf der Insel ist, fällt ihm das Überleben extrem schwer. Als Freitag schließlich erscheint und beide spezialisiert zusammenarbeiten, bewältigen sie den Alltag leichter als im Zustand der Isolation, oder anders ausgedrückt: der Autarkie. Die Abenteuergeschichte von Daniel Defoe eignet sich offenbar auch sehr gut, andere ökonomische Zusammenhänge klarzumachen. Konrad scheint Spaß daran zu haben: »Robinson Crusoe hat auf Fisch verzichtet, hat nicht mehr mit Steinen und Speeren nach den Fischen geworfen, sondern hat sich drei Tage hingesetzt und ein Netz geknüpft. Er hat drei Tage auf Fisch verzichtet, und danach konnte er viel erfolgreicher fischen.« Das ist der Zusammenhang zwischen Konsumaufschub – also Sparen –

und lohnender Investition. Vorübergehende Einschränkung ermöglicht künftig bessere Versorgung. Mit der sogenannten Robinson-Freitag-Parabel des österreichischen Zinstheoretikers Eugen von Böhm-Bawerk (1851–1914) kann man auch den Zusammenhang von Geldleihe und Zinszahlungen erklären. Ganz einfach: Robinson möchte besagtes Netz knüpfen, um besser fischen zu können. Damit er während der Knüpfarbeiten nicht verhungert, leiht er sich die Hälfte von Freitags Tagesfang. Beide treten also kürzer, damit das Investitionsgut »Netz« erzeugt werden kann. Aus dem erhöhten Fang durch die verbesserte Methode kann Robinson nicht nur die Anzahl der geliehenen Fische an Freitag zurückgeben, sondern ihn darüber hinaus aus seinem Mehrertrag für den geleisteten Konsumverzicht – er hat schließlich auch weniger Fisch gegessen – belohnen. Das ist der Zins.

Zurück zu Konrad. Es mag sich überheblich anhören, was er jetzt sagt, aber ich bin sicher, es bedrückt ihn wirklich, daß sich die Vermittlung wichtiger Grundsachverhalte in der Wirtschaft so schwierig gestaltet, und zwar auch bei hochqualifizierten Kräften. »Wenn ich vor Ingenieuren spreche und denen die komperativen (also vergleichenden) Kostenvorteile erkläre, die besagen können, daß wir das technisch versierteste Stahlwerk der Welt möglicherweise schließen müssen, weil wir dadurch insgesamt reicher werden – dann sehe ich in entgeisterte Gesichter.« Das ist in der Tat – jedenfalls für Nichtökonomen – schwer nachvollziehbar. Aber eine Eselsbrücke soll helfen, die Behauptung zu stützen, daß in einer arbeitsteiligen Welt die relative und nicht die absolute Überlegenheit beim Produzieren zählt. Man stelle sich Albert Einstein und seine Haushälterin vor. Weiter nehmen wir mal an, daß Einstein besser kochen und backen und schneller putzen kann als seine Hilfe. Soll er nun – analog zum technisch versiertesten Stahlwerk der Welt – den Job seiner Haushälterin machen? Sicher nicht. Weil ihn das von der Tätigkeit ablenkt, in der er ein Jahrhundertgenie ist. »Aber das muß Ihre Zuhörer doch nachhaltig irritieren«, frage ich eingedenk seiner Autorität in Wirtschaftskreisen. Er winkt ab. Eine gewisse Irritation halte lediglich vor, solange er anwesend sei. »Sie müssen schon eine Institution sein, bevor aus einer kurzzeitigen eine nachhaltige Irritation wird.« Als er fortfährt, schwingt plötzlich Bedauern mit, das stellenweise sogar resignativ klingt. Warum hat sich das Wirtschaftsministerium dieser Aufgabe nicht gestellt? Denkbar wäre das doch. Warum kommen keine Impulse aus den Hochschulen? Selbst wenn jetzt dort Korrekturen eingeleitet würden, müßten wir schätzungsweise zwanzig Jahre auf die Ergebnisse warten.

Konrads Vertrauen in die Handlungsfähigkeit von Menschen aufgrund von Erkenntnissen ist verschwindend gering. »Ich muß gestehen«, räumt er ein, »ich bin der Hypothese, daß uns nur noch die Sonthofen-Strategie, also die Krisenstrategie, rasch helfen kann, näher, als ich es je in meinem Leben war.« Das heißt, es muß schlimmer kommen, es muß uns schlechter gehen, bevor wir uns dazu aufraffen, Dinge zu tun, die wir bereits als richtig erkannt haben. Ein solches Verhalten schmerzt Konrad, und in seinem Sprachstil liest sich das so: »Das ist furchtbar, und ich wehre mich ja immer noch dagegen, aber es ist nicht übermäßig viel Evidenz aufzutreiben, daß wir durch Einsicht bewegbar wären.« Dann wird er wieder bildhaft: »Ohne daß wir es spüren, ohne daß der Finger blau wird, tun wir offenkundig nichts.« Und er schließt diesen Komplex mit einer wenig schmeichelhaften Analyse: »Wenn wir im internationalen Kontext denken, dann müssen wir erkennen, daß wir relativ gesehen schneller sein müssen, um eine Situation zu bessern. Wenn wir dann tatsächlich den ersten Schritt in die richtige Richtung unternehmen, klopfen wir uns alle auf die Schulter und sagen: So! Prima! Und dann machen die anderen zwei Schritte, und wir sind tief beleidigt, daß nicht das Ergebnis eintritt, das wir uns versprochen haben.« Als ich ihn nach einem konkreten Beispiel frage, nennt er die Senkung des Spitzensteuersatzes, um den wir nach seiner Ansicht »in religiöser Weise« debattieren. Er sagt voraus, daß uns der Kompromiß, zu dem wir uns irgendwann durchringen, tief beeindrucken wird, wie mutig wir doch waren. Aber jeder, der sich international umschaut, weiß, daß sich die Körperschaftsteuersätze nicht irgendwo in fernen Ländern, sondern bei unseren direkten Nachbarn längst weiter nach unten bewegt haben und nennenswert von dem Ziel entfernt sind, das wir uns derzeit setzen. Ähnlich verhält es sich beim Thema Rentenreform, deren Verfalldatum Konrad mit höchstens zwei Jahren angibt, obwohl sie sinnvollerweise wenigstens für ein Jahrzehnt, besser für eine ganze Generation und noch besser für mehrere gut sein sollte. Seine Kommentare werden immer galliger: »Wenn man sieht, wie selbst dieses Konzept nicht nur von der Opposition, die ein bestimmtes Wahlziel hat, sondern von bedeutenden gesellschaftlichen Gruppen, die diese Fragen ja mitbewegen, behandelt wird und dann wahrscheinlich auch noch abgespeckt wird, bevor es endgültig entschieden ist – dann muß man befürchten, daß diese Gesellschaft eben doch hart aufdotzen muß, bevor sie was tut.«

Ganz gleich, ob es um Steuern, Renten oder Arbeitsmarkt geht – in jedem Gespräch ist irgendwann der Punkt erreicht, wo die deutsche Vereinigung eine Rolle spielt, auch wenn sie nicht bewußt thematisiert wurde. »Ich verstehe nicht«, leitet Konrad diesen Abschnitt ein, »wie Westdeutsche, nachdem diese Grenze weg war, unser anderes Deutschland einfach links liegenlassen oder rechts oder wie auch immer. Jedenfalls liegenlassen. Die sind nicht da! Die gehen da nicht hin!« Er erzählt eine kleine Geschichte. Es ergab sich in einem Restaurant irgendwo in Westdeutschland, daß einander unbekannte Leute zusammen an einem Tisch saßen. Während des Gesprächs wurde erkennbar, daß zwei von ihnen aus der ehemaligen DDR stammen. Die ungläubige Reaktion des westdeutschen Geschäftsmannes: »Aber Sie reden ja gar nicht wie die!« Ihm war entgangen, daß Sachsen nur eines der neuen Bundesländer ist und es ansonsten auch noch Mecklenburg-Vorpommern gibt, wo man ähnlich spricht wie in Schleswig-Holstein. Konrad ist der Vorfall heute noch peinlich. »Was haben wir bei der deutschen Vereinigung aus ökonomischer Sicht alles verpennt?« will ich von ihm wissen und er antwortet wie aus der Pistole geschossen: »Fast alles!« Er überlegt kurz und wiederholt unbeirrt: »Fast alles!« Ähnlich wie einige Verfassungsrichter hatte auch Konrad erwartet, daß diese historische Situation zu neuen Weichenstellungen genutzt worden wäre. Denn es war ja kein Exklusivwissen irgendwelcher

Geheimzirkel, daß eine ganze Reihe westdeutscher Strukturen auf Dauer nicht haltbar war und nach Reform verlangte.

Was wäre diese Zäsur für eine Chance gewesen, allen Deutschen Umstellungen zuzumuten, nicht nur denen im Osten. Der nicht marktgerechte Wechselkurs regt Konrad dabei überhaupt nicht auf. Im Gegenteil, er zeigt sich enttäuscht, wie unangemessen von ihm geschätzte Wirtschaftsexperten dieses Kriterium betonen und als Kardinalfehler der deutschen Vereinigung hinstellen. »Was haben wir denn schon gemacht?« wiegelt Konrad ab. »Wir haben Rentnern in der DDR, die so schlecht dran waren, daß wir ihnen in jedem Falle eine Verbesserung ihrer Position gewährt hätten, über den Umtausch von ein bißchen Kleingeld einige Milliarden mehr gegeben, als eigentlich an einem Markt sachgerecht gewesen wäre.« Diese Ausdrucksweise erinnert fatal an Hilmar Kopper, den ehemaligen Chef der Deutschen Bank, aber gesamtwirtschaftlich betrachtet, sind es wohl in beiden Fällen wirklich Peanuts. »Nachhaltig schädlich war das Überstülpen des westdeutschen Regulierungssystems, das unveränderte Verwenden unserer Steuerstruktur und unserer Subventions- und Sozialleistungsstruktur.« In der Praxis bedeutet das zum Beispiel, daß Frauen aus den neuen Ländern im Schnitt höhere Renten bekommen als ihre Geschlechtsgenossinnen in der alten Bundesrepublik. Das liegt an der – systembedingten – total unterschiedlichen Erwerbskarriere von Frauen in Ost und West. Finanziell kommt es darauf sicher auch nicht mehr an, aber Konrad hält das nicht für sachgerecht: »Das geht nicht übermäßig gut.«

Als nächsten groben Fehler nennt er – genau wie Eekhoff und viele andere – die Lohnanpassung an westdeutsches Niveau. »Wir hatten in Westdeutschland bereits Löhne, die wahrscheinlich an der Oberkante der Produktivität lagen und damit schon Wettbewerbsschwierigkeiten erzeugten. Wenn wir dann ein Land dazunehmen, dessen Produktivität kaum halb so hoch ist und in absehbarer Zeit auch nicht dahin zu bringen ist, dann können wir keine Lohnanpassungen dieser Art vornehmen.« Ich halte ihm das Standardargument entgegen: Wenn »drüben« nicht besser gezahlt wird, dann kommen die »rüber«. Er schüttelt den Kopf und lacht: »Ich habe Herrn Murmann,* der auch so redet, einen Faustkampf angeboten – dabei ist der 1,85 groß und ich nur 1,71. Aber so was Dummes habe ich selten gehört. In Deutschland läuft keiner davon, wenn er irgendwo ein niedrigeres Einkommen hat als an anderer Stelle. Vor allem dann nicht, wenn es dort, wo die Einkommen niedriger sind, eine bessere Perspektive gibt.« Konrad räumt ein, daß man den Müllmännern in Berlin natürlich nicht auf der einen Seite der Bernauerstraße höheren bzw. niedrigeren Lohn zahlen kann als auf der anderen. Aber das sei nicht gemeint, erregt sich Konrad: »Die haben gedacht, in Zwickau müssen sie Brötchenpreise nehmen wie auf der Düsseldorfer Kö. Ich habe gesagt, nein. Ihr solltet wissen, ihr bleibt auf euren Brötchen sitzen. Aber das ist doch der Marktpreis, kam dann entgegen. Nein, es ist nicht der Marktpreis. Reist mal in den Bayerischen Wald und guckt, was da die Brötchen kosten.« Kurz und gut, es hätte bedeutende »Erziehungsaufgaben« gegeben, wie es Konrad ausdrückt. »Aber an vielen dieser Stellen haben wir versagt«, resümiert er. Als dritten wichtigen Fehler nennt er die verpaßte Gelegenheit, westdeutsche Subventionen abzubauen.

Was den Arbeitsmarkt betrifft und die viel zu hohe Zahl der Arbeitslosen, da sieht er keinen Königsweg. Eine Patentlösung, die alle zufriedenstellt, wird es nicht geben. Er nimmt die Banken ins Visier und ermahnt sie, verstärkt Risikokapital zur Verfügung zu stellen. Er fordert als Bringschuld von Unternehmen, ihre Pläne offenzulegen, damit Dritte, die sich finanziell an deren Risiko beteiligen, wissen, was sie tun. Der »Herr-im-Hause-Standpunkt« erweise sich in Deutschland oftmals als sehr hinderlich.

Apropos Risikokapital. Wir haben in unserem Land nach übereinstimmender Auffassung zuwenig davon, aber nicht etwa, weil es grundsätzlich an Kapital fehlt, sondern weil wir unsere 9 Billionen Mark Privatvermögen anders – möglicherweise falsch? – einsetzen. Die Risikoscheu des deutschen Anlegers ist

---

* Dr. Klaus Murmann, ehemaliger Präsident der Bundesvereinigung der Deutschen Arbeitgeberverbände (BDA).

sprichwörtlich und sicher ein ernstzunehmendes Problem. In anderen Ländern stammen die meisten Risikokapitalbeteiligungen von Privatleuten. Allerdings ist da durchaus gang und gäbe, daß ein Erfinder den Investor mit 50 Prozent am Gewinn beteiligt. »Machen Sie das mal in Deutschland«, sagt Lothar Späth, der diese Art der Finanzierung begrüßen würde, »da kämen sie sofort in den Ruf eines Wucherers.« Er schildert den Unterschied, warum so etwas bei uns unmöglich, in den USA jedoch alltäglich ist. »Wenn das Projekt schiefläuft, wäre derjenige hierzulande das Gespött der Nation. In Amerika aber sagt der Kapitalgeber, der gerade erst sein Geld verloren hat, dem Erfinder: ›War wohl nichts mit deiner Idee – hast du vielleicht noch eine?‹ Und wenn der Erfinder zum zweiten Mal Bankrott geht, dann kriegt er beim dritten Mal mehr Geld, weil die Leute sagen: ›Der hat jetzt soviel Erfahrung, dem passiert das nicht mehr.‹« Das mag etwas übertrieben sein, illustriert aber den fundamentalen Unterschied in der Einstellung. Späth beschließt diesen Punkt sarkastisch: »Der deutsche Anleger gibt sich dagegen mit 5 Prozent Gewinnbeteiligung zufrieden, will aber im Gegenzug jedes Risiko ausschalten. Und die Banken geben dem Erfinder Geld, aber nur, wenn er ein beleihbares Häuschen und eine 99-Prozent-Bürgschaft vom Staat vorweisen kann. Die Deutschen denken in kleinen Risiken und kleinen Renditen – die Amerikaner denken in großen Risiken und großen Renditen.« Vielleicht hilft ihnen die Weite ihres Landes dabei...

Wieder zurück zu Konrad, der bei seiner Aufzählung der Hindernisse natürlich auch zementierte Löhne und Lohnnebenkosten nennt. »Warum sollen kleine Unternehmen nicht mit ihren neuen jungen Mitarbeitern vereinbaren dürfen, daß es zunächst statt sechs oder sieben nur dreieinhalb Wochen Urlaub gibt?« Er würde es begrüßen, dafür die Tarifautonomie nicht antasten zu müssen, und erwähnt den beinahe legendären Gewerkschaftsboß der Nachkriegszeit, Hans Böckler. Unter seiner Ägide sei es selbstverständlich gewesen, so Konrad, daß man im Tarifvertrag Mindestlohnbedingungen festlegt, die sich bei schlechter allgemeiner Lage anpassen lassen. Und schließlich, ganz wichtig: »Die Gewerkschaften sollten wenigstens bereit sein, für diejenigen, die neu rein wollen, andere Modelle zu akzeptieren.« Wie beurteilt Konrad die Gefahr von Lohndumping, und was ist davon zu halten, wenn einerseits Arbeitsplätze verschwinden und andererseits die Börse boomt? Geht es den Unternehmen besser, als sie behaupten? Wie kann man vor diesem Hintergrund einem Arbeitnehmer Lohnverzicht oder andere Einbußen plausibel machen? Das sei nur scheinbar ein Widerspruch, meint Konrad und antwortet mit einer Gegenfrage: »Wo werden Gewinne erzielt?« Ohne eine Reaktion von mir abzuwarten, fährt er mit einer Reihe rhetorischer Fragen fort: »Erzielt man die im heimischen Markt? Oder erzielt man die dadurch, daß man entschlossen Maschinen durch Arbeitskräfte ersetzt? Offenkundig ist das nicht der Weg, auf dem wir unser Problem Arbeitslosigkeit lösen.«

Hier sind wir auf eine hochsensible psychologische Schranke gestoßen. Es ist in der Tat schwer einzusehen, daß sich der langfristige Abbau von Arbeitsplätzen nicht nur auf Pleite-Unternehmen beschränkt, sondern daß sich auch Betriebe »personell entschlackt« haben, die im Aufschwung mehrstellige schwarze Zahlen schreiben. Der scheinbare Widerspruch löst sich rasch auf, wenn man den Faktor Zeit in die Analyse mit einbezieht. Die aktuellen Gewinne sind zu einem großen Teil Ausdruck vergangener Rationalisierungen: *Weil* während der Rezession Stellen abgebaut worden sind, präsentiert sich heute – im Aufschwung – die Gewinnentwicklung noch günstiger, als sie aufgrund von mehr Aufträgen und einer besseren Kapazitätsauslastung ohnehin ausgefallen wäre. Das ist aber noch lange kein Grund für Neueinstellungen. Denn neue Leute stellt man nicht ein, weil man Gewinne *macht*, sondern weil man Gewinne *erwartet*. Wenn gut laufende Unternehmen keine neuen Arbeitsplätze schaffen, dann rechnen sie damit, daß sich eine Aufstockung des Personals künftig nicht rentiert – sonst würden sie es natürlich tun, davon leben sie schließlich. Sie rechnen vielmehr aufgrund früherer Erfahrungen mit der nächsten »Lohnpeitsche«. Und die derzeitige Finanzpolitik taugt auch nicht zur Ermutigung unternehmerischer Aktivitäten.

Konrad erzählt mir, daß er nicht müde wird, den Unternehmen zu predigen, diese Zusammenhänge deutlicher in die

Öffentlichkeit zu tragen und auch die heimischen Gewerkschaftsfunktionäre besser aufzuklären.»Ich sehe sie doch schon alle«, meint Konrad, »die sich angesichts der Erfolgszahlen hinstellen und schreien: Hurra, die Strukturprobleme sind beseitigt. Und es wird – wie schon ein paarmal – ein verhängnisvoller Irrtum sein.« Er sagt, daß er den entsprechenden Informationsabteilungen in den weltweit tätigen Unternehmen ins Gewissen redet: »Könntet ihr bitte wahrnehmen, daß ihr nicht nur euren internationalen Investoren berichtet, sondern auch euren heimischen Gewerkschaftsfunktionären, die in der nächsten Runde wieder mit euch an einem Tisch sitzen.« Bemerkenswerterweise hängt Konrad an der Tarifautonomie. Sie müßte nicht in Gefahr sein, meint er, wenn sich die Gewerkschaften zu mehr Beweglichkeit entschließen könnten. Seine Prognose klingt brutal: »Wenn das Kriegsgeschrei anhält, werden die Institutionen, die dieses veranstalten, im Museum für Gesellschaftskunde landen und nicht Gestalter der Zukunft sein.« Dabei wäre doch gerade das eine attraktive Aufgabe. Konrad tut, als sei es seine, und formuliert als zukunftsweisende Kernbotschaft die Umgestaltung der extrem langen Ausbildungszeiten hin zu einem lebenslangen Lernkonzept. Das sollten Gewerkschaften offensiv vorbringen. In Nullkommanichts hätten sie ein positives Image.

Auch Konrad hat in seinem Betrieb mit tarifvertraglichen Fußangeln zu kämpfen und erzählt von seinen Erfahrungen. Auf optimale Ausbildung legt er größten Wert und bietet sie seinerseits auch an. »Wenn ich jemanden zur Ausbildung freistelle, das Gehalt weiterzahle und keinen Knebelungsvertrag mit ihm schließe, dann habe ich ein Problem.« Ich verstehe nicht ganz, und er erklärt es an einem konkreten Beispiel. Wenn er etwa jemandem eine Ausbildung am Finanzplatz London ermöglicht, dann ist das gleichzeitig auch sein Arbeitsmarkt. Faktisch lernt der Angestellte die Konkurrenz kennen. Jeder wird einsehen, daß ein Unternehmen einem Mitarbeiter keine hochkarätige kostenlose Ausbildung angedeihen läßt, um ihn dann – sozusagen hochgerüstet – an die Konkurrenz zu verlieren. Konrad besteht also auf einer Selbstbeteiligung. Die kann in Form von Geld oder Zeit geleistet werden. »Wir haben ein so großes Urlaubskonto, das kriegen die meisten sowieso nicht klein«, sagt er, bevor er ernst darauf hinweist, daß dieses Verfahren tarifvertraglich natürlich überhaupt nicht zulässig ist. Aber es geht dann irgendwie doch. »Es geht, wenn man pfiffige Lösungen hat«, meint Konrad gequält, »aber es ist mühselig. Ich begebe mich immer an den Rand der Legalität.«

Plötzlich flicht er ein: »Die deutsche Gesellschaft ist schon viel stärker italienisiert, als die Leute glauben.« Und erzählt von ihm bekannten Unternehmen, die bereits die letzten zwei Runden der Arbeitszeitverkürzung schlicht und einfach nicht mitgemacht haben. Und zwar in vollem Einvernehmen mit dem gesamten Team inklusive Betriebsrat. »Die klinkern sich zu, und die Sache ist erledigt.« Originalton Konrad. Bei diesen unorthodoxen Verhaltensweisen sind die mittelgroßen Unternehmen am meisten gefährdet, von Klagen überzogen zu werden. Die ganz kleinen und die ganz großen haben die besten Chancen, ungeschoren davonzukommen. »Und wenn gar nichts mehr geht«, Konrad wird immer lockerer, »dann machen die eben Outsourcing.« Also Auslagerung ganzer Abteilungen. Auch das sei eine italienische Lösung, meint er und lacht: »In Italien lautet die Regel: Jedes Unternehmen, das größer ist als zwei Personen, ist gefährdet.«

Mein Gesprächspartner war Professor Norbert Walter, Chefvolkswirt der Deutschen Bank und Geschäftsführer der Deutsche Bank Research.

Seit 1949 existiert mit Sitz in Bonn die Arbeitsgemeinschaft Selbständiger Unternehmer (ASU), in der mittlerweile etwa 7 000 Personen aus allen Branchen und Regionen Deutschlands zusammengeschlossen sind. Das typische Mitglied der ASU ist Eigentümer oder Miteigentümer eines Betriebes und übt gleichzeitig die Geschäftsführung aus. Die durchschnittliche Firmengröße liegt bei etwa 200 bis 300 Arbeitsplätzen. Die ASU unterhält eine »Denkfabrik« namens UNI (Unternehmerinstitut), die im März 1997 eine Umfrage veranstaltet hat, mit der man herausfinden wollte, wo die größten Hindernisse für neue Stellen liegen. Auf die Frage: »Gibt es Gesetze im Bereich des Arbeitsrechts, die Sie daran hindern, in Ihrem Betrieb neue Arbeitsplätze zu schaffen?« antworteten gut drei Viertel mit »Ja«. Dabei konnten sie mehrere Bestimmungen nennen. Mit Abstand an erster Stelle (98,2 Prozent) steht das Kündigungsschutzgesetz. Auf Platz zwei folgt mit 45,5 Prozent das Schwerbehindertengesetz (die Quote am gesamten Personalbestand ist zu hoch), dicht gefolgt (38,2 Prozent) vom Mutterschutzgesetz. An letzter Stelle rangiert mit 27,9 Prozent das Betriebsverfassungsgesetz.

Die zweite Frage lautete: »Haben Sie schon einmal auf eine Investition verzichtet, weil Ihnen nach Ablehnung Ihres Genehmigungsverfahrens ein Verfahren vor den Verwaltungsgerichten zu lange dauerte?« Immerhin ein Fünftel (20,6 %) hat sich abhalten lassen. Und schließlich die Frage nach dem Vertrauen in die Kompetenz von Arbeits- und Verwaltungsrichtern: »Glauben Sie, daß die deutschen Richter über genügend ökonomisches Fachwissen verfügen und ausreichend über die betrieblichen Realitäten informiert sind?« Lediglich 4,1 Prozent bejahen das uneingeschränkt bei den Arbeitsrichtern und gar nur 2,4 Prozent bei den Verwaltungsrichtern. Insgesamt kein gutes Wachstumsklima. ... Man hätte die Frage nach der wirtschaftspolitischen Kompetenz von Politikern noch anschließen sollen.

Statt sich der grundsätzlichen Weichenstellungen anzunehmen, reiben wir uns mit Reizthemen auf wie »Scheinselbständigkeit« und »610-Mark-Jobs« (in den neuen Bundesländern: 520 Mark). Um den ersten Begriff mit Leben zu füllen, erzähle ich Ihnen eine konkrete Geschichte. Herr Meier hat sich vor einiger Zeit beruflich umorientiert. Er ist aus einem Angestelltenverhältnis ausgeschieden, um sich im Immobilienbereich selbständig zu machen. Das Geschäft läuft gut, und innerhalb kürzester Zeit hat er vier Arbeitsplätze geschaffen. Drei davon besetzen Handelsvertreter, die als Selbständige beschäftigt werden möchten. Sie haben ihren Arbeitsplatz in der Firma mit PC und entsprechender Software, können aber genausogut zu Hause arbeiten und sich ihre Zeiten selbständig einteilen. Hauptsache, die Arbeit wird erledigt. Obwohl Herr Meier sich wochenlang die Hacken abgelaufen hat, kann ihm bis heute keiner sagen, ob ihn bei einer Prüfung nicht irgendwann der Vorwurf trifft, es handele sich um Scheinselbständige. Diese Unsicherheit begleitet ihn auch anderweitig auf Schritt und Tritt. Sein Steuerberater ist nur bei einem Bruchteil der anstehenden Fragen in der Lage, eindeutig mit Ja oder Nein zu antworten. Meistens muß er sagen: Wahrscheinlich ist es so und so, aber mit hundertprozentiger Sicherheit kann ich Ihnen das nicht garantieren. Möglicherweise sieht es das Finanzamt bei einer Prüfung in zwei, drei Jahren ganz anders. Nur der Vollständigkeit halber sei erwähnt, daß es sich um ein Problem handelt, das nicht in der Person des konkreten Steuerberaters begründet liegt, sondern im Regelgestrüpp, unter dem alle mehr oder weniger je nach Zusammensetzung ihrer Klienten leiden.

Es ist die Planungsunsicherheit, die so viele gute Ansätze im Keim erstickt und manch funktionierender Arbeitseinheit ein Ende bereitet. Wenn bei der angesprochenen eventuellen Prüfung festgestellt würde – was offenbar niemand definitiv ausschließen kann –, daß Herr Meier Scheinselbständige beschäftigt hatte, dann müßte er die Sozialabgaben inklusive des Arbeitnehmeranteils komplett nachzahlen. Das kann ein solches Unternehmen ruinieren.

Die Diskussion um Selbständige und Scheinselbständige kommt aus der Mottenkiste und hat mit der Realität heutiger Gesellschaften nichts mehr zu tun. Es ist unbestritten, daß einige Arbeitgeber ihre bisherigen Arbeitnehmer in eine Pseudoselbständigkeit treiben, die diese gar nicht wollen, um Sozialabgaben zu sparen und den Arbeitsanfall im Unternehmen flexibler gestalten zu können. Das beweist aber nur, daß das System insgesamt nicht stimmt. Es beweist keineswegs, daß damit zwangsläufig eine Benachteiligung des Neu-Selbständigen verbunden ist, vor der ihn der Staat – notfalls auch gegen den Willen des jeweiligen Individuums – schützen muß. Der so Geschützte findet sich im Gegenteil ganz schnell als Opfer wieder, wenn ihm die »Scheinselbständigkeit« verwehrt wird und er in den Fluren des Arbeitsamtes landet, weil sein bisheriger Arbeitgeber sein Aufgabenfeld aus Kostengründen komplett auslagert und einer anderen Firma übergibt. Dann war's wieder nichts mit dem Schutz!

Merkwürdigerweise taucht das Problem der Scheinselbständigkeit in bestimmten Branchen gar nicht auf, obwohl der

Mechanismus vergleichbar ist. Niemand käme auf die Idee – jedenfalls bis jetzt nicht –, aus Beschäftigten in der Film- und Fernsehindustrie »Scheinselbständige« machen zu wollen. Dabei ist es an der Tagesordnung, daß Cutter, Kameraleute oder Maskenbildner zwar überwiegend von einem Sender beschäftigt werden, aber nicht bei ihm angestellt sind, sondern sich »frei verkaufen«. Die Perversion bei den öffentlich-rechtlichen Sendeanstalten besteht darin, daß sich solche Beschäftigten »einklagen« können, wenn sie nachweisen, daß sie den überwiegenden Teil ihres Lebensunterhaltes bei diesem Sender erarbeiten. Das heißt, eine Anstalt muß ein kompliziertes Prüfverfahren entwickeln, die sogenannte Prognose, um immer so gerade unter der Grenze zu bleiben, die eine Festanstellung per Gericht erzwingen könnte. Wie die meisten von Ihnen wissen, habe ich mich nach meiner Korrespondentenzeit in Moskau für ein Jahr beurlauben lassen, und dann habe ich gekündigt. Auch solche »Fälle« wie ich fielen unter die Prognose, obwohl es keinen vernünftigen Grund gibt anzunehmen, daß ich den WDR auf Wiedereinstellung verklagen wollte. Dann hätte ich ja nicht zu kündigen brauchen.

Der bereits zitierte Kleinunternehmer Jürgen R. Wiese stellt die berechtigte Frage, warum die Arbeitsweise eines Cutters oder einer Maskenbildnerin in bezug auf »Freiheit« nicht auch für einen Dreher gelten kann. »Warum soll ein Spitzendreher nicht für viele Firmen arbeiten und sich sein Können bezahlen lassen? Je besser jemand seinen Beruf beherrscht, desto mehr wird er verdienen. Die Unternehmen werden abwägen können, je nach Auftragslage und Schwierigkeit der Aufgabe, ob sie den Spitzendreher für vielleicht 800 Mark Tageshonorar einsetzen oder einen weniger guten, dem sie dann halt nur 300 Mark zahlen.« Würde man diese Formen von »Scheinselbständigkeit« fördern statt bekämpfen, so Wiese, »dann würde man nicht nur die Flexibilität schaffen, welche die Wirtschaft so dringend braucht, man würde auch dem einzelnen mehr Lebenschancen einräumen«. Daraus muß man ja nicht wieder einen allgemeinverbindlichen Zwang herleiten. Für die einen stellt diese Arbeitsform eine optimale Lösung dar, für andere nicht. Warum soll man sie allen verbieten? »Mir jedenfalls«, so schlußfolgert Wiese, »wären acht

Millionen Scheinselbständige nach diesem Muster lieber als acht Millionen Arbeitslose.« Mir auch. Witzigerweise zitiert Wiese ausgerechnet in diesem Zusammenhang den PDS-Bürgermeister einer ostdeutschen Stadt mit den Worten: »Ohne eine funktionierende Wirtschaft mit gut verdienenden Unternehmen geht gar nichts. Nur dann können wir unsere sozialen Vorstellungen umsetzen.« Es sei kaum anzunehmen, so meint Wiese, daß gerade dieser PDS-Bürgermeister dem Kapitalismus verfallen sei. Diesen Vorwurf würde er sicher empört zurückweisen. »Aber er hat begriffen!«

Wem beim Thema Scheinselbständige und sozialversicherungsfreie 610-Mark-Jobs die fehlende Alterssicherung einfällt, um beides nicht zuzulassen, der möge bitte im Rentenkapitel die entsprechende Stelle nachlesen. Das Argument ist nicht stichhaltig. Dennoch wird es in schöner Regelmäßigkeit aus dem Ärmel gezogen, um geringfügig Beschäftigte zu »schützen«.

Wer soll da eigentlich geschützt werden? Insgesamt gibt es zur Zeit knapp vier Millionen Beschäftigungsverhältnisse dieser Art. Etwa 1,1 Millionen davon sind Studenten, Schüler und Hausfrauen, die einen solchen Job ergänzend zu einem Hauptverdiener in der Familie ausüben. 2,6 Millionen haben eine Vollzeitstelle und einen 610-Mark-Job nebenher. Von den knapp 4 Millionen sind 1,5 in privaten Haushalten angesiedelt. Wenn man sich den Bereich der Wirtschaft vornimmt – volkswirtschaftlich präzise muß das »Unternehmenssektor« heißen –, dann finden sich die meisten geringfügig Beschäftigten im Handel, in der Gastronomie, bei Reinigungsunternehmen und im produzierenden Gewerbe. Es handelt sich um Verkaufs- und Fahrertätigkeiten, Schreibarbeiten, Aushilfen jedweder Art und Ferienjobs. Knapp 18 Prozent, also nicht einmal ein Fünftel, entfallen auf qualifizierte Tätigkeiten, zum Beispiel in der Buchhaltung, bei Banken und Versicherungen. Wie würde sich eine Versicherungspflicht dieser 610-Mark-Jobs auswirken? Dazu gibt es eine ganze Reihe von Umfragen, u. a. auch von der bereits erwähnten ASU, Arbeitsgemeinschaft Selbständiger Unternehmer. Demnach würden zwei Drittel der Befragten diese Jobs ganz oder teilweise streichen. Das hieße konkret: Von den vier Millionen stünden über zweieinhalb ohne Job da und würden sich – nach Ansicht von Sozialpolitikern – sicher enorm geschützt fühlen. Der Rest würde (vermutlich) mit einer späteren Minirente beglückt, die auf andere als staatliche Weise (sicher) höher ausfiele. Was die meisten übrigens nicht präsent haben: Arbeitgeber – nicht Arbeitnehmer – müssen auf diese Arbeitsverhältnisse ohnehin eine Pauschalsteuer von 20 Prozent abführen. Der 610-Mark-Job (bzw. 520 Mark) kostet also tatsächlich fast 750 Mark (bzw. fast 640 Mark).

Zu »ordentlichen« Arbeitsplätzen wird dieser Rigorismus kaum führen. Die Tatsache, daß zwei Drittel der auf diese Weise Beschäftigten gar kein Interesse daran haben, länger zu arbeiten, macht das vorgeschobene Schutzargument vollends lächerlich. Genauso lächerlich wie die Vorstellung, die zahlreichen Pensionäre, die durch solche Jobs unter Menschen kommen und ihre Rente aufbessern, erneut rentenzuversichern.

Wenn ich's mir recht überlege – es ist infam, von Schutz und Fürsorge zu reden und im Grunde das Stopfen diverser Finanzlöcher im Auge zu haben, ohne Rücksicht auf Verhältnismäßigkeit und Sinn.

6

Immer kräftig hinlangen

Befreiung von der Steuersucht

Ich muß mich nicht lange damit aufhalten, die Unzulänglichkeiten unseres Steuersystems im einzelnen aufzuzählen. Die sind im wesentlichen bekannt. Schon der Begriff System ist zuviel der Ehre für dieses Sammelsurium von Ausnahmeregelungen und Willkür. Wir haben es mit einem unübersichtlichen und unfairen Gebilde zu tun, das den Prinzipien der sozialen Marktwirtschaft aufs gröbste widerspricht; mit einer Abschröpfmaschinerie, der man mit dem Begriff »staatlich sanktioniertes Raubrittertum« noch am ehesten gerecht wird, wobei ein paar Hätschelkinder nur die Samthandschuhe zu spüren bekommen.

Keine Frage, der Staat muß finanziell so ausgestattet sein, daß er seine Aufgaben erfüllen kann, und die wirtschaftlich Leistungsfähigeren in einer Gesellschaft sollen dafür stärker herangezogen werden. Aber der Staat, das heißt, seine Bürger müssen Prioritäten setzen, wofür er zuständig sein soll, und ihn aus all den Bereichen verjagen, die der einzelne in Eigenregie besser, schneller und preiswerter »verwalten« kann. Wenn wir uns von diesem im Gesetz und in unserer Gesellschaft verankerten Prinzip (Subsidiarität) verabschieden wollen, dann müssen wir das so deutlich sagen, damit jeder weiß, woran er ist. Das wäre eine bewußte Entscheidung für ein anderes System. In einer sozialistischen Planwirtschaft ist die krakenhafte Ausdehnung staatlicher Instanzen normal. Für unser System – wie ich finde, die beste aller schlechten Lösungen – ist dergleichen schädlich. Eine schleichende Verstaatlichung führt zu Ungerechtigkeiten,

Schwund an rentablen Arbeitsplätzen und einer Vielzahl anderer Probleme, mit denen wir uns seit geraumer Zeit herumschlagen. Nicht unser System ist schlecht, sondern das, was wir daraus gemacht haben, inklusive dem Steuersektor.

Auf einen kurzen Nenner gebracht, leiden wir zur Zeit am meisten darunter, daß der Staat die Fähigkeit seiner Bürger zur Selbstvorsorge beschneidet, um sie hinterher in seine Arme zu nehmen. In einem drastischen Bild könnte man sich das so vorstellen, daß jemand einen die Treppe runterwirft, um ihn unten wieder aufzusammeln und pausenlos zu betonen, wie sozial und menschenfreundlich er sich doch kümmere.

Die nächste Schieflage entsteht dadurch, daß der Staat die klassische Aufgabe der Steuergesetzgebung unredlich ausdehnt. Steuern sollen Staatseinnahmen liefern, aber ansonsten den marktwirtschaftlichen Mechanismus möglichst wenig stören. Durch die Unzahl steuerlicher Ausnahmen und Gestaltungsmöglichkeiten kann davon keine Rede sein. Wenn etwa künstliche Verluste (durch Steuerersparnisse) belohnt werden, der Einsatz von Eigenkapital hingegen (durch die jetzt endlich abgeschaffte Gewerbekapitalsteuer und Vermögensteuer) bestraft, dann wird Marktwirtschaft ab absurdum geführt. Wenn bestimmte Branchen besser behandelt werden als andere und dadurch die Gewinn- bzw. die Rendite-Relationen (nach Steuern) verfälscht werden, dann ist das volkswirtschaftlich schädlich. Der Staat bürstet nämlich »normales wirtschaftliches Verhalten« (= bestmögliche Bewältigung von Knappheiten) gegen den Strich, wenn für eine Investitionsentscheidung ausschlaggebend wird, was nach Steuern übrigbleibt, statt was vor Steuern zu erreichen ist. Oder anders gesagt: Wenn durch eine nicht neutrale Besteuerung die Rangfolge rentabler Investitionsprojekte geradewegs auf den Kopf gestellt wird. Die Sonderabschreibungen für den Wohnungsbau in den neuen Bundesländern sind nur ein Beispiel von vielen, wie der Staat durch Steuerpolitik private Anlageentscheidungen manipuliert. Insbesondere über Ausgabeprogramme der öffentlichen Hand hat man die Bauaktivität nebst der daran hängenden handwerklichen Dienstleistungen »angekurbelt«, wie es im Jargon der konjunkturellen Wagenlenker so schön heißt. Auf diese Weise haben wir in den neuen Bundesländern eine ökonomische Scheinblüte erlebt, die gerade dabei ist, in sich zusammenzufallen.

Unserem »System« fehlt die eindeutige Orientierung. Unentschlossenheit wirkt sich in allen Lebensbereichen negativ aus, erst recht auf diesem sensiblen Feld: Wir verlieren Kapital, Arbeitsplätze und ein Stück Anständigkeit. Als ich mich mit einem Steuerprofessor über sein Metier unterhalte und bedauernd feststelle, daß man als sogenannt mündiger Bürger keine Chance habe, sich gegen diesen Regelwirrwarr zu wehren, kontert er: »Natürlich haben Sie eine Chance! Durch Steuerflucht und Steuerhinterziehung.« Das war natürlich nicht als Anregung, sondern als Feststellung gedacht. Im weiteren Verlauf spricht er den schwer zu schätzenden Umfang der Schattenwirtschaft an, den wir zwischenzeitlich auch in Deutschland erreicht haben, und beziffert ihn mit etwa zehn Prozent. »Das, was bei uns lange Zeit gerne als ›italienische Verhältnisse‹ bezeichnet wurde, haben wir in unserem ordnungsliebenden Land schon längst.« Und augenzwinkernd fügt er hinzu: »Man möge sich am Wochenende nur das emsige Treiben auf den vielen Baumärkten angucken. Das ist ja nicht nur alles Eigenbedarf und Nachbarschaftshilfe.«

Moral hin, Moral her, Steuerhinterziehung oder Steuervermeidung – Tatsache ist, daß ausländische Investoren einen großen Bogen um Deutschland machen. »Es hat doch überhaupt keinen Sinn«, so ein Wirtschaftsführer, »unseren ausländischen Kollegen erklären zu wollen, daß unser Steuerrecht ja gar nicht so schlimm ist wegen der vielen Vergünstigungen, die es anderswo nicht gibt.« Darauf lassen die sich doch nicht ein. Der ausländische Investor schaut sich die Steuersätze an, und wenn sie ihm zu hoch erscheinen, »dann ist das wie eine Hürde. Dann tritt der erst gar nicht zum Hürdenlauf an. So einfach ist das.«

Merkwürdigerweise wird das Steuerthema in der Öffentlichkeit fast ausschließlich unter dem Stichwort Tarifsenkungen abgehandelt. Eine komplette Systemumstellung spielt kaum eine Rolle. Dabei ist eine Diskussion um die Tarife nur dann sinnvoll, wenn gleichzeitig darüber debattiert wird, worauf sich die Tarife genau beziehen sollen und zu welchem Zeitpunkt die Steuer anfällt: beim Einnehmen oder beim Ausgeben, bei der Einkommenserzielung oder beim Konsumieren.

Dagegen entbrennt ein Kampf bis aufs Messer, wenn plötzlich Themen auftauchen wie Rentenbesteuerung oder Ende der Steuerfreiheit von Feiertags- und Nachtzuschlägen. Es wird blindwütig um sich geschlagen, tatsächliche oder vermeintliche Besitzstände werden verteidigt, ohne zu ahnen, welcher Gewinn damit verbunden sein könnte, den ganzen alten Schrott endlich loszuwerden und neu anzufangen. Ein Haus auf die grüne Wiese zu setzen ist auch einfacher, als sich in einer gewachsenen Altstadt eingezwängt von Nachbarhäusern und Denkmalschutzauflagen von Kompromiß zu Kompromiß zu hangeln. Wir müssen uns entscheiden. Oder um ein anderes Bild zu nehmen: Ich kann ein löchriges Dach immer und immer wieder notdürftig abdichten. Das kostet Zeit und Geld, und im Endeffekt muß ich es doch erneuern. Lieber gleich eine ordentliche Konstruktion, selbst auf die Gefahr hin, vorübergehend im Regen zu stehen.

Es ist zu befürchten, daß es angesichts der Bundestagswahl 1998 noch weniger als »unter normalen Umständen« möglich sein wird, vernünftig Argumente auszutauschen. Der parteipolitische Schaukampf hat ja längst begonnen: auf der einen Seite die Rächer der Enterbten, auf der anderen Seite die Beschützer der Einkommensmillionäre. Jeder wirft jedem vor, Gewinner und Verlierer zu produzieren – jeweils andere natürlich –, statt sich in gemeinsamer Verantwortung Gedanken darüber zu machen, wie unsere Gesellschaft, unser Land insgesamt gewinnen kann.

Von allen praktischen Schwierigkeiten abgesehen, haben wir bei der Steuerreform die größten Probleme mit Denkblockaden. Die Angst, »die Reichen« könnten noch reicher werden, grenzt an Verfolgungswahn. Der Lohnsteuerzahler, der relativ wenig Möglichkeiten hat, von der Unübersichtlichkeit des Systems zu profitieren und absetzbare Kosten zu »produzieren« (präzise heißt das: die Bemessungsgrundlage zu beeinflussen), mag eine gewisse verständliche Genugtuung empfinden, wenn Unternehmensgewinne unangemessen hoch besteuert werden. Die Ungerechtigkeiten, die ihm widerfahren, mindert das nicht. Im Gegenteil: Je unattraktiver unternehmerische Aktivitäten sind, um so niedriger fallen die Löhne aus, und um so weniger Lohnempfänger gibt es.

Wer jeden Pfennig umdrehen muß, weil ihm Steuern und Abgaben keinen Spielraum mehr lassen, der hält die Zinsabschlagsteuer fast zwangsläufig für einen Akt ausgleichender Gerechtigkeit. Noch dazu, wo die Freibeträge ja so hoch liegen, daß man schon kräftig was auf der hohen Kante haben muß, bevor sich der Staat bedient. Die Überlegung, daß es sich bei dem Ersparten ja bereits um versteuertes Geld handelt, bei dem der Staat ein zweites Mal zulangt, spielt keine Rolle. Der Gedanke, daß ausgerechnet diejenigen bestraft werden, die sparen, vorsorgen und investieren könnten, taucht auch nicht auf. Die Idee, daß dadurch solche »Reiche« belohnt werden, die gleich alles konsumieren, findet keinen Platz. Ist es etwa gerecht, wenn sich kaviarverschlingende Karibiksegler steuerlich besser stehen als innovative Mittelständler, die Arbeitsplätze schaffen? Mal wieder unter dem sozialen Deckmäntelchen – wie so oft – macht sich nichts anderes breit als kurzsichtiges und engstirniges Denken. An dieser Stelle kann ich mir ein weiteres Zitat des ehemaligen baden-württembergischen Ministerpräsidenten Lothar Späth nicht verkneifen, der den sich ausbreitenden deutschen Mief so charakterisiert: »Der typische Jungunternehmer hat in Deutschland drei wesentliche Probleme: Er hat nach Steuern kein Geld mehr, um die lebenswichtige Expansion zu finanzieren. Er findet aber auch kaum Risikokapitalgeber am Markt. Und wenn er dennoch Tag und Nacht arbeitet und Erfolg hat, dann erregt er nur Neid und Mißgunst und macht sich verdächtig. Bill Gates hat in zehn Jahren 14 Milliarden Mark gemacht. Stellen Sie sich so etwas mal in Deutschland vor! Der wäre vorsorglich in Untersuchungshaft, bis geklärt wäre, wie so etwas passieren konnte.«

Irgendwie scheinen bei uns ein paar Gehirnwindungen falsch zu liegen. Die automatische Kriminalisierung von Unternehmertum hat wahrhaft krankhafte Züge angenommen. Immer wieder finden sich dafür entlarvende Beispiele auch in der Berichterstattung. In einer Nachrichtensendung im öffentlich-rechtlichen Fernsehen wurde am 12. September 1996 das Thema Steuerfahndung behandelt und Initiativen verschiedener Bundesländer vorgestellt, sowohl mehr Steuerprüfer als auch mehr Steuerfahnder einzusetzen. Der Reporter ließ sich doch tatsächlich zu folgender Formulierung hinreißen: »Obwohl es immer mehr Unternehmen und damit Verdachtsmomente gibt, stehen nicht genug Prüfer und Fahnder zur Verfügung.« Mit anderen Worten: Jedes Unternehmen ist potentiell kriminell. In die gleiche Richtung zielt ein Hinweis, der seit 1994 auf Honorarverträgen mit Rundfunkanstalten steht. In dem meist fettgedruckten Satz wird dem Honorarempfänger mitgeteilt, daß der Sender verpflichtet sei, diesen Vorgang der Steuerbehörde zu melden. Auf gut deutsch: Tut uns ja furchtbar leid, aber wenn du diese Zahlung in deiner Steuererklärung verschweigen willst, dann gehst du in diesem Falle ein erhöhtes Risiko ein. Entlarvender kann eine Gesellschaft den Zustand ihrer Steuermoral kaum kundtun, als diese Dinge in Vordrucke und Formulare aufzunehmen.

Was bei der ganzen Diskussion völlig außer acht bleibt, ist die Tatsache, daß unser Steuersystem mit Blick auf das Grundgesetz teils höchst umstritten, teils sogar verfassungswidrig ist. Das scheint kaum jemanden zu kümmern. Warum sehen wir die wirklichen Gefahren nicht, die Wohlstand und Freiheit und damit letztlich unserer Demokratie drohen? Die Risiken kommen nicht von irgendwelchen versprengten braunen oder pseudobraunen Haufen, sondern von der systematischen Aushöhlung rechtsstaatlicher Prinzipien. In regelmäßigen Abständen muß das Bundesverfassungsgericht feststellen, daß dieses und jenes Steuergesetz dem Grundgesetz widerspricht. Und was passiert? So gut wie nichts! Weder wird auf der Stelle nach verfassungskonformen Regeln verfahren, noch bekommen diejenigen, die nach eindeutig verfassungswidrigen Grundsätzen abgezockt wurden, ihr Geld zurück. Das würde den Staatshaushalt ruinieren, lautet die offizielle Begründung. Und was ist mit denen, die der Staatshaushalt ruiniert hat? Der Gesetzgeber wird allenfalls dezent aufgefordert, vielleicht doch mal in absehbarer Zeit angemessene Reparaturen vorzunehmen, zu denen es dann nicht oder nur verspätet kommt, weil – wie bereits ausführlich geschildert – unser politisches Entscheidungssystem zu einem Entscheidungsverhinderungssystem verkommen ist. *Da* liegen die Gefahren für unsere Demokratie.

Die Liste der eindeutig verfassungswidrigen Bestimmungen, die über Jahre hinweg angewandt wurden, ist beeindruckend.

Da haben wir zunächst einmal die Besteuerung des existenznotwendigen Einkommens. Seit 1978 wurde das Existenzminimum zu niedrig angesetzt. Ausgerechnet vor allem bei denen, die mit jedem Pfennig rechnen müssen, hat man sich von Staats wegen kräftig verrechnet. 1992 sprach Karlsruhe zwar endlich ein Machtwort, aber der Bundesfinanzhof erließ noch Ende 1994 Urteile, nach denen säumige Steuerzahler zur Nachzahlung nach der alten verfassungswidrigen Berechnungsmethode gezwungen wurden.

In unserem Grundgesetz ist sowohl das Recht auf Eigentum garantiert als auch die soziale Verpflichtung von Eigentum verankert. Mir scheint die sinnvolle Kombination dieser beiden Prinzipien nicht allzu schwer zu sein. Außerdem werden Eigentum und Eigeninteresse durch Wettbewerb nahezu automatisch in den Dienst des Gemeinwohls gestellt. Die Substanzbesteuerung jedenfalls ist mit einer Eigentumsgarantie unvereinbar. Das bedeutet: Die Steuerzahlungen dürfen nicht so weit gehen, daß sich die wirtschaftliche Substanz des Steuerzahlers verringert. Es dürfen die *Erträge* von Eigentum besteuert werden, nicht das Eigentum selbst. Denn dadurch wird es weniger. In diesem Sinne handelt es sich bei der Vermögensteuer um eine klassische Form der – verfassungswidrigen – Substanzbesteuerung. Eine Enteignung auf diesem Wege sieht unsere Verfassung nicht vor. 1995 hat Karlsruhe das in einem Urteil bestätigt und festgelegt, daß die Vermögensteuer ab 1. Januar 1997 nicht mehr erhoben werden darf. Wenn man das Ausmaß der Ungerechtigkeit in diesem Falle mit dem im ersten vergleicht, dann ist es fast peinlich, daß die »Opfer« der Vermögensteuer besser geschützt wurden als die des falsch berechneten Existenzminimums. Prinzipiell macht es keinen Unterschied. Der Vertrauensverlust in den Staat ist hier wie dort die Folge.

Bei der Vermögensteuer lag die Verfassungswidrigkeit für die Karlsruher Richter klar auf der Hand. Aus ökonomischer Sicht muß man aber auch die Frage stellen, ob das sogenannte Nominalwertprinzip im Steuerrecht mit der Eigentumsgarantie im Grundgesetz vereinbar ist. Im Steuerrecht gilt der Grundsatz: Mark gleich Mark, obwohl man mit einer Mark von heute weniger kaufen kann als mit einer Mark von gestern, weil zwischenzeitlich die Preise gestiegen sind. Es ist schon fragwürdig genug, wenn sich der Staat an Zinsen vergreift, da diese ja aus bereits versteuerten Einkommen fließen. Aber vollends zweifelhaft wird die Sache, wenn auch Zinsanteile versteuert werden müssen, die den Kaufkraftverlust ausgleichen, welcher durch die Inflation eingetreten ist; Zinsanteile also, die dem realen Vermögens*erhalt* dienen und nicht einem Vermögenszuwachs. Man kann es drehen und wenden, wie man will – auch diese Besteuerungspraxis geht an die Substanz.

Der Hirnriß bei der Vermögensteuer setzt sich im übrigen fort. Abgesehen davon, daß einige Herz-Jesu-Marxisten (der Ausdruck stammt nicht von mir) den Karlsruher Spruch immer noch nicht wahrhaben wollen, streiten sich jetzt die Juristen darüber, wie die Formulierung des Bundesverfassungsgerichts zu interpretieren ist, nach der das bestehende Gesetz nur noch »bis zum 31. Dezember 1996 angewandt werden« darf. Heißt das, alle Steuerbescheide, die nach dem 1. Januar 1997 ergehen, dürfen die Vermögensteuer nicht mehr ausweisen, auch wenn es sich um früher liegende Zeiträume handelt? Oder heißt das nur, ab 1. Januar 1997 darf künftig keine mehr berechnet werden? Juristische Spitzfindigkeiten, Lichtjahre von dem entfernt, was man gesunden Menschenverstand nennt. Die Zwickmühle ist offensichtlich: Wer seine Steuererklärung immer frühzeitig abgibt, hat bereits etwas bezahlt, das dem, der bummelt, nicht mehr aufgebrummt werden darf. Gerecht ist das sicher auch nicht, aber hin und wieder führt Einzelfallgerechtigkeit zu noch mehr Absurdität. (Mittlerweile ist die Entscheidung gefallen: Für die Vergangenheit darf die Vermögensteuer weiter erhoben werden.)

Für diese Sicht der Dinge – also standardisierte Lösungen statt uferloser Kasuistik – gibt es im übrigen aus Karlsruhe grünes

Licht. Als 1990 der Weihnachtsfreibetrag (600 Mark) und der Arbeitnehmerfreibetrag (480 Mark) abgeschafft und gleichzeitig die Werbungskostenpauschale von 546 auf 2 000 Mark angehoben wurde, kam es zu Klagen. Einige Juristen sahen darin einen Verstoß gegen den Gleichheitsgrundsatz. Selbständige hätten nämlich einen Zinsvorteil, weil sie nur vierteljährlich eine Vorauszahlung auf ihre Steuerschuld leisteten und die tatsächlichen – oft höheren – Zahlungen erst später abführen müßten. Demgegenüber würde Arbeitnehmern monatlich die komplette Lohnsteuer einbehalten. Die früher geltenden Freibeträge hätten diese Ungleichbehandlung ausgeglichen, die Werbungskostenpauschale nicht. Anhand dieses Falles machten die Karlsruher Richter deutlich, daß der Gesetzgeber im Sinne einer Vereinfachung typisieren dürfe, ohne jeden individuellen Fall zu berücksichtigen.

Aber weiter in der Liste der Verstöße. Eine künftige Aufgabe für das Bundesverfassungsgericht könnte auch die Frage sein, ob es mit dem Eigentumsschutz noch vereinbar ist, wenn in manchen Fällen die gesamte Steuerlast 50 Prozent, mitunter sogar 60 Prozent des Einkommens übersteigt. Durch solche Abgabequoten wird nach meinem Empfinden die soziale Verpflichtung von Eigentum überstrapaziert. Es kann weder im Interesse des Staates noch der Allgemeinheit sein, die Zugpferde einer Wirtschaft so zu demotivieren, daß sie – um das Bild weiter zu nutzen – lieber untätig auf der Weide grasen, statt diverse Karren zu ziehen, wie es ihre Aufgabe wäre.

Die chaotische Steuerpolitik ist mittlerweile zu einer Art Beschäftigungsprogramm für das Bundesverfassungsgericht geworden. Folgende Abgaben befinden sich dort derzeit noch auf dem Prüfstand: Solidaritätszuschlag, Verpackungsteuer, Vergnügungsteuer bzw. kommunale Spielautomatensteuer.

Dem Erfindungsreichtum des Steuergesetzgebers sind offenbar keine Grenzen gesetzt. Nahezu unbemerkt von der Öffentlichkeit war quasi über Nacht eine Mopedsteuer geboren. Auch Besitzer von Pferde- und Sportbootanhängern haben eine separate Kfz-Steuer am Hals. Und das in Zeiten, wo – wegen der Vereinfachung – darüber nachgedacht wird, die Kfz-Steuer ersatzlos zu streichen und die Abgaben über eine erhöhte Mineralölsteuer hereinzuholen. Allein die Formulare, die man dafür wieder braucht... (Bei dieser Gelegenheit: 682 Finanzämter verwalten 1 000 verschiedene Formulare.) Buchstäblich in letzter Minute ist es dem Bund der Steuerzahler gelungen, die Einführung einer kommunalen Pferdesteuer zu verhindern sowie die flächendeckende Einführung der Verpackungsteuer. Aber solange das Bundesverfassungsgericht nicht abschließend entschieden hat, kann man ja vorsorglich mal kassieren. Der Eindruck drängt sich auf, daß der Gesetzgeber diese Verzögerungen bewußt einkalkuliert. Nach dem Motto: Was man hat, das hat man.

Durch den europäischen Binnenmarkt erzwungen, wurde erst zum 1. Januar 1993 die sogenannte Leuchtmittelsteuer abgeschafft. Ihre Vorläufer stammen sowohl aus dem Mittelalter und hießen Wachszins oder Wachszehnt als auch aus dem Barock, wo vereinzelt Luxussteuern für Kerzen Mode wurden. Die Steuersätze unserer Zeit umfaßten schließlich 26 verschiedene Lampengruppen, wobei sorgfältig nach Wattzahl und nach Kerzen-, Tropfen- oder Pilzform unterschieden wurde. Es handelt sich hier nicht um einen eingestreuten Witz. Realsatire ist eben doch am schönsten. Und deshalb gleich noch eine Geschichte, die sich bei der Abschaffung der Leuchtmittelsteuer ereignete. Aus erhebungstechnischen Gründen fiel diese Steuer beim Produzenten an, nicht beim Handel oder beim Konsumenten. Ein bedeutender Hersteller hatte Lampen, die für den leuchtmittelsteuerfreien Verkauf ab 1. Januar 1993 bestimmt waren, im alten Jahr ab Werk versteuert, in diverse Auslieferungslager gekarrt und auf eine Steuerrückerstattung bei jener Ware gehofft, die nach dem Stichtag verkauft werden würde. Die vorzeitige Belieferung der Lager war nötig, um einen reibungslosen Absatz sicherzustellen. Denn wie hätte man den Kunden plausibel machen sollen, daß wegen einer Steuerumstellung gerade keine Glühbirnen lieferbar sind – und das auch noch im Winter. Die Firma hatte darauf vertraut, daß diese arbeitsorganisatorische Prozedur auch von den Steuereintreibern nachvollzogen werden konnte und die entsprechende Steuerrückerstattung keine Probleme bereiten würde. Denkste! Da halfen auch keine Telefonate mit dem Bundesfinanzministerium. Die Firma war gezwungen, ihre über die gesamte Bundesrepublik verteilte Ware, nämlich 2,6 Millionen Lampen, kurz vor Silvester per LKW wieder zur Produktionsstätte zurückzubefördern, damit die Steuererstattung erfolgen konnte.

Um das Ausmaß deutscher Regelwut zu illustrieren, hatte ich in meinem Buch »Jetzt mal ehrlich« den früheren Präsidenten des Bundesfinanzhofes Franz Klein zitiert: »Im Alten Testament kam man mit zehn Geboten aus, das römische Recht hatte dann schon ein paar Grundsätze mehr, und wenn man sich das Bundesgesetzblatt anschaut – das hat mal angefangen mit zwei Bänden, die hatten etwas mehr als DIN-A-4-Heftstärke. Heute sind es zwei Teile mit jeweils drei Bänden à ungefähr 2 000 Seiten.« Zwischenzeitlich hat der bayerische Finanzminister Erwin Huber den gleichen Sachverhalt in puncto Steuergesetzgebung auf folgende Formel gebracht: »Der Satz des Pythagoras umfaßt 24 Worte, das archimedische Prinzip 67, die Zehn Gebote 179, die amerikanische Unabhängigkeitserklärung 300 – und allein Paragraph 19a des deutschen Einkommensteuergesetzes 1862 Worte.« Da erübrigt sich jeder Kommentar zum Thema Übersichtlichkeit oder Verständlichkeit. Allerdings drängt sich eine Frage auf: Kann ein Gesetz, das der Normalbürger nicht mehr durchschaut, obwohl er es unter empfindlicher Strafandrohung befolgen soll, überhaupt noch verfassungskonform sein? »Nichtwissen schützt vor Strafe nicht« – der Grundsatz ist unter diesen Voraussetzungen nur noch zynisch.

Statt sich entschlossen und mutig ans Werk zu setzen, stolpert die Regierung von einem Jahressteuergesetz ins nächste, teils freiwillig, teils gezwungen durch den von der Opposition beherrschten Bundesrat. Der politische Kurs der letzten Jahre liest sich »grob umrissen« in den Worten eines Wirtschaftsjournalisten (Winfried Münster, SZ) so: »Seit der Wiedervereinigung sind, zum Teil mehrmals, Mehrwert-, Vermögen-, Tabak-, Mineralöl- und Versicherungsteuer heraufgesetzt worden. Die Vermögen- und Gewerbesteuer wurde gesenkt, dann wieder erhöht. Der Solidaritätszuschlag auf die Einkommen- und Körperschaftsteuer wurde eingeführt, abgeschafft und erneut eingeführt. Ihn endlich zu verringern ist beschlossen und zugleich verschoben. ›Nur eins gilt über alle Jahre‹, schreibt der Sachverständigenrat: ›Eine massive Erhöhung der Steuerbelastung.‹« Da fehlt nur noch der Witz, in dem der Vermögensberater meint: Legen Sie Ihr Geld doch in Steuern an – die steigen immer.

Der Kandidat hat 100 Punkte beim Spiel »Wie vergraule ich meine letzten Investoren«. Die gleichen Leute, die das Gebot der Verläßlichkeit von Politik im eigenen Land ignorieren, stellen sich vor Russen hin, um denen was von »verläßlichen Rahmenbedingungen« zu erzählen, die Geschäftsleute dringend brauchen, um zu investieren. Die gleichen Leute, die früher östlichen Unrechtssystemen (zu Recht!) vorgeworfen haben, Gesetzesänderungen rückwirkend einzuführen, scheinen heute all ihre Energien darauf zu richten, dieses Verfahren im eigenen Lande anzuwenden, damit der Staat auch noch den letzten Groschen »legal« konfiszieren kann. Erst wird die Altersvorsorge per steuerfreier Lebensversicherung propagiert, dann ist plötzlich deren Besteuerung im Gespräch.

Steuersystem vereinfachen, Steuergerechtigkeit herstellen, Steuerbelastung insgesamt senken und vor allen Dingen keine falschen, das Allgemeinwohl schädigende Anreize schaffen. Das wär's doch! Frage: Wie geht das und wie kommen wir da hin? Auch wenn ich damit den größten Streitpunkt gleich an den Anfang stelle: Steuersenkung kann nur funktionieren, wenn gleichzeitig die Staatsausgaben sinken. Zusätzliche Verschuldung führt in die Irre, und zwar unabhängig von den Maastricht-Kriterien. Und Gegenfinanzierung (warum heißt das eigentlich nicht einfach Finanzierung?) steht der Idee der Entlastung im Wege.

Im Prinzip sind alle mit Ausgabenkürzungen des Staates einverstanden – »bloß nicht bei mir!« In folgenden Bereichen würde ich zwar kräftig umstrukturieren, aber nicht ad hoc Mittel kürzen, sondern im Gegenteil aufstocken, obwohl ich sie auch nicht unbedingt für klassische Staatsaufgaben halte: Bildung, Forschung und Entwicklung. Private engagieren sich auf dem Bildungssektor deshalb sehr zurückhaltend, weil sich der Staat mit Null-Tarif-Angeboten in die Szene drängelt. Und um private

Forschung und Entwicklung wäre es besser bestellt, wenn die Steuerlast geringer ausfiele. Jedenfalls liegt unsere Zukunft auf den drei genannten Feldern. Das Kapital der Deutschen ist ihr Kopf. Wir haben weder nennenswerte Bodenschätze noch Raum. Wir haben »nur« die Chance, besser ausgebildet zu sein als der Rest der Welt und uns schneller als die anderen bessere Sachen einfallen zu lassen, im gängigen Jargon heißt das: innovativer zu sein. Was wir zur Zeit machen, kommt mir so vor, als lagerten wir Hightech im Freien, weil uns das Geld fürs Dach fehlt.

Folgende drei Bereiche würde ich auf der Suche nach Einsparmöglichkeiten durchforsten: erstens Subventionen, zweitens Personalkosten und Sachaufwand (sogenannter Staatsverbrauch) – vor allem bei den Ländern, die verrückterweise durch Bundesgesetze am Sparen massiv gehindert werden –, drittens Sozialausgaben. Es gibt kaum ein Feld, auf dem so unredlich diskutiert wird wie auf dem letztgenannten. Tatsache ist, daß es sich mit rund 1 000 Milliarden – das sind immerhin 30 Prozent des Bruttoinlandsprodukts – um einen besonders großen Brokken handelt. Es kann nicht sein, daß eines der reichsten Länder der Welt soviel aufwenden muß, um Bedürftigkeit zu lindern. Wenn der soziale Leistungskatalog dahin gehend überprüft wird, inwieweit der Staat das sozialpolitische Füllhorn auch über mittleren und höheren Einkommensschichten ausschüttet (und sich dort natürlich wieder refinanziert), dann müssen Kürzungen auf diesem Gebiet keineswegs Sozialabbau bewirken. Ganz im Gegenteil. Unser etwas denaturiertes Sozialsystem könnte endlich wieder das werden, was es sein soll: die angemessene Versorgung wirklich Bedürftiger. Wer etwa Familienförderung für »reiche« Eltern als sozialpolitische Errungenschaft einstuft, der übersieht, daß der Wohlfahrtsstaat kein eigenes Einkommen hat, das er mildtätig verschenken kann. Tatsächlich ist der drückend hohe Grenzsteuersatz das Gegenstück zum ach so sozialen Pseudogeschenk. Außerdem – die Umverteilungsbürokratie will auch finanziert sein. Die ist nicht zum Nulltarif zu haben.

Nun zu den beiden anderen Punkten: Steuersystem vereinfachen und Steuergerechtigkeit herstellen – das hängt eng miteinander zusammen. Wenn es einfacher und übersichtlicher wird, dann dient das zwangsläufig der Gerechtigkeit. Denn die Verzerrungen fallen weg, die daraus resultieren, daß sich die einen in diesem Dschungel auskennen, die anderen nicht. Auch wenn es letztlich alle gerne einfacher hätten, so fürchten sich doch manche vor zu starker Typisierung, die sich im Einzelfall als ungerecht erweisen könnte. Es ist menschlich, im allgemeinen komplizierte Sonderregelungen abzulehnen, aber im besonderen, nämlich für sich selbst, Ausnahmebestimmungen einzufordern, sollte man sich mit seiner individuellen Situation im Regelwerk nicht wiederfinden. Die Erfahrung lehrt – auch wenn es sich widersprüchlich anhört –, daß Gesetzestexte, die alle nur denkbaren Eventualitäten im voraus regeln wollen, der theoretisch angestrebten Einzelfallgerechtigkeit praktisch am allerwenigsten dienen. Also – keine Angst vor Vereinfachung. Es ist und bleibt die beste Chance, sich einem gerechten System anzunähern. Mehr ist so oder so nicht drin.

Wenn man diese Annäherung aufrichtig versucht, dann muß ein zukünftiges System auf jeden Fall verhindern, daß erstens Einkommensteile zweimal besteuert werden, zweitens Einkommen unterschiedlich bewertet wird, je nachdem, wie es erzielt wurde, und drittens die persönliche Entscheidungsfreiheit leidet, weil der Staat bestimmte Verhalten seiner Bürger durch Steuervorteile belohnt oder andere durch steuerliche Daumenschrauben bestraft. Denn das führt nur dazu, daß Dinge unternommen werden – nicht weil sie wirtschaftlich sinnvoll sind, sondern weil sich dadurch Steuern sparen lassen. Das Prinzip funktioniert im großen und im kleinen Stil. Es war wirtschaftlich nicht sinnvoll, die neuen Bundesländer mit Luxusmietobjekten zuzupflastern, die jetzt leer stehen. Es ist wirtschaftlich nicht sinnvoll, Bauherren mit genügend Eigenkapital zum Schuldenmachen zu verleiten. Und es war vielleicht auch nicht sinnvoll, manchen Arbeitnehmer durch die Kilometerpauschale davon abgehalten zu haben, öffentliche Verkehrsmittel in Anspruch zu nehmen – wenn sie denn schon mal irgendwo halbwegs funktionieren. Gesamtwirtschaftlich betrachtet, mag jede Sondernorm für sich genommen winzig sein. Der Schaden entsteht durch die Fülle und die prinzipiell falsche Orientierung.

Ökonomisch geboten ist ein möglichst neutrales Steuersystem. Tatsächlich ist unsere Einkommensbesteuerung alles andere als neutral. Da wird Sparen gegenüber Konsumieren bestraft, weil sich der Staat bei den Zinsen nochmals bedient. Da macht es einen Unterschied, je nachdem, in welchem Wirtschaftszweig oder Wirtschaftsraum das Einkommen erzielt wurde. So geht der Fiskus an Einkünfte aus Land- und Forstwirtschaft behutsamer ran, und Bergleute dürfen Bergmannsprämien von ihrer Lohnsteuerschuld abziehen. Demgegenüber werden gewerbliche Einkommen diskriminiert, indem am Gewinn nicht nur die Einkommen-, sondern auch die Gewerbesteuer nagt. Beispiele für räumliche Steuerprivilegien sind die (mittlerweile abgeschaffte) Berlinzulage und die Grenzlandförderung. Da entscheidet die Rechtsform eines Unternehmens (KG, GmbH etc.) über die unterschiedliche Steuerbelastung. Da wird die Finanzierungsform ausschlaggebend (Eigen- oder Fremdkapital). Da spielt der Verdienstzeitpunkt eine Rolle (Wochen- oder Feiertag, Tag oder Nacht).

Niemand käme auf die Idee, Einkünfte, die mit körperlicher Anstrengung und viel Schweiß erzielt wurden, anders zu besteuern als etwa Einkünfte aus Bürotätigkeiten. Ebenso lächerlich ist die Vorstellung, Gehälter, die erst aufgrund einer längeren Ausbildung erzielt werden können, einem anderen Einkommensteuerrecht zu unterwerfen als Zahlungen für Ungelernte. Aber bei Nacht-, Sonn- und Feiertagszuschlägen für die Arbeit bestimmter Berufsgruppen halten wir diese Unterscheidungen plötzlich für normal und die Abschaffung für ungerecht. Das Gegenteil ist der Fall. Alle diejenigen, die zu solchen Zeiten Arbeit verrichten müssen, ohne eine Vergünstigung in Anspruch nehmen zu können, werden ungerecht behandelt. Wie im Kapitel über den Arbeitsmarkt bereits ausgeführt, kann es nicht Sache des Staates sein, unterbezahlte Tätigkeiten per Steuervergünstigung aufzuwerten. Dieser Mißstand muß an der Wurzel beseitigt werden, also in den Lohn- und Gehaltsverhandlungen zwischen den Beteiligten, und nicht zu Lasten der Allgemeinheit.

Das Terrain der direkten Steuern ist mit Ausnahmen und Sondernormen total überfrachtet. Bei den indirekten sieht es nicht besser aus. Den spezifischen Verbrauchssteuern stehen staatlich heruntersubventionierte Nulltarifangebote oder Unterkostenpreise gegenüber, wie etwa bei Kultur oder Sport. Hier will der Staat durch gezielte Preismanipulation – nach oben durch Steuern, nach unten durch Subventionen – die Nachfrage seiner Bürger in die »richtigen« Bahnen lenken. Laut unserer Verfassung sind Lenkungssteuern zwar nicht grundsätzlich unzulässig, aber sie bedürfen der »begründeten grundrechtlichen Rechtfertigung«, wie der Verfassungsrichter Professor Dr. Paul Kirchhof in einem Aufsatz formuliert. »Der steuerliche Vermögensentzug und die steuerlich bewirkte Freiheitseinschränkung sind je für sich grundrechtserhebliche Eingriffe.« Also sollte man möglichst wenig Gebrauch davon machen. Eine wichtige Ausnahme läßt sich mit Blick auf die Umwelt akzeptieren. Dort sind wirtschaftspolitische Lenkungsmechanismen im Prinzip tolerierbar, wahrscheinlich sogar wünschenswert, wenn den Nutzern umweltintensiver Güter die Umweltkosten aufgebürdet werden, so daß die Nachfrage in umweltschonendere Bahnen gelenkt wird. Wobei ich an dieser Stelle auch mal auf folgenden Blödsinn hinweisen möchte: Verpestete Luft macht bekanntlich nicht an den Landesgrenzen halt. Wäre es da nicht sinnvoller, die Mittel, die wir bei uns zu Hause in Hightech-Filteranlagen stecken, um noch 0,001 Promille mehr zurückzuhalten, statt dessen bei unseren ärmeren Nachbarn in die großen Dreckschleudern zu investieren, damit die überhaupt erst mal mit Filteranlagen ausgerüstet werden? Würde das die Umweltbilanz unterm Strich nicht erheblich verbessern? Aber das nur am Rande. Zurück zu den Steuern.

Bevor ich eine denkbare Alternative zum bestehenden Einkommensteuersystem skizziere, die in den letzten Jahren immer mehr Anhänger in der Wissenschaft gefunden hat, möchte ich noch ein paar Gedanken anführen, die im Gespräch mit Johann Eekhoff eine Rolle gespielt haben. Auf die Gefahr hin, daß Sie es nicht mehr hören können, aber es ist nun einmal für alle anstehenden Reformen die fundamentale Voraussetzung, die wir in Deutschland so gerne verdrängen oder für vorgeschoben halten.

Deshalb sei es wiederholt: In einer offenen Welt kann das Kapital in Deutschland nur so hoch besteuert werden, wie es in anderen Ländern, die dringend Kapital brauchen, besteuert wird. Denn sonst wandert es aus. Das mag man bedauern, aber man muß es zur Kenntnis nehmen und daraus politische Konsequenzen ziehen, statt sich – mal wieder – bis zum Schluß vergeblich dagegen zu stemmen, um letztlich doch durch die Kräfte des Marktes gezwungen zu werden, irgendwie zu reagieren. Wir haben uns zu lange auf folgenden Mechanismus verlassen: Länder, die besonders stark auf ausländische Investitionen angewiesen waren, konnten zwar preiswerte Arbeitskräfte bieten und volle unternehmerische Freiheit, aber keine rechtsstaatliche Absicherung. Wer weiß, vielleicht gab es morgen Devisenbeschränkung oder gar Enteignung. Diese Unsicherheiten sorgten über Jahrzehnte hinweg dafür, daß Kapital im wesentlichen in den Industrieländern blieb. Aber die anderen waren lernfähig und haben schnell begriffen, daß sie Sicherungen einbauen müssen, um an ausländisches Kapital zu kommen. Deshalb hat sich die Lage radikal geändert. Den Knackpunkt schildert Eekhoff so: »Was wir jetzt erleben«, meint er, »das ist den Menschen nur noch ganz schwer klarzumachen: Die Unternehmensgewinne explodieren, die Kapitalrenditen sind hoch. Da ist es doch mühelos, in der gesamten Welt eine Kapitalrendite von rund 15 Prozent zu erwirtschaften. Die Amerikaner sind mit 15 Prozent gar nicht zufrieden. Die sagen, das ist Minimum. In Deutschland sind wir längst noch nicht soweit, aber diejenigen, die Kapital anlegen, die schauen natürlich dorthin, wo man die 15 Prozent kriegt. Und darüber regen wir uns nun alle auf.«

Diese Aufregung führt genau in die falsche Richtung, wenn sie darauf abzielt, »so was« härter zu besteuern. Ökonomisches Denken funktioniert andersherum: Wir müssen versuchen, in Deutschland die Bedingungen so zu verbessern, daß sich auch bei uns mit Kapital Geld verdienen läßt – das wir dann besteuern können. Eine zweite Überlegung sei angefügt: Warum ist unsere »normale« Reaktion auf solche Gewinne moralische Entrüstung? Warum wegnehmen wollen, warum nicht daran teilhaben? »Wir reden den Leuten ein, das ist alles was Schmutziges«, sagt Eekhoff, »kauft ihr doch bitte Staatspapiere, da kriegt ihr eure 4 Prozent, eigentlich ist das ein bißchen wenig, aber absolut sicher.« Totale Sicherheit und hohe Rendite – das hätte natürlich jeder gern. Aber es ist nicht sehr intelligent, die Leute zu beschimpfen, die Risiken eingehen und gewinnen. Auch Eekhoff verweist darauf, daß es in den USA wesentlich leichter sei als in Deutschland, Risikokapital zu bekommen, und wartet mit einer Erklärung auf: »Warum kriegen die das? – Weil die den Menschen nie beigebracht haben, daß der Staat ihnen das gesamte Risiko abnimmt.«

Nach Eekhoff ist gerade in der Steuergesetzgebung rasches Reagieren – besser noch: offensives Handeln – Gebot der Stunde, weil sich ringsum die Welt geändert hat und weiter ändern wird. Die steuerpolitische Maxime muß lauten, Unternehmensgewinne nicht höher, sondern niedriger zu besteuern. »Das wäre eigentlich die normale Reaktion, die wir haben müßten«, sagt er, und ich denke: aber nicht in einem Volk, in dem die Hälfte im Öffentlichen Dienst sitzt und Selbständige langsam aber sicher zu Exoten werden. Eekhoff setzt seinen Satz fort: »Die Alternative ist ja gar nicht, daß wir das Kapital besteuern können, sondern daß das Kapital abwandert.« Ich konfrontiere auch Eekhoff mit der folgenden weit verbreiteten Ansicht: Wenn wir die Unternehmensgewinne nicht kräftig besteuern und somit der Allgemeinheit zuführen, dann laufen wir Gefahr, daß die so geschonten Unternehmer ihre Überschüsse nicht investieren und zum Schaffen von Arbeitsplätzen nutzen, sondern zum Kauf privater Luxusgüter und sonstiger persönlicher Annehmlichkeiten, von denen die Allgemeinheit nichts hat. Eekhoff lacht etwas gequält. Es macht den Eindruck, als habe er sich mit diesem Einwand bereits unzählige Male auseinandersetzen müssen. Sie kennen sicher die Art und Weise, wie höfliche und disziplinierte Menschen jemandem etwas erklären, der auch beim dritten Mal noch nicht begriffen hat, worum es geht. Es ist eine Mischung aus Gereiztheit und Geduld, wobei die Geduld überwiegt, obwohl sie beim Gegenüber meist als sehr dünne Schicht empfunden wird, die jederzeit reißen kann, um den darunter liegenden brodelnden Kräften Luft zu machen. So ein bißchen wie die dünne Haut von erkaltender Lava, die nur ein wenig heißen Nachschub braucht, um wieder zu reißen. »Man muß doch mal fragen«, beginnt Eekhoff ganz vorsichtig, »wie kommt es denn dazu, daß Unternehmer Gewinne machen?« Nach einer angemessenen Pause gibt er selbst die Antwort: »Was Unternehmen heutzutage an Gewinnen ausweisen, kommt nicht dadurch zustande, daß sie das Geld liegen lassen, sondern dadurch, daß sie das Geld investieren. Die wirklich Geld verdienen, schaffen das nur, wenn sie Produkte anbieten, welche die Leute haben wollen.« Und mit einem Seitenhieb auf unser Subventionsthema hängt er noch an: »Und nicht, wenn man im Kohleabbau investiert!«

An die Adresse derjenigen gerichtet, die eine unterschiedliche steuerliche Behandlung von privatem und gewerblichem Einkommen fordern und wieder eine andere bei Unternehmensgewinnen, sagt Eekhoff: »Das sind alles nur Varianten davon, daß man bestimmte Einkünfte von vornherein für unsauberes Geld hält. Aber wir kommen nicht auf die Idee, daß wir dadurch unsere Wirtschaft verzerren. Denn was wird passieren? Wir werden erleben, daß wir in Deutschland Leute dazu zwingen, sich aus steuerlichen Gründen irgendeine Unternehmenskonstruktion auszudenken. Was soll ich länger Freiberufler bleiben, wenn ich durch eine andere Variante günstigere Steuersätze wahrnehmen kann? Ich verursache dadurch Kosten, die Unfug sind, weil man mich steuerlich dazu zwingt.«

In den erregten Steuerdebatten ist von den Anhängern der Hochsteuersätze hin und wieder zu hören: Leute, was regt ihr euch in Deutschland eigentlich so auf? Wir sind ja gar nicht mal die Schlimmsten. Andere langen viel rigoroser zu. Abgesehen davon, daß doch wohl eher die steuerpolitischen Vorreiter und nicht die Nachzügler den Takt angeben, halten solche Vergleiche einer genaueren Überprüfung meist nicht stand. Eekhoff erklärt es exemplarisch an unserem direkten Nachbarn Frankreich. Dort wird der Spitzensteuersatz nicht erst bei einem zu versteuernden Einkommen von 120 000 Mark erreicht, sondern bereits in einer Größenordnung von umgerechnet zwischen 70 000 und 80 000 Mark. Aber Franzosen stehen sich dennoch wesentlich besser als Deutsche. Zum einen gesteht der französische Staat seinen Bürgern ein höheres Existenzminimum zu, das unbesteuert bleibt. Und zum anderen ist es üblich, von seinem tatsächlichen Einkommen einen allgemeinen Abschlag von 20 Prozent vorzunehmen, bevor die Steuerpflicht greift. Darüber hinaus können in bestimmten Sparten noch einmal 10 Prozent in Abzug gebracht werden.»Wenn Sie das genau ausrechnen«, faßt Eekhoff zusammen, »dann landen sie nicht bei 70000, 80000 oder 120000 Mark, sondern etwa bei 180000.« Das tatsächliche Bild ist also genau seitenverkehrt zu jenem, das man bei einem Vergleich der formalen Eckpunkte für den Spitzensteuersatz erhält.

Wenn wir uns auf die Suche nach einem funktionsfähigen Steuersystem machen, dann gelangen wir recht bald an eine Weggabelung, wo wir uns für eine Richtung entscheiden müssen. Die eine markiert das traditionelle Konzept umfassender Einkommensbesteuerung und führt in bekannte Gefilde. Die andere weist den Weg zum neuen Konzept einer konsumorientierten Steuer durch bislang unbekanntes Gelände. Am Ziel beider Wege soll es – laut Hinweisschild – möglich sein, die wirtschaftliche Leistungsfähigkeit (= individuelle Zahlungsfähigkeit) des einzelnen real einzuschätzen und die wirtschaftliche Leistungsfähigkeit der Gesellschaft insgesamt nicht zu behindern.

Die Stolpersteine des ersten Weges sind bekannt. Trotz geballter Anstrengung der Steuerexperten ist es nahezu unmöglich, Einkommen so abzugrenzen, daß es die »wirkliche« Leistungsfähigkeit widerspiegelt. Obwohl wir es beim Thema Steuer überwiegend mit meßbaren Größen und Zahlen zu tun haben, bleiben genügend andere Kriterien übrig, die sich einer exakten Bewertung entziehen, aber dennoch für die wirtschaftliche Leistungsfähigkeit von Bedeutung sind. Warum nicht einen neuen Weg wagen, der andere Perspektiven ermöglicht, andere Ausblicke freigibt und der – das zur Beruhigung – in der Karte auch noch gut beschrieben ist?

Nämlich so: Sinn und Zweck allen Wirtschaftens ist es, etwas herzustellen oder anzubieten, das andere brauchen oder haben wollen. Das heißt, es läuft am Ende immer in irgendeiner Form auf Konsum heraus. Leistungsschwache werden weniger konsumieren, Leistungsstarke mehr. Jedenfalls belastet der einzelne die Gesellschaft durch seinen Konsum, denn dadurch wird der Volkswirtschaft etwas entzogen, während das Investieren von Ersparnissen die künftige Versorgung der Bevölkerung verbessert. Das ist die eine Seite. Von der anderen Seite aus betrachtet, läßt sich feststellen, daß die Belastung durch eine Steuer – welche auch immer – stets als staatlich erzwungener Konsumverzicht spürbar wird. Was mir der Staat abnimmt, kann ich nicht mehr ausgeben. Wenn wir den Konsum zur Bemessungsgrundlage für die persönliche Besteuerung machen, bedeutet dies eine gigantische Vereinfachung des Systems, das viel besser und erheblich billiger zu handhaben ist. Darüber hinaus bewirkt die Konsumorientierung, daß Sparen nicht – wie bisher – bestraft wird und daß Investitionen steuerlich unbelastet bleiben. Die Besteuerung erfolgt erst dann, wenn Ersparnisse für Konsumzwecke aufgelöst werden oder wenn der Unternehmer Gewinne (Investitionserträge) der Firma entnimmt, um damit Konsumgüter zu kaufen.

Einer der engagiertesten Verfechter der konsumorientierten Besteuerung ist Manfred Rose, Professor für Finanzwissenschaft an der Universität Heidelberg. Zusammen mit einigen Kollegen hat er dieses bereits im Jahre 1955 vom Ökonomieprofessor Nicholas Kaldor erstmals vorgeschlagene System weiterentwickelt und praxisreif gemacht. In Kroatien wird seit 1. Januar 1994 erfolgreich danach verfahren. Das kroatische Finanzministerium wollte durch ein völlig neues Steuersystem beim Übergang zur Marktwirtschaft im Vergleich zu anderen Ländern die Nase vorn haben. Das könnten wir auch, wenn wir uns zu diesem Schritt entschlössen. Mit einem Schlag wäre Kapitalbildung – laut Rose »das so wichtige Saatgut der Volkswirtschaft« – von der Steuer befreit, die doppelte Besteuerung abgeschafft, und es ginge mit Blick auf die Lebenszeit gerechter zu. Denn Teile der Steuerlasten würden von der Ansparphase, wo es im Budget besonders kneift, in die Endsparphase verlagert, also von der Jugend ins Alter. Und Spitzeneinkünfte, wie sie etwa Hochleistungssportler, Mannequins, Künstler oder andere nur eine begrenzte Zahl von Jahren erzielen können, würden nicht automatisch zum Zeitpunkt der Entstehung durch den Einkommensteuerhöchstsatz ausgezehrt.

Das Prinzip muß man sich so vorstellen: Versteuert wird nur, was für den laufenden Konsum ausgegeben wird. Wer sein Geld aufs Sparbuch legt, in irgendeine Form der Altersvorsorge steckt oder aber in Unternehmen investiert, zahlt dafür keine Steuern. Aber sobald Ersparnisse einschließlich der aufgelaufenen Zinsen abgehoben werden oder sobald Unternehmensgewinne an Haushalte ausgezahlt werden, um damit etwas anzuschaffen, werden auch diese Beträge steuerpflichtig. Dabei verficht Rose eine radikale Vereinfachung und sieht nur zwei Steuertarife vor: einen Eingangssteuersatz von 20 Prozent und einen Spitzensteuersatz von 30 Prozent. So weit muß man ja nicht gehen, aber mehr als drei Stufen sollten es meines Erachtens nicht werden. Dabei wird natürlich nicht der gesamte Konsum dem höheren Tarif unterworfen, sondern nur der Teil, der die jeweilige Grenze übersteigt. Den Rest erledigt die Umsatzsteuer (zum Beispiel Mehrwertsteuer). Nach Rose wäre da ein einziger Steuersatz von etwa 20 Prozent optimal. Der reduzierte Satz (zur Zeit 7 Prozent) auf Güter des Grundbedarfs (... dazu zählen auch Bücher) kommt sowohl einkommensschwachen als auch einkommensstarken Bürgern zugute, hat also nichts mit »sozial« zu tun. Da heruntersubventionierte Preise sozial wenig treffsicher und somit sehr teuer für den Fiskus sind, sollten wir in der Tat einen einheitlichen Umsatzssteuersatz anpeilen, zumal man verteilungspolitischen Anliegen grundsätzlich über eine Staffel bei den Sätzen der persönlichen Konsumsteuer Rechnung tragen kann. Durch die Erhöhung um fünf Prozentpunkte (von derzeit 15 auf 20) sei es zudem möglich, »eine Reihe unsinniger, für die Steuerverwaltung aufwendiger und marktwirtschaftlich schädlicher Steuern abzuschaffen«. Dazu zählt Rose die verwaltungstechnisch höchst komplizierte (und mittlerweile aufgrund eines Verfassungsgerichtsurteils abgeschaffte) Vermögensteuer sowie die investitionshemmende Gewerbesteuer. Mineralöl-, Alkohol- und Tabaksteuer will er aus umwelt- bzw. gesundheitspolitischen Gründen bestehen lassen.

Ohne hier allzusehr ins Detail zu gehen – ein paar Gedanken müssen noch sein, um potentiellen Kritikern den Wind aus den Segeln zu nehmen. In der Wissenschaft nennt man das gerade beschriebene Verfahren »Sparbereinigung«, weil das Einkommen um die gesparten Beträge gekürzt wird. Es taugt am besten, den Mechanismus verständlich zu machen. Um das Prinzip jedoch anzuwenden, empfiehlt sich aus erfassungstechnischen Gründen die sogenannte »Zinsbereinigung«, zumal die Informationsschiene zwischen Banken und Finanzämtern wegen der Quellenbesteuerung von Zinsen bereits ausgebaut ist. Sie läuft im Ergebnis auf dasselbe hinaus: nämlich Ersparnisse und Investitionen vor fiskalischen Zugriffen zu schützen und über Konsumausgaben die Steuern reinzuholen.

Wer Genaueres über die Methoden der Spar- und der Zinsbereinigung wissen will, muß durch diesen Absatz durch, die anderen können mit dem nächsten fortfahren. Bei der Sparbereinigung kürzt man das Einkommen – zu dem natürlich auch Vermögenserträge wie Zinsen, Dividenden, Mieten, Pachten etc. gehören – um die Ersparnis. Bei der Zinsbereinigung legt man ein um die Vermögenserträge vermindertes Einkommen zugrunde und verzichtet statt dessen auf den Ersparnisabzug. Auf den üblichen Einjahreshorizont bezogen, führen beide Konzepte zu einer unterschiedlichen Steuerlast. Aber auf lange Sicht – also in den Zeitdimensionen der Investitionsrechnung oder »ewigen Rente« – sind beide Verfahren gleichwertig. Trotz eines unterschiedlichen zeitlichen Verlaufs der Steuerbeträge verkörpern beide Zeitreihen den gleichen Vermögenswert.

Um den Unterschied zum jetzigen System zu verdeutlichen, bediene ich mich eines konkreten Beispiels, dessen Daten ich einer der Schriften von Rose entnommen habe. Gesetzt den Fall, ein Erwerbstätiger möchte im Jahre 1994 aus seinem Einkommen 5 000 Mark sparen, um sich im darauffolgenden Jahr einen Wohnzimmerschrank oder ein ähnlich langlebiges Gebrauchsgut zu kaufen. Nach dem neuen System kann er diesen Betrag steuerfrei anlegen und dafür steuerfrei Zinsen kassieren. Wegen der einfacheren Rechnung nehmen wir einen Zinssatz von 10 Prozent an. Das bedeutet, daß sein Sparkapital 1995, also im Jahr der geplanten Anschaffung, 5 500 Mark beträgt. Wenn er sich diesen Betrag für Konsumzwecke auszahlen läßt, muß er ihn voll versteuern. Wegen der Vergleichbarkeit mit dem heutigen System gehen wir von einem Steuersatz von 40 Prozent aus (der nach der Vorstellung Roses künftig ja niedriger sein sollte). Das heißt, von den angesparten 5 500 Mark bleiben dem Erwerbstätigen 3 300 Mark für den Kauf eines Konsumgutes übrig. Nach der jetzigen Regelung kann er statt der 5 000 Mark nur 3 000 aufs Sparkonto legen, weil die Einkommensteuer 40 Prozent des Betrages aufzehrt. Bei 10 Prozent Zinsen ergibt auch das einen Betrag von 3 300 Mark, sofern die Zinszahlungen insgesamt einen bestimmten Betrag nicht übersteigen und somit von der Steuerpflicht befreit sind. Hat der Mann aber so viel auf der hohen Kante, daß er die Zinseinkünfte voll versteuern muß, verringert sich die Summe auf 3 180 Mark. (40 Prozent von 300 Mark = 120 Mark). Was auf den ersten Blick eher unerheblich wirkt, führt auf lange Sicht zu gewaltigen Wertdifferenzen, wie das folgende Beispiel zeigt: Ein heute 25jähriger entscheidet sich zu sparen, um im Alter versorgt zu sein. Wenn er heute bei 10 Prozent Zinsen 5 000 Mark im Jahr spart, hat er nach dem Rose-Modell zu seinem 65. Lebensjahr fast 230 000 Mark angesammelt (genau sind es 226 296 Mark). Wenn man das rückrechnet, dann bedeutet das: Für einen Konsumwert von 5 000 Mark in 40 Jahren ist ein jährlicher Sparbetrag von 110 Mark zu erbringen (zuzüglich der darauf anfallenden Zinsen und Zinseszinsen). Wendet man unsere geltende Einkommensbesteuerung an, dann erzielt der 25jährige mit gleichem Aufwand lediglich knapp 52 000 Mark (nämlich genau 51 428 Mark), wenn er sein 65. Lebensjahr erreicht hat. Das sind 77,3 Prozent weniger als nach dem Konsumsteuer-Modell. Wiederum rückgerechnet bedeutete dies: für 5 000 Mark Konsum in 40 Jahren muß ich jährlich rund 486 Mark sparen statt der oben erwähnten 110 Mark. Das sind 342 Prozent mehr.

Diese ganze Rechnerei – so verwirrend sie vielleicht wirken mag – macht eines deutlich: Unser derzeitiges Steuersystem entmutigt die Sparer und belohnt jene, die ihr Einkommen verbrauchen. Es verführt den Bürger zum sorglosen Konsum. Er ist nicht frei in seiner persönlichen Lebensgestaltung. Denn »wenn ein Gut wie der zukünftige Konsum mehr als dreimal so teuer ist wie bisher«, so Rose, »wird der Konsument seine Entscheidung über die Verwendung eines gegebenen Einkommens zwangsläufig ändern.« Mit anderen Worten: Das Sparen für den Zukunftskonsum wird gegenüber dem Gegenwartskonsum erheblich diskriminiert. Und noch ein bißchen deutlicher: Wenn die fleißigen Konsumenten von heute später der Allgemeinheit zur Last fallen, weil sie nicht so dämlich sind, unter diesen Umständen vorsorgen zu wollen, dann belastet das eine Generation, vor der sich die jetzt Regierenden nicht zu rechtfertigen brauchen. Die Rechnung wird im übrigen noch katastrophaler, wenn man die Inflation mit einkalkuliert. Manche nennen das »steuerlich bedingte Enteignung von privatem Sparkapital«.

Die konsumorientierte Besteuerung hat natürlich auch Konsequenzen für die Steuerbilanz von Unternehmen. Da es die Grundidee des Reformmodells ist, den Konsum privater Haushalte zu besteuern, aber Sparen und Investieren zu schonen, lautet die Frage: Wie bugsiert man in dieses System »Unternehmensbesteuerung« hinein? Auf den ersten Blick scheint ein Widerspruch in sich zu sein und wirkt wie ein Fremdkörper. Denn die Besteuerung von Unternehmensgewinnen paßt in der Tat nicht in ein System konsumorientierter Haushaltsbesteuerung. Die Regeln, nach denen betriebliche Gewinne oder Verluste bzw. Überschüsse oder Defizite ermittelt werden, sind im Reformmodell aber trotzdem wichtig: Man muß sie nur so umgestalten, daß sie möglichst gut darauf rückschließen lassen, was der Unternehmer konsumiert hat. Es gilt also, das betriebliche Rechnungswesen (Bilanz, Gewinn-und-Verlust-Rechnungen) so anzupassen, daß man jenen Wert erhält, der aus der Firma für private Konsumzwecke »abgezwackt« worden ist. Denn – nicht zu vergessen – das Reformmodell steht ja unter dem Motto: Besteuert wird nur, was aus dem Produktionsprozeß herausgenommen, und nicht das, was in ihn hineingesteckt wird.

Wo genau die steuerpolitischen Schalthebel neu zu stellen sind, wird am deutlichsten, wenn man sich die Mängel der derzeitigen Gewinnbesteuerung im Rahmen des Einkommensteuerrechts vor Augen führt. Die Höhe des ausgewiesenen Gewinns hängt maßgeblich von der Antwort auf zwei Fragen ab. Erstens: Wie wird Geldkapital (also Eigen- und Fremdkapital) steuerlich behandelt? Zweitens: Wie wird Realkapital (also Maschinen, Gebäude etc.) steuerlich behandelt? Im jetzigen System ist es so, daß Fremdkapital gegenüber Eigenkapital steuerlich bevorzugt wird. Denn der Einsatz von Fremdkapital mindert den Gewinn und damit die Steuerschuld, der Einsatz von Eigenkapital aber nicht. Wenn ich mir bei meiner Bank einen Kredit für eine Investition besorge, dann sind nämlich die Zinsen, die ich dafür zahlen muß, abzugsfähig. Sobald ich eigenes Geld einsetze, kann ich die Zinskosten nicht abziehen. Dieses gängige Verfahren hemmt die Bildung von Eigenkapital und bevorzugt die Fremdfinanzierung. Oder anders gesagt: Schuldenmachen ist steuerlich betrachtet attraktiver, als Erspartes einzusetzen. Sparquote und Wohlstand sind niedriger als in einem System, das finanzierungsneutral wirkt. Im Konsumsteuermodell hat folglich die steuerliche Abzugsfähigkeit von Schuldzinsen keinen Platz.

Wenden wir uns nun dem Realkapital zu, also der steuerlichen Behandlung von Maschinen, Fuhrpark, Gebäuden etc. Im Einkommensteuermodell werden Abschreibungen vorgenommen. Das ist bekannt. Sie drücken aus, daß ein Kapitalgut im Produktionsprozeß an Wert verliert. Abschreibungen zählt man (neben den Zinsen) zu den Kosten der Kapitalnutzung. Je schneller ein Investitionsgut abgeschrieben werden darf, um so mehr wird der Gewinn gedrückt, und um so weniger Steuer fällt darauf an. Allerdings packt der Fiskus später dann kräftiger zu, wenn das Investitionsgut steuerlich bereits abgeschrieben ist, aber wirtschaftlich noch genutzt wird und Erträge darauf anfallen, die versteuert werden müssen. Der Effekt großzügiger Abschreibungsregeln ist also eine zeitliche Gewinnverschiebung und damit eine Verlagerung der Steuerlast in die Zukunft. Der Fiskus schlägt später zu, was für den Unternehmer einen Zinsvorteil und einen Liquiditätsgewinn bedeutet.

Wo liegen nun die Nachteile des jetzigen Systems? Da ist zum einen die ständige politische Manipulierbarkeit zu bemängeln. Die Grundregel lautet doch: Ein Investitionsprojekt wird um so rentabler, je schneller der Unternehmer abschreiben darf. Weil das im Grunde alle wissen, kommt es zu Ausnahmeregelungen vom üblichen Gebaren, und je nach konjunktureller oder branchenspezifischer Lage werden plötzlich Ermessensspielräume entdeckt. Die Abschreibungsmodalitäten werden zum Pokerspiel und nicht zu einer langfristig kalkulierbaren Größe.

Im Konsumsteuermodell hingegen wäre endlich Schluß mit dem politischen Gefeilsche. Da gäbe es nämlich eine unverrückbare Abschreibungsnorm namens Sofortabschreibung. Das bedeutet, daß die Investitionsausgaben sofort – also im Jahr der Anschaffung – in voller Höhe steuermindernd verbucht werden dürfen. Worin liegt der Vorteil dieses Verfahrens? Oder vielleicht besser andersherum: Wo liegt der Nachteil des konventionellen Systems? (Der Leser, der mit der Abschreibungsdiskussion wenig am Hut hat, kann getrost zum nächsten Kapitel wechseln, der an diesem Thema Interessierte darf sich auf eine spannende Auflösung gefaßt machen.)

»Normale« steuerliche Abschreibung ist an die wirtschaftliche Abnutzung angepaßt. Bei ihr wird der Gewinn des Unternehmens so ausgewiesen und versteuert, wie er tatsächlich entsteht. Sonderabschreibungen oder besonders großzügige Normalabschreibungen bewirken demgegenüber einen zeitlichen Aufschub der Besteuerung, weil Gewinne buchtechnisch in die Zukunft verlagert werden dürfen. Diese Konzepte sind im Rahmen einer Einkommensteuerphilosophie konsequent, denn man will ja den Fiskus am Nettoertrag, den Kapital in einer Firma erwirtschaftet hat, teilhaben lassen. Dem Verfechter einer Konsumsteuerphilosophie sträuben sich bei diesem Gedanken allerdings die Haare. Denn er will ja gerade nicht den Akt des Produzierens (und somit der Wertschöpfung aufgrund von Kapital- und Arbeitseinsatz) besteuern, sondern den Akt des Konsumierens (und somit des volkswirtschaftlichen Werteverzehrs). Der Verfechter einer Konsumsteuerphilosophie muß für die Sofortabschreibung plädieren. Denn es ist sonnenklar, daß dann, wenn die Ausgabe für das Investitionsgut anfällt, die Konsummöglichkeit des Unternehmers entsprechend beschnitten wird. Wenn er beispielsweise 100 000 Mark für eine Investition in einen neuen Arbeitsplatz ausgibt, dann fehlen diese Mittel für seinen persönlichen Konsum – etwa für eine Kaviarorgie auf einem luxuriösen Karibiksegler ... Wer den konsumorientierten Unternehmer bestrafen und den investitionsorientierten belohnen möchte, muß für einen Systemwechsel eintreten – weg von der Periodisierung der Investitionskosten, hin zur Sofortabschreibung. Das für die Besteuerung maßgebliche Rechnungswesen muß also in ein Kassenflußkonzept (im Englischen spricht man von *cash-flow*) umgeformt werden.

Nach Ansicht einer ganzen Reihe von Wissenschaftlern hätte die allmähliche Einführung des neuen Systems auf kurze Frist nur geringe Steuerausfälle zur Folge, langfristig würde der Fiskus ohnehin profitieren. Denn die – isoliert betrachtet – sehr hohen Steuerausfälle beim Übergang von den derzeitigen Abschreibungsregeln zur Sofortabschreibung ließen sich »durch die Abschaffung systemwidriger Vergünstigungen«, wie Rose formuliert, »und die mit dem Wachstumsschub verbundene Ausweitung der Bemessungsgrundlagen fast aller Steuern (soll heißen, wenn es sich wieder lohnt, wird auch wieder mehr getan und vor allem nicht am Fiskus vorbei!) gegenfinanzieren.«

Im Grunde weist die derzeitige Steuerpraxis bereits einige konsumorientierte Elemente auf. Es gilt, sie zu systematisieren und zu vervollständigen und vor allen Dingen den Begehrlichkeiten in Richtung zusätzlicher Kapitalbesteuerungen entgegenzutreten. Für diesen Fall entwickelt Rose zusammen mit seinen Kollegen das folgende Bild: »Falls die gegenwärtige Diskussion einer erhöhten Besteuerung der Kapitaleinkommen nicht rechtzeitig gestoppt wird, ist Gefahr im Verzug. Die Bürger werden sich des Zugriffs auf ihre Ersparnisse zu erwehren wissen. Gleichgültig, ob die Bürger in den Konsum oder ins Ausland flüchten: Der Fiskus wird in jedem Fall leer ausgehen und deshalb mit leeren Kassen dastehen, wenn ihm vermögenslose Bürger im Alter zur Last fallen.« Und der Würzburger Ökonomieprofessor Ekkehard Wenger formuliert ebenso drastisch: »Die traditionelle Besteuerung von Kapitaleinkünften und Unternehmensgewinnen ist angesichts des drohenden Altersvorsorge-Notstands ein volkswirtschaftliches Verbrechen.«

7

Umkehr aus der Einbahnstraße

Plädoyer für den
Wechsel zu sicheren Renten

»Von der Rentenversicherung sollen angeblich noch zwanzig Leute wirklich etwas verstehen – und die sitzen wahrscheinlich nicht im Bundestag.« Diese Bemerkung klingt böse. Ist aber gar nicht so gemeint. Im Gegenteil. Der gleiche Gesprächspartner ergänzt: »Ein normaler Politiker – selbst ein Sozialpolitiker – durchschaut das nicht mehr. Es ist auch nicht mehr zu durchschauen, wenn man dieses Feld nicht ausschließlich beackert.«

Jedenfalls ist eins klar – auch die Rentendiskussion ist längst parteipolitisch vereinnahmt und läuft überwiegend auf ideologischen und emotionalen Schienen. Erschwerend kommt hinzu, daß die meisten Entscheidungsträger am derzeitigen System so sehr hängen, daß eine grundsätzliche Überprüfung für sie gar nicht in Frage kommt. Es habe sich bewährt, heißt es, und es sei ein Risiko, an den Grundfesten zu rütteln. Sie erinnern sich an den Mechanismus: Im Bestehenden kennt man sich aus, also bloß nicht dran rühren, denn Veränderung kann nur Chaos bedeuten.

Es gilt, im wesentlichen folgende Fragen zu beantworten: Wollen wir das Umlageverfahren beibehalten oder ein Kapitaldeckungsverfahren anstreben? Können wir das Umlageverfahren auf lange Sicht überhaupt durchhalten bzw. ist es finanziell zu schaffen, auf Kapitaldeckung umzuschwenken? Soll es eine staatlich vorgeschriebene Pflicht zur Mindestabsicherung geben und der Rest der individuellen Vorsorge vorbehalten bleiben? Oder sollten wir uns für eine steuerfinanzierte Grundrente entscheiden, aufgebessert durch private Absicherung?

Norbert Walter, der Chefökonom der Deutschen Bank, sieht gar keine andere Wahl, als sich vom Umlageverfahren Schrittchen für Schrittchen zu verabschieden. Auf die bange Frage allerorten, ob diese Umstellung finanziell überhaupt zu bewältigen sei, weil sie mindestens eine Generation doppelt belaste, gibt er die ernüchternde Antwort: »Wenn wir nicht heute anfangen, werden wir mit der Aufgabe künftig dennoch konfrontiert, und die Verwerfung wird größer.« Es führt also kein Weg daran vorbei, will ich von ihm wissen. »Ja, Doppelbelastung muß sein, weil wir schlicht eine Generation verschlafen haben.« Walter hat auch einen konkreten Weg parat, wie man es angehen könnte, und erklärt ihn für wirtschaftswissenschaftliche Laien so: »Wir müssen uns Jahresring für Jahresring vorarbeiten. Wir können das neue System nach meinem Urteil erst in mehr als dreißig Jahren erreichen. Nicht *in* 30 Jahren. Darunter ist alles sowieso unsinnig. Das könnte in etwa so aussehen: Statt 20 Prozent wenden wir 25 Prozent unseres Einkommens auf, zweigen aber ab sofort 5 Prozent für das Kapitaldeckungsverfahren ab. Wir erhöhen diesen Prozentsatz im Laufe der Zeit und reduzieren die Beitragsbelastung unter die heutigen 20 Prozent.« Wenn man also einen halben Prozentpunkt pro Jahr von einem Verfahren aufs andere umpolt (so daß ein steigender Anteil der Rentenzahlungen aus den Kapitalerträgen statt aus dem Umlagetopf finanziert wird), könnte man den Systemwechsel in etwa vierzig Jahren geschafft haben. Allerdings – es sei noch einmal wiederholt – über einen längeren Zeitraum mit höheren Einzahlungen als heute.

Die Frage wäre natürlich, ob wir den Systemwechsel nicht wesentlich schneller hinkriegen, wenn wir von der Einkommensbesteuerung auf die Konsumbesteuerung übergehen. Denn wenn man den jungen Menschen so hohe Beitragssätze zumutet, dann wäre doch die Zeitverschiebung der Steuerlast von der Jugend ins Alter »die Idee«. Damit könnte man auch denjenigen den Wind aus den Segeln nehmen, die immer nur die Schwierigkeiten der Umstellung betonen, aber die der Beibehaltung unbeirrt bagatellisieren.

Die Alternative zum Systemwechsel besteht nach Walter darin, das Rentenniveau stärker abzusenken. Das geht aber nur, wenn das Sozialhilfeniveau sinkt. Andernfalls gäbe es keinen Abstand zwischen Sozialhilfe und Altersversorgung, dann könnten wir uns das komplizierte Rentensystem ohnehin sparen und das Sozialhilfesystem gleich zum Auffangen verwenden. »Aber das sollten wir nicht wollen«, sagt Walter. Was er damit meint, ist klar: Wer wird für eine Altersversorgung Abgaben zahlen, wenn er per Sozialhilfe genauso weit kommt? Als zusätzlichen Reformschritt schlägt er eine Ausweitung der Lebensarbeitszeit vor, was er gleichermaßen für human und ökonomisch effizient hält. Dabei geht er nicht von starren Altersgrenzen aus. Trotz der Tatsache, daß viele Arbeitnehmer wegen geringer Einkünfte nicht zwischen weniger Rente und längerer Arbeitszeit wählen können, sollte dennoch Raum für diese individuelle Entscheidung sein. Schließlich gibt es in unserer Gesellschaft eine ganze Reihe exzellent bezahlter Jobs. Nicht alle Rentner krebsen automatisch kurz über der Sozialhilfe herum. Der Eindruck wird ja hin und wieder erweckt.

Walter fragt natürlich auch, ob sich längere Arbeitszeiten mit der ohnehin desolaten Lage am Arbeitsmarkt vertragen. Aber man muß die Dinge ja nicht mit dem Holzhammer angehen. Man könnte – mit Blick auf die Bevölkerungsentwicklung – die Lebensarbeitszeit dann stärker erhöhen, wenn die Zahl der Neueintritte junger Menschen in das Erwerbsleben klein ist. Nach Walters Einschätzung wäre das um das Jahr 2005 herum möglich.

Es ist an der Zeit, mit einem großen Mißverständnis aufzuräumen. Die Vorstellung, der Ältere würde dem Jüngeren einen Arbeitsplatz »wegnehmen«, wird ja immer anachronistischer. Dieses Bild hat in die Zeit der Industrialisierung gepaßt, wo ein Fabrikarbeiter problemlos durch einen anderen ersetzbar war, weil man für den Job keine spezielle Ausbildung brauchte. In einer Gesellschaft, die ihren Wohlstand vorwiegend jenem Kapital verdankt, das sich in den Köpfen der Leute befindet – dem sogenannten Humankapital –, ist der Glaube an die beliebige Austauschbarkeit von Menschen naiv. Wer Kreativitätspotentiale per Staatsdekret aufs Altenteil abschiebt, muß sich nicht wundern, wenn der Schuß nach hinten losgeht. Denn es ist doch so: Erstens verdanken wir die Sicherheit von Arbeitsplätzen zunehmend zündenden Ideen. Die sind ja nicht vom Alter abhängig. Und zweitens steigt das Wissensniveau der Arbeitskräfte – und damit auch der volkswirtschaftliche Wohlstand –, wenn der erfahrene den neu eingestellten Kollegen anlernt. Verdrängungsparolen sind weder menschlich noch volkswirtschaftlich zu akzeptieren.

Die Chancen für einen baldigen grundlegenden Wandel im Rentensystem stuft Walter als eher gering ein, obwohl von den demographischen Voraussetzungen her die Lage gar nicht günstiger sein kann. Zur Zeit haben wir relativ viele junge Menschen, die in den Erwerbsprozeß eintreten (also Beitragszahler), und relativ wenig, die aus dem Arbeitsleben ausscheiden (also Rentenempfänger). Letzteres hängt mit den Auswirkungen des Zweiten Weltkrieges zusammen. Wenn also nicht jetzt, wann dann?

Die Befürworter des derzeitigen Umlageverfahrens bringen schwere Geschütze in Stellung, wenn es um die Verteidigung »ihres« Systems geht. Sie bezeichnen den Umstieg vollmundig als Aufkündigung des Generationenvertrages und scheuen sich nicht, den Anhängern der kapitalgedeckten Rente ein schlechtes Gewissen einzureden. In Wahrheit handle es sich bei denen um unsolidarische Monster. In der politischen Auseinandersetzung mag man mit dieser Position Punkte machen, zur Problemlösung taugt sie nicht, und von nachprüfbaren Fakten ist sie weit entfernt.

Besonders peinlich wird es, wenn in aufgeheizten Debatten Wunschdenken als Tatsache serviert wird. Das Umlageverfahren hat sich nicht »bereits hundert Jahre bewährt«, wie Bundesarbeitsminister Norbert Blüm bei Veranstaltungen oftmals behauptet. Es ist auch keine solidarische Großtat des vorigen Jahrhunderts. Mit Bismarck hat es schon gar nichts zu tun. Der hat die gesetzliche Rentenversicherung am 1. Januar 1891 vielmehr als kapitalgedecktes Versorgungssystem eingeführt. Erst 1957 wurde auf das Umlageverfahren umgestellt. Und zwar aus folgendem Grund: Krieg und Inflation hatten den Kapitalstock entwertet. Bei der Währungsreform 1948 wurde offenkundig, daß die Rentenversicherung mit leeren Händen dastand. Die Renten waren nicht mehr gedeckt. Der Staat jonglierte mit versicherungsmathematischen Fehlbeträgen. Durch den Wechsel der Systeme – von Kapitaldeckung auf Umlage – war dieses Problem mit einem Schlag beseitigt. Denn die Beiträge der Aktiven konnten unmittelbar zur Rentenfinanzierung herangezogen werden.

Für damalige Verhältnisse war das sicher die richtige Entscheidung, aber für heute paßt sie längst nicht mehr. Damals hatten wir eine Vollerwerbsgesellschaft, heute kann davon keine Rede sein. Damals stimmte die Alterspyramide, heute ist sie dabei, sich umzukehren. Die Lebenserwartung ist gestiegen, die Ausbildungszeiten haben sich verlängert. Die veränderten Bedingungen lagen auch bei der letzten Rentenreform im Jahr 1992, die für Jahrzehnte Sicherheit schaffen sollte, schon klar auf der Hand. Der Sachverständigenrat hatte bereits mehrfach, zuletzt ausführlich im Jahresgutachten 1988/89, davor gewarnt, grundsätzliche Korrekturen vor sich herzuschieben. Aber die Versuchung, weit in der Zukunft liegende Gefahren abermals zu verdrängen, war offenbar zu groß. Nicht ohne Grund wurden damals in schöner Eintracht die erwarteten Beitragssätze nur bis zum Jahre 2010 veröffentlicht. Also genau bis zu dem Zeitpunkt, wo die Schwierigkeiten erst so richtig spürbar werden.

Was nützt der vielgelobte Konsens, der – angeblich – alles so stabil und verläßlich macht und mit dem wir – angeblich – in den letzten Jahren so gut gefahren sind, wenn er existentielle Fragen einfach ausklammert? Wieviel Vertrauen haben diejenigen verdient, denen angesichts größter Finanzierungsprobleme nichts anderes einfällt, als den Bundeszuschuß zu den Rentzahlungen zu erhöhen, damit die Pleite nicht so offensichtlich wird? Wer sorgt denn dafür, daß der Bundeszuschuß fließen kann? Die Steuerzahler, die ohnehin unter der hohen Abgabenbelastung ächzen. Und der Rest kommt über zusätzliche Staatsverschuldung rein, die irgendwann mit Zins und Zinseszins beglichen werden muß. Von uns und vor allem von künftigen Generationen. Bei dieser Gelegenheit fällt mir eine Adenauer-Anekdote ein, die wahr sein könnte. Als 1957 das Umlageverfahren eingeführt wurde, soll er gefragt haben: Und was wird, wenn eines Tages das Gleichgewicht zwischen den Altersklassen nicht mehr stimmt? »Dann sind Sie nicht mehr Bundeskanzler« ist als Antwort überliefert. Wenn wir von Doppelbelastung der heute Erwerbstätigen im Falle einer Umstellung sprechen, ist das nur die halbe Wahrheit. Strenggenommen haben sie diese Doppelbelastung jetzt schon. Es sagt ihnen nur keiner so deutlich. Wer von den Jüngeren will sich denn innerhalb des alten Systems noch darauf verlassen, daß die Zahlungen aus der gesetzlichen Rentenversicherung ein Auskommen in seinem Alter garantieren? Wer es halbwegs einrichten kann, sorgt darüber hinaus vor. Es wird diejenigen, die es trifft, nicht trösten, aber um ganz präzise zu bleiben: Es handelt sich streng im mathematischen Sinne auch nicht um eine Doppel-, sondern um eine zusätzliche Belastung, die weniger als doppelt so hoch ist. Schlimm genug, aber wichtig zu wissen, wenn man sauber argumentieren will. Anhand einer Studie von Manfred Neumann, Professor für Volkswirtschaftslehre an der Universität Erlangen-Nürnberg, legt das Frankfurter Institut (Kronberger Kreis) folgende Berechnung vor: Wenn man davon ausgeht, daß heutzutage etwa 18 Prozent des Gesamteinkommens für die Rentenversicherung draufgehen, dürfte der Satz selbst in der Hochphase der parallelen Zahlungen in zwei verschiedene Systeme nicht mehr als 23 Prozent betragen. Dafür sinkt der Satz aber zwanzig Jahre später auf etwa 9 Prozent. Der Satz ist so kalkuliert, daß er ein Rentenniveau in Höhe von 70 Prozent des letzten Gehaltes sichert.

Welch eine Perspektive! Auf dem Weg dorthin wird es Verlierer geben. Es hat überhaupt keinen Zweck, das bestreiten zu wollen. Aber wenn wir das Allgemeinwohl im Auge haben, wie wir immer wieder behaupten, dann müssen wir uns auch für Größenordnungen interessieren. Wenn auf lange Sicht für alle und mittelfristig für die Mehrzahl Vorteile herausspringen, sind Politiker geradezu moralisch verpflichtet, diesen Weg zu beschreiten. Jedenfalls dann, wenn sie ihren Amtseid ernst nehmen, sich zum Wohle des Volkes einzusetzen und Schaden von ihm abzuwenden. Wie dramatisch die Lage ist, zeigt die Wortwahl der Gelehrten. Es muß schon viel passieren, bevor sich Wissenschaftler in ihren Gutachten zu drastischen Ausdrücken flüchten. Wenn da von »Irrsinn des Umlagesystems« die Rede ist, kann man ahnen, wieviel die Uhr geschlagen hat.

Als Zwischenbilanz läßt sich festhalten: Die Rente der jetzigen Rentner ist sicher, die Rente der älteren, heute noch aktiven Politiker ist sicher. Aber dann wird's fraglich. In welchen Niederungen die Diskussion der Sozialromantiker abläuft, zeigt ein Zitat von Heiner Geißler, der sich sinngemäß so geäußert hat: Die ganze Rentendiskussion sei überflüssig und trage lediglich zur Verunsicherung bei. Zudem – und jetzt kommt der Hammer – entstünde beträchtlicher wirtschaftlicher Schaden. Statt nützliche Dinge zu kaufen und die Nachfrage zu beleben, fingen die jungen Leute jetzt an, Geld für ihre Altersvorsorge zu sparen. Statt sich zu beunruhigen, sollte sich Geißler über die Weitsicht der jungen Generation freuen.

Juergen Donges hält das jetzige Rentensystem für ein Auslaufmodell ohne Zukunft. Auch er setzt im Prinzip auf Kapitaldeckung, allerdings in einer Mischform, die eine umlagefinanzierte Grundsicherung einschließt. Worauf er hinauswill, ist klar: 100 Prozent reine Kapitaldeckung bedeutet nicht unbedingt 100 Prozent Sicherheit. Beim Umlageverfahren kann man morgen am Tag sofort wieder mit Rentenzahlungen anfangen, wenn man Beitragszahler hat. Die Erinnerung an die Hyperinflation in diesem Lande läßt viele Ältere beim Gedanken an das Kapitalmarktrisiko schaudern. Aber selbst wenn sich das nicht total ausschließen läßt, scheint mir Kapitaldeckung sinnvoller zu sein als das nachweislich und nicht nur eventuell auf den Zusammenbruch zusteuernde reine Umlageverfahren. Bei letzterem geht es nicht mehr um die Frage, Risiko ja oder nein. Da geht es allenfalls noch darum, ob es ein paar Jahre früher oder später wie ein Kartenhaus zusammenfällt. Der Blick auf die Entwicklung der Kapitalmärkte sollte zusätzlich beruhigen. Den Schwarzen Freitag im Oktober 1987 hat die Welt trotz dramatischer Kurseinbrüche gut bewältigt. Morgen am Tag kann mich der Blitz treffen, das ist zwar nicht sehr wahrscheinlich, aber keineswegs ganz auszuschließen. Die Bevölkerungszahlen hingegen sind bekannt.

Ein Begriff, der früher oder später in jeder Rentendiskussion auftaucht, heißt »versicherungsfremde Leistungen«. Darüber könnte man eine Geschichte schreiben mit der Überschrift: Keiner weiß Bescheid, aber alle machen mit. Als Basisrecherche zu diesem Thema habe ich die im Bundestag vertretenen Parteien um eine Auflistung dieser ominösen versicherungsfremden Leistungen gebeten. Genau definiert hat das keine Partei, sonst wäre es nicht nötig gewesen, mit etwa zwanzig verschiedenen Leuten zu reden, die jeweils an jemand anderen weiterverwiesen. Die Grünen zogen sich besonders elegant aus der Affäre, indem der zuständige »Arbeitskreis Sozialpolitik« verkündete, man halte sich aus dieser Umverteilungsdebatte heraus und ansonsten sei die ökologische Steuerreform das Thema. Alle anderen Parteien versprachen schriftliche Unterlagen, wobei hin und wieder der Hinweis erfolgte, daß es keine Aufstellung gebe, die versicherungsfremde Leistungen genau definiere. Als die Unterlagen schließlich eintrafen, bestätigte sich die Ankündigung. Wenn jeder etwas anderes darunter versteht, wie hilfreich und sinnvoll ist dann die stereotyp wiederholte Forderung, die Rentenkasse von diesen Leistungen zu entlasten? Von welchen denn nun? Nebenbei bemerkt – mit den West-Ost-Transfers verhält es sich ähnlich. Da wird einerseits vor den Folgen eines Abbaus gewarnt. Andererseits stünden die meisten Politiker wahrscheinlich auf dem Schlauch, wenn sie die Instrumente einzeln aufzählen müßten, die sich im staatlichen »Erste-Hilfe-Rot-Kreuzköfferchen« für den dahinsiechenden Patienten »Markt« befinden.

Auch Donges will versicherungsfremde Leistungen streichen, obwohl er nicht so weit gehen würde wie die Regierung, »die so ungefähr alles als versicherungsfremd bezeichnet, was nicht irgendwie beitragsäquivalent ist«. Damit ist gemeint: Wer keine Beiträge einzahlt, hat auch keine Ansprüche. Beispiel: Die Zeiten der Kindererziehung, da zahlen Frauen zwar nichts ein, haben aber Anspruch darauf, daß ihnen diese Phase für die Rente angerechnet wird. Donges hat dazu eine klare Position: »Solange ich ein umlagefinanziertes System habe, sind die Kinder ein stabilisierendes Element. Und insofern ist es durchaus gerechtfertigt, daß man gerade Erziehungszeiten rentenerhöhend anrechnet.« Klar, denn das sind die Beitragszahler von morgen. Donges geht noch weiter und schlägt vor, bei denjenigen ohne Kinder einen Rentenabzug einzubauen. Wer die Kosten, die Kinder verursachen, nicht tragen muß, hat mehr Spielraum für die eigene Altersversorgung und muß nicht aus dem allgemeinen Solidartopf bedient werden. Ich halte diese Überlegung insofern für problematisch, als die Entscheidung gegen Kinder nicht unbedingt eine bewußte ist, sondern durch gesundheitliche Gegebenheiten erzwungen sein kann. Will man Frauen und Männer, die gerne Kinder hätten, aber unfruchtbar oder aus anderen medizinischen Gründen nicht in der Lage sind, Kinder zu zeugen oder auszutragen, dafür auch noch im Alter bestrafen? Warum versuchen wir krampfhaft, jedes einzelne politische Instrument in den Dienst gleich einer ganzen Zielpalette zu stellen, statt für jedes einzelne Ziel das Instrument auszusuchen, das dafür am besten taugt? Warum machen wir immer alles so kompliziert? Warum vermischen wir ständig die Systeme und belasten sie mit Dingen, die nichts miteinander zu tun haben? Warum verfahren wir nicht ganz einfach so: Wer Kinder hat, wird steuerlich anders behandelt, und zwar in realistischen Größenordnungen. Kindergeld gibt's nur unterhalb einer bestimmten Einkommensgrenze. Und die Rente halten wir da künftig raus.

Donges würde den ganzen Katalog der in Frage kommenden Posten für versicherungsfremde Leistungen am liebsten mal gründlich durchforsten. Daraus schließe ich, daß auch ihm keine verbindliche Liste vorliegt. Grundsätzlich würde er folgendermaßen vorgehen: »Was reine Umverteilung ist, hat in der Rentenversicherung nichts zu suchen. Das gehört in den Steuerhaushalt. Aber bevor ich diese Umverteilungsmaßnahmen aus dem Haushalt finanziere, würde ich ganz genau hingucken, ob ich das alles noch brauche.« Er kommt auf das Kindergeld zu sprechen, für das er auch Einkommensgrenzen vorsehen würde, und erzählt von seinen Versuchen, selbst auf das Kindergeld zu verzichten. Ich kenne solche Geschichten aus dem Bekanntenkreis, die allesamt Loriot-verdächtige Vorlagen liefern könnten, weil es nicht möglich ist, die »Annahme« zu verweigern.

An dieser Stelle legt Donges ein sehr engagiertes und glaubwürdiges Bekenntnis zum Sozialstaat ab. »Unser Sozialstaat hat *zwei* Prinzipien«, sagt er, »erstens die Solidarität und zweitens die Subsidiarität. Das heißt, daß derjenige Hilfe bekommen soll, der sie braucht. Das mögen viele Millionen Menschen sein, aber nicht 80 Millionen. Wir sind ein reiches Land. Auf diese Feststellung lege ich großen Wert. Und der Eindruck, der oft erweckt wird, daß außer ein paar Millionären und Besserverdienenden der große Rest in Armut vor sich hin vegetiert, ist doch einfach nicht wahr!« Er schließt diesen Teil unseres Gesprächs mit dem Satz: »Es bleibt eine Gruppe von Menschen übrig, die braucht wirklich Hilfe, und denen würde ich noch was draufgeben.« Dann wenden wir uns wieder den versicherungsfremden Leistungen zu. Aber den Grad seiner Erregung behält er bei: »Man erklärt alles mögliche für versicherungsfremd, um die gesetzliche Rentenversicherung zu entlasten«, sagt er, »und dann verschiebt man die Lasten in den allgemeinen Staatshaushalt, was natürlich finanziert werden muß. Und schon hat einer ausgerechnet: 1 Punkt Mehrwertsteuer macht 15 Milliarden Mark. Wunderbar. Ist ja auch leicht zu rechnen. Aber an die versicherungsfremden Leistungen selbst geht man nicht ran.« Im Jahresgutachten 1996/97 macht der Sachverständigenrat, dem Donges angehört, drei Vorschläge: »Anrechnungszeiten für Ausbildung, die ohnehin bereits stark reduziert worden sind, sollten ganz entfallen.« Das leuchtet mir ein. In der Regel sorgt eine qualifizierte Ausbildung für bessere Einkommensmöglichkeiten, die wiederum in kürzerer Zeit zu höherer Rente führt. Den sozialen Aspekt kann man also ausklammern. Die Zahl der Hochschulabsolventen, die mit ihrem späteren Einkommen oberhalb der Zwangsversicherungsgrenze liegen, ist sicher auch bedeutend. Die müssen die Rentenkasse für kleine und mittlere Einkommen nicht auch noch belasten.

»Die Versicherung für den Todesfall zugunsten von Hinterbliebenen sollte nur dann ohne besonderen Beitrag bleiben, wenn es sich um Kinder oder um Ehepartner, die Kinder betreuen, handelt. Für kinderlose Ehepartner sollte die Versicherung für den Todesfall gegen Beitrag möglich sein. Einen Ausgleich für die Beitragsbelastung bietet das Ehegattensplitting in der bereits bestehenden Form.« Auf gut deutsch: Mit Kindern bekommt derjenige, der übrigbleibt, Rente, ohne Beiträge bezahlt zu haben, ohne Kinder nicht. Im persönlichen Gespräch ergänzt Donges diesen Punkt noch. Nach seiner Ansicht steht einer Witwe, die wieder berufstätig wird, keine Hinterbliebenenrente zu, da sie sich ja nun selbst Rentenansprüche erwirbt. Mit diesem Punkt habe ich meine Schwierigkeiten. Es stört mein persönliches Gerechtigkeitsempfinden. Warum muß man jemanden bestrafen, der sich zur Arbeit entschließt? Es handelt sich bei der Hinterbliebenenrente ja nicht um Steuergelder, die der Betreffende für sich beansprucht, sondern um – in der Regel – vom Familienvater zur Vorsorge eingezahlte Beiträge. Aber vielleicht störe ich mich daran, weil ich aus einer Zeit stamme, in der Familien anders strukturiert waren als heute.

Mit der dritten Forderung habe ich keine Probleme.»Leistungen an Personen, die ganz außerhalb des Rentensystems stehen – dies sind vor allem Kriegsfolgelasten und Leistungen an Opfer politischer Verfolgung –, sollten aus zweckgebundenen Zuweisungen des Bundes finanziert werden.« Dafür ist in der Tat jeder Bürger mitverantwortlich und nicht nur diejenigen, die zwangsversichert sind.

Genau wie Donges sieht auch Johann Eekhoff bei der dringend notwendigen Umgestaltung die größten politischen Chancen in einer Mischform. Also Umlageverfahren als Mindestsicherung, darüber hinausgehende individuelle Versorgung über ein kapitalgedecktes Verfahren. Das größte Hindernis liegt seiner Meinung nach nicht in der praktischen Durchführung – wobei es kompliziert genug werden wird –, sondern in den Denkblockaden.»Wir müssen den Mut haben«, so Eekhoff,»den Menschen wieder klarzumachen, daß sie Eigenverantwortung haben. Wir müssen wieder dahin kommen, daß wir sagen: Gut, der Staat kann durch Versicherungspflicht dafür sorgen, daß man fürs Alter und für Krankheitsfälle existentiell abgesichert ist, aber darüber hinaus geht's den Staat nichts mehr an.« Nach seiner Auffassung würde dieser gewaltige Schritt bewirken, daß sich alle finanziellen Probleme, die wir im Augenblick mit den sozialen Sicherungssystemen haben, im Laufe der Zeit in Luft auflösten.

Im weiteren Gespräch dreht er ein oft gebrauchtes Argument um. Es heißt ja immer, daß uns die Altersstruktur in diese mißliche Lage gebracht hat. »Das Gegenteil ist der Fall«, sagt Eekhoff, »Wir haben die günstigste demographische Situation, die man zur Zeit haben kann, und trotzdem Sorgen. Warum?« Ich kann ihm noch nicht folgen. Er holt zur Erklärung aus. Unsere Gesellschaft hat – relativ gesehen – wenig Kinder. Das bedeutet, die Kosten für Kindererziehung und Ausbildung sind – ebenfalls relativ gesehen – niedrig. Die geburtenstarken Jahrgänge der Sechziger stehen voll im Erwerbsleben, kriegsbedingt sind die älteren Jahrgänge derzeit dünn besetzt. »Und wir haben das Glück«, sagt Eekhoff, »daß die Menschen vitaler sind, älter werden und länger arbeiten können. Und das sehen wir als Nachteil an? Das ist doch völlig schizophren!« Recht hat er. Die Probleme bekommen wir deshalb, weil die Chefstrategen am Schachbrett der Sozialpolitik den Menschen einreden, ihr braucht nicht selbst vorzusorgen, das machen schon eure Kinder. Und diese Rechnung geht nicht mehr auf. Aus dem Schlamassel kommt man nur raus, indem man sich selbst kümmert und Kapital bildet. Dazu muß man natürlich finanziell in der Lage sein.

Bei den derzeitigen Belastungen durch Zwangsabgaben bleibt vielen ja nichts mehr übrig. Um so wütender muß die jetzige Praxis stimmen. Wenn der einzelne die staatlich erzwungenen Rentenbeiträge auf dem Kapitalmarkt anlegen könnte, wäre es um seine Altersversorgung besser bestellt.

Solche Berechnungen hat auch das Bonner Institut für Wirtschaft und Gesellschaft angestellt: Wer von 1950 bis 1994 Beiträge in die gesetzliche Rentenversicherung gezahlt hat und seit 1995 Rente bezieht, bekommt für jede Beitragsmark etwa zwei Mark Rente. Das entspricht einer Rendite von 4,3 Prozent. Wer nun von 1995 bis 2039 Rentenbeiträge zahlt und im Jahre 2040 in den Ruhestand geht, erhält nach dem jetzigen System nur noch 80 Pfennig für jede eingezahlte Mark. Damit würde dem Rentner ein Negativzins von 1,4 Prozent jährlich zugemutet.

Und noch eine Rechnung, wie sie so oder so ähnlich von Geldinstituten vorgelegt wird, die in dieser Misere natürlich auch das große Geschäft wittern. Die Basis der Berechnung ist ein heute zwanzigjähriger Arbeitnehmer, der bei einem Bruttolohn von 3 945 Mark monatlich einen Arbeitnehmeranteil von ca. 400 Mark in seine gesetzliche Rentenversicherung einzahlen muß. Da der Arbeitgeber die andere Hälfte zahlt, fließen monatlich 800 Mark dorthin. Bei angenommenen 45 Versicherungsjahren kommen Beiträge von insgesamt 432 000 Mark zusammen. Wobei in dieser Rechnung nicht berücksichtigt ist, daß der junge Mann im Laufe seiner beruflichen Karriere Gehaltssprünge macht und monatlich noch mehr abführen muß. Nach heutiger Berechnungsgrundlage stünden unserer Beispielfigur im Alter von 65 Jahren monatlich 1 890 Mark an Rente zu.

Diese Angaben beruhen auf offiziellen Computerprogrammen, die zur Errechnung von Versorgungslücken erstellt worden sind. Wenn der Arbeitnehmer die gleichen Beträge – nämlich monatlich 800 Mark – auf dem Kapitalmarkt zu durchschnittlich 6 Prozent anlegt, was bei einer so langen Laufzeit absolut realistisch ist, dann kommen nach 45 Jahren mehr als 2 Millionen zusammen, nämlich 2 108 715. Gesetzt den Fall, der Rentner legt diesen Betrag weiter an, dann erreicht er durch die Zinsen eine monatliche Rente von 10 543 Mark. Das entspricht etwa dem Fünfeinhalbfachen der gesetzlichen Altersrente. Und das, ohne seinen Kapitalstock anzugreifen.

Ein entscheidender Unterschied besteht noch darin, daß dieser Betrag nach dem Ableben des Rentners natürlich auch seiner Witwe oder sonstigen Erben zur Verfügung stünde. Abzüglich der Erbschaftssteuer natürlich. (Die ich im übrigen abschaffen würde. Die ausführliche Begründung finden Sie in »Jetzt mal ehrlich«.) Die gesetzliche Rente hingegen wird in Form der Witwenrente wesentlich gekürzt und steht weiteren Nachkommen überhaupt nicht zur Verfügung. Noch ein Vorteil: Der Arbeitnehmer kann viel flexibler über seine Altersgrenze bestimmen. Ein Blick auf seinen Kontostand entscheidet, ob der Zinsertrag für seine Ansprüche ausreicht und er sich zur Ruhe setzen kann. Wer jetzt einwenden möchte, daß die tatsächliche Belastung des Arbeitnehmers im Falle der gesetzlichen Rentenversicherung

»nur« 400 Mark sei, er aber bei der geschilderten Kapitalmarktanlage das Doppelte aufwenden müsse, dem sei folgendes gesagt: Es fließt nun einmal in beiden Fällen die stolze Summe von 800 Mark. Davon ist auszugehen, um seriös vergleichen zu können, wie unterschiedlich die Renditen sind. Außerdem ist der Glaube naiv, der Arbeitgeber sei mit 400 Mark hälftig belastet. Er zahlt zwar 400 Mark, aber da es sich hierbei um Arbeitskosten handelt, ist es völlig unerheblich, ob der Arbeitgeber davon 400 Mark direkt an die Sozialversicherung abführt oder ob er dem Arbeitnehmer 400 Mark mehr Bruttolohn zubilligt und der diese Summe dann weiterleitet. Man muß es einmal so deutlich sagen: Das Kunstkonstrukt des Arbeitgeberbeitrages ist nichts als Augenwischerei, es handelt sich um eine gigantische Volksverdummung. Aber selbst wenn man das Beispiel mit 400 Mark durchrechnet, dann ist mit der Kapitalanlage trotzdem noch wesentlich mehr zu erzielen als bei der gesetzlichen Rente, nämlich immerhin mehr als zweieinhalbmal soviel.

Dieser Gedanke hat noch einen spannenden verfassungsrechtlichen Aspekt, der nach meinem Eindruck in der Diskussion viel zu kurz kommt.

In Artikel 14 Grundgesetz ist das Recht auf Eigentum garantiert. Enteignungen sind nur zum Wohle der Allgemeinheit zulässig und lediglich auf Grund eines Gesetzes, das Art und Umfang der Entschädigung regelt. Steuererhebungen sind durch Artikel 105 gedeckt. Da Rentenversicherungsbeiträge nach der bisherigen Rechtsprechung des Bundesverfassungsgerichts keine Steuern darstellen im Sinne des Grundgesetzes, darf der Staat diese Beträge nur eintreiben, wenn er dafür die Anwartschaft auf eine Rente garantiert. Wäre das nicht der Fall, so läge eine Verletzung des Artikel 14, also der Eigentumsgarantie, vor. Das bedeutet nichts anderes als den Schutz angemessener Rentenzahlungen durch das Grundgesetz. Wenn die Höhe der eingezahlten Beiträge kaum noch im Verhältnis zur Höhe der ausgezahlten Rente steht, ist das verfassungswidrig. Jeder kennt den Spruch, daß man einem nackten Mann nicht in die Tasche greifen kann. Wo nichts ist, ist auch nichts zu holen. Ein Grund mehr, sich endlich von einem System zu verabschieden, das sogar nach Einschätzung der Wirtschaftsweisen, die weiß Gott nicht als revolutionär verschrien sind, nur in der Sackgasse landen kann. Im Jahresgutachten 1996/97 bemängeln sie, daß in der politischen Diskussion »auch heute noch kurzfristige Gesichtspunkte im Vordergrund« stehen. Bei der stets wiederholten Forderung, die Rentenversicherung von beitragsfremden Leistungen zu befreien, »geht es nur darum, Lasten von der Rentenversicherung abzuwälzen«, und nicht um eine »konzeptionelle Neuorientierung«. Die Kritik gipfelt in dem Satz: »Das Umlageverfahren ist eine Einbahnstraße, und fatal wird es, wenn sie sich zudem noch als Sackgasse erweist.«

Wenn bei steigenden Zwangsbeiträgen gleichzeitig die Renten sinken, dann ist es nur eine Frage der Zeit, bis sich das Verfassungsgericht mit diesem heiklen Problem befassen muß. Die Variante, daß das Rentensystem nicht aus Geldmangel, sondern wegen verfassungswidriger Beitragserhebung zusammenbricht, sollten wir also mit ins Kalkül ziehen.

»Jedes Rentensystem im Umlageverfahren und mit Zwangsmitgliedschaft trägt in sich den Bazillus der Selbstauflösung, wenn bei schrumpfender Bevölkerung die reale Beitragslast der Aktiven ein kritisches Maß übersteigt oder eine Entwertung der Anwartschaften der Rentner droht.« Auf diesen Nenner bringt es Charles B. Blankart, Professor für Volkswirtschaftslehre an der Humboldt-Universität Berlin.

Müssen wir wirklich immer und in jedem Falle abwarten, bis uns die Umstände zum Handeln zwingen, das notgedrungen panischer und unüberlegter ausfallen muß, wenn der Druck größer ist? Dadurch werden Reformen geboren, die den Namen nicht verdienen. Hektische Flickschusterei führt nur noch tiefer in den Sumpf der Unregierbarkeit hinein, weil man die Zusammenhänge zwischen den vielen geregelten Bausteinen nicht mehr verstehen kann und somit Ganzheitswissen – auch im Sinne von Steuerbarkeit und Kontrollierbarkeit – verlorengeht. Komplexe Systeme neigen zur Eskalation, wenn der Mensch an ihnen herumspielt wie an einem Flipperautomaten. Wie kommt es bloß, daß wir uns über die simpelsten Regeln menschlicher Intelligenz mit soviel Ignoranz und Verdrängungstalent hinwegsetzen?

Fazit:
Geboten ist eine schrittweise Umstellung auf Kapitaldeckung, je eher, je besser.

Grundsätzlich müssen wir uns entscheiden, ob wir Altersvorsorge privat oder staatlich betreiben möchten. Wenn wir als Gesellschaft verhindern wollen, daß uns später diejenigen auf der Tasche liegen, die heute in den Tag hineinleben, ohne sich Gedanken über ihr Auskommen im Alter zu machen, dann muß folgendes gewährleistet sein: Wir brauchen einen Versicherungszwang – keine Zwangsversicherung. Das bedeutet, wir müssen alle Bürger gesetzlich zu einer Altersvorsorge auf einem bestimmten Mindestniveau verpflichten. Staatlicher Versicherungszwang bedeutet nicht – um es zu wiederholen –, daß eine staatliche Rentenversicherung dafür zuständig sein muß. Bei der angestrebten Kapitaldeckung ist es sogar ein nicht zu unterschätzendes Risiko, wenn der Staat Zugriff auf diese Mittel hätte. Davor warnen die Wissenschaftler eindringlich, denn: »Kasse macht sinnlich.« Ideal wäre, eine Altersgrundversorgung – die deutlich über der Sozialhilfe liegen muß – nicht an ein Arbeitsverhältnis zu knüpfen, sondern für allgemeinverbindlich zu erklären. Wie der einzelne das dann regelt, ist seine Sache. Für Sozialhilfeempfänger und Arbeitslose muß es Ausnahmen geben. Ich bin als Selbständiger, der ja zur Zeit keinem Versicherungszwang unterworfen ist, gerne bereit, mich in diesem Sinne an einem Solidarsystem zu beteiligen. Ich bin nicht bereit, mein Geld für das jetzige System zu verschwenden, da alternative Anlagen eine deutlich höhere Verzinsung abwerfen. Darüber hinausgehende Absicherung erfolgt auf freiwilliger Basis. Wer später mehr als die »Grundausstattung« haben möchte, kann sich auf individuelle Bedürfnisse abgestimmt sein persönliches Modell zusammenbauen. Die einen werden Lebensversicherungen abschließen, die anderen Aktien kaufen, wieder andere ein Eigenheim erwerben, um später Mietkosten zu sparen, oder aber Wohnungen bauen, um im Alter von der Miete anderer zu leben. Zwischen mickrig und luxuriös liegt eine enorme Bandbreite.

Eine steuerfinanzierte Grundrente halte ich für keine gute Idee. Das wäre ein weiterer Schritt in Richtung Sozialismus. Das ist viel zu anonym, die Einladung zu Mißwirtschaft oder gar Mißbrauch viel zu groß. Eigenverantwortlichkeit wird zerstört, Anspruchsdenken gefördert. Menschen sind nun mal so. Direkte Zuordnung ist besser, billiger und sicherer. Indirekte Umverteilung birgt die Gefahr von Schwund.

Noch ein Gesichtspunkt, der in der Argumentation auftaucht: Hin und wieder warnen die Anhänger des derzeitigen Umlageverfahrens vor Unruhe und Turbulenzen auf dem Kapitalmarkt. Durch den Systemwechsel wird das Sparvolumen stark erhöht, und das – so meinen sie – ließe die Zinsen erdrutschartig sinken. Dazu ist folgendes zu sagen: Erstens hat es in Deutschland in früheren Zeiten höhere Sparquoten als jetzt gegeben, ohne daß derartige Probleme damit einhergegangen sind (1975 lag die Sparquote um 3 Prozent, 1992 um 2 Prozent über der heutigen). Zweitens zeigt ein Blick auf andere Länder, daß auf dem Weg zur kapitalgedeckten Altersversorgung die Rendite keineswegs einbricht. Die Niederländer haben zum Beispiel mehr als 80 Prozent ihrer Pensionsfonds problemlos im eigenen Land angelegt. Drittens ist die Furcht vor dem Zinsrutsch ohnehin unbegründet, wenn man bedenkt, daß der Kapitalhunger auf unserem Globus nahezu unbegrenzt ist. Es hat beinahe etwas Naives anzunehmen, daß eine erhöhte Sparquote in Deutschland nennenswerten Einfluß auf das Zinsniveau am Weltmarkt haben könnte. Viertens: Selbst unter der (unrealistischen) Annahme eines abgetrennten eigenständigen nationalen Kapitalmarktes muß man klar sehen, daß es der Staat in der Hand hat, durch steuerpolitische Maßnahmen (beispielsweise durch den Übergang auf Konsumsteuer) die Rentabilität von Investitionen zu erhöhen. Dadurch stiege die Kapitalnachfrage. Die zusätzlichen Ersparnisse fänden problemlos Abnehmer. Zinsabschläge wären also in keinem Fall erforderlich, um das erhöhte Sparvolumen am Markt unterzubringen. Fazit: Das Zinsargument gegen einen Systemwechsel ist nicht haltbar.

Man kann es drehen und wenden, wie man will. Je länger wir mit einer grundlegenden Reform warten und weiter Geld in die

Bewahrung des bestehenden Systems pumpen, um so teurer wird es am Ende werden. Es gibt Berechnungen, die diese Belastung höher ausweisen als die befürchteten Kosten einer Umstellung. Abgesehen davon bleibt Vertrauen auf der Strecke und der Glaube an die Sinnhaftigkeit der Demokratie.

8

Und wer bezahlt mein Hustenbonbon?

*Wie unser Gesundheitssystem
zu retten ist*

Wie schön wäre es, wenn wir ein Gesundheitssystem hätten, das vernünftig, gerecht und bezahlbar ist! Zur Zeit hapert es mit allen drei Kriterien. Die Frage lautet: Können wir es schaffen, sie zusammenzubinden, oder handelt es sich nur um eine wunderschöne Utopie fernab jeder Realität? »Wir können es schaffen« – mit dieser Auffassung stehe ich nicht allein.

Als erstes müssen wir Bürger uns darüber klarwerden, was wir alles in den Topf der gesetzlichen Krankenversicherung packen wollen. Dabei sollten wir uns zunächst nicht vom Kostendenken leiten lassen. Vermutlich sind wir uns sehr schnell einig, daß die Behandlung lebensbedrohender Erkrankungen gewährleistet sein muß. Das bedeutet, niemand darf deshalb früher sterben, weil er medizinisch nicht versorgt wird. In den Topf gehören ebenfalls Erkrankungen, die stationär behandelt werden müssen, sowie schwere chronische Krankheiten, die einer oftmals sehr kostspieligen Behandlung bedürfen. Erst danach stellt sich die Frage: Wie ist das zu finanzieren? Dazu brauchen wir eine Versicherungspflicht. Nun muß man sich wiederum entscheiden: Wollen wir am Solidarprinzip festhalten, oder wollen wir risikobezogene Prämien? Anders gefragt: Wollen wir – wie bisher – die Beitragszahlungen unabhängig vom individuellen Krankheitsrisiko des einzelnen sehen und sie – wie gehabt – nach dem Einkommen staffeln? Danach zahlt der Kerngesunde genauso viel in die Kasse wie der Diabetiker und der Krebskranke, wobei gleicher Beitragssatz bedeutet: Der »Reiche« zahlt absolut betrachtet mehr als der »Arme«. Oder wollen wir höhere Risiken durch höhere Beiträge absichern? In diesem Fall müßten bestimmte Zumutbarkeitsgrenzen festgelegt werden, die sich an der jeweiligen finanziellen Leistungsfähigkeit orientieren. Für beide Varianten lassen sich Argumente finden. Ich persönlich würde am Solidarprinzip festhalten, obwohl ich zu den sogenannten guten Risiken gehöre: Ich zahle viel ein und koste wenig, würde also vermutlich von einer »unsolidarischen«, risikoabhängigen Lösung profitieren. Aber ich denke, daß ein automatischer Umverteilungsmechanismus über einkommensabhängige Beiträge vermutlich humaner ist und sicher verwaltungstechnisch billiger als Staatszuschüsse, die an Einzelfallprüfungen geknüpft sind.

»Leistungsabhängiger Beitrag und letztlich beitragsunabhängige Leistung« – auf diese Formel hat es Peter Oberender gebracht, Professor für Volkswirtschaftslehre an der Universität Bayreuth und Direktor der dortigen Forschungsstelle für Sozialrecht und Gesundheitsökonomie. Als ich ihn bei unserem ersten telefonischen Kontakt gleich zu Beginn frage, ob es möglich sei, sich ein finanzierbares Gesundheitssystem auszudenken, ohne Bedürftige durch die Ritze fallen zu lassen, antwortet er umgehend mit »Ja« und steuert sogleich eine Zahl bei. Nach seiner Auffassung müssen etwa fünf bis sechs Millionen Menschen »aufgefangen« werden. Bevor wir ein persönliches Treffen verabreden, beschreibt er seine »Ausrichtung«, wie er es nennt, damit ich weiß, was mich erwartet: »Ich bin liberaler Ökonom, der sehr stark von Eigenverantwortung ausgeht, allerdings mit Einschränkungen, die verhindern, daß es auf das System der USA hinausläuft, denn ich glaube, das wollen wir alle nicht.« Die ökonomisch Schwachen in unserer Gesellschaft hätten ein Recht auf Hilfe, meint er und wehrt sich gegen den Begriff »sozial Schwache«, den er für unzutreffend hält. »Die sind nicht sozial schwach, die sind ökonomisch schwach. Die müssen wir abstützen, das andere können wir dann weitgehend dem freien Spiel der Kräfte überlassen.« Beste Voraussetzungen für unser Gespräch. Also mache ich mich auf den Weg nach Bayreuth.

Wir reden zunächst über Politik und Macht. Oberender war von 1987 bis 1990 Mitglied der Enquetekommission des Deutschen Bundestages zum Thema Strukturreform der gesetzlichen Krankenversicherung. »Ich weiß«, meint er, »daß viele diese liberalen Positionen, die Sie ja auch vertreten, nicht teilen, weil wir ihnen Macht nehmen.« Er bezieht mich gleich mit ein und fährt fort: »Wir sind ja sehr bescheiden. Wir sagen: Wir wissen nicht, was die Lösung ist, also laßt es doch so dezentral wie möglich laufen. Diejenigen, die immer vorgeben zu wissen, wo unser Glück liegt, sind dann natürlich praktisch lahmgelegt.« Er lächelt, und wir wenden uns konkreten Fragen zu. Nach dem bisher Gesagten wird es Sie nicht wundern, daß Oberender auch ein Anhänger des Solidarprinzips in der gesetzlichen Krankenversicherung ist, allerdings beschränkt auf eine Basisversorgung. Die Abgrenzung hält er für kein unlösbares Problem, obwohl es auf eine Gratwanderung hinausläuft. Eine zu starke Ausdehnung des Pflichtleistungskatalogs (vom Hustenbonbon bis zum Weckgerät für Bettnässer) macht die gesetzliche Krankenversicherung auf Dauer untragbar. Eine zu starke Einschränkung hingegen stellt ein ethisches Problem dar. Auf jeden Fall müssen wir über diese Frage endlich offen und ohne die entsprechenden Empörungsrituale diskutieren, wenn wir ein solidarisches zukunftsfähiges Gesundheitswesen schaffen wollen. Oberender verweist nebenbei auf die Systematik der Kraftfahrzeugversicherungen. Dort sei auch ein Mindeststandard in Form der Haftpflicht vorgeschrieben. Darüber hinaus könne jeder frei entscheiden, was ihm zusätzlicher Schutz wert sei. Für die sehr unterschiedlichen Bedürfnisse spreche die Tatsache, daß immerhin 14 Millionen der gesetzlich Versicherten die eine oder andere private Zusatzversicherung abgeschlossen haben.

Nach Oberender müssen aus dem Solidartopf der gesetzlichen Krankenkassen stationäre Behandlungen bestritten werden. Heil-, Hilfs- und Arzneimittel sowie Zahnbehandlung würde er komplett aus der Zwangsversicherung herausnehmen. Für chronisch Kranke und Härtefälle im ökonomischen Sinne müssen Ausnahmen gelten. Und wie geht Oberender mit dem Vorwurf um, er rede einer Zweiklassenmedizin das Wort? Er schüttelt nur den Kopf und meint, das ginge an der Sache total vorbei. Zweiklassenmedizin hätten wir nur dann, wenn wir den Menschen lebensnotwendige Behandlungen vorenthielten. »Sobald es in den Wahlleistungsbereich geht, sieht die Sache doch ganz anders aus. Wir sagen ja auch nicht, daß wir in bezug auf Autos eine Sechs- oder Achtklassengesellschaft haben.« Und er bringt ein brutales, aber überzeugendes Beispiel dafür, daß dem gesundheitspolitisch Wünschbaren finanzielle Grenzen gesetzt sind: »Wir wissen, daß wir jährlich von den 10 000 Verkehrstoten etwa 6 000 vermeiden könnten und von den 400 000 Verletzten sicherlich 300 000, wenn wir jedem Autofahrer einen 600er Mercedes in die Hand gäben. Aber da sagen wir ganz selbstverständlich: Das geht nicht! Warum nicht? Weil das nicht mehr finanzierbar ist.« Selbst wenn die endgültige Festlegung von Basis- und Wahlleistungen im Detail nicht unproblematisch werden wird – wir können uns vor dieser Frage nicht länger drücken. Ausreichende Versorgung muß sein, die überaus extensive Nutzung aller nur denkbaren Gesundheitsmaßnahmen geht so nicht weiter. Wie auf allen anderen Feldern, die kollektiv beackert werden, schaffen wir auch hier ein Freifahrerverhalten, das sich allmählich zum zentralen Problem auswächst: Mangels Wirkung jagt ein Kostendämpfungsgesetz das andere; steigende Ausgaben verursachen steigende Lohnnebenkosten. »Und wir vernichten Arbeitsplätze«, sagt Oberender.

Bleiben wir einen Augenblick beim Thema Arbeitsplatzvernichtung. Meiner Meinung nach läuft die Diskussion in die völlig falsche Richtung, wenn wir anstehende Gesundheitsreformen fortwährend unter dem Aspekt betrachten, ob sie Arbeitsplätze kosten. Ich kann nicht deshalb an Leistungen aus dem Solidartopf der gesetzlichen Krankenkassen festhalten, weil ich die aufgeblähte Gesundheitsindustrie am Laufen halten muß. Perverser geht's wohl nicht. Da stimmt mir Oberender zu. Die zahlreichen Kurorte sind entstanden, weil jeder alle zwei Jahre Anspruch auf eine Kur hatte. Wer ehrlich ist, wird zugeben, daß er in seinem Bekanntenkreis mindestens ein oder zwei Personen kennt, die diesen Turnus der Annehmlichkeit wegen mitgemacht haben. Schön und gut, wenn eine Gesellschaft vor lauter Wohlstand nicht weiß, wohin mit dem Geld. Aber medizinisch notwendig? Oberender dreht den Spieß um: »Ich habe den Eindruck – es wird verhindert, daß sich bestimmte Orte in der Sache umorientieren. Die haben doch Standortvorteile für Tourismus und Freizeit. Die haben das Problem bloß zu spät bemerkt.« Im Grunde läuft hier der gleiche Mechanismus ab wie in anderen Wirtschaftsbranchen, die sich wegen staatlicher Zuwendungen nicht verändern können oder wollen. »Seit zwanzig Jahren diskutieren wir über das Problem mit den Kuren«, sagt Oberender, »jetzt tut sich endlich mal was.« Ich will von ihm wissen, ob Kuren eine deutsche Spezialität sind oder ob auch andere Länder so etwas per gesetzliche Krankenversicherung vorsehen. Nein, das sei eine typisch deutsche Angelegenheit, das gebe es sonst nirgendwo. Und er erzählt eine Anekdote. Bei einem Informationsbesuch amerikanischer Kollegen wurden auch Filme vorgeführt, u. a. einer über Kurbetrieb. »Die dachten, das sei ein Spiel«, berichtet Oberender, »die konnten sich einfach nicht vorstellen, daß so etwas bei uns von der gesetzlichen Krankenversicherung bezahlt wird. Absurd – haben die gesagt.«

Ein Streitpunkt in der politischen Diskussion um das Gesundheitswesen ist die Frage: Kostenexplosion oder Leistungsexplosion? Die Antwort entscheidet über die notwendigen Reformschritte. Tatsache ist, daß die medizinischen Möglichkeiten von vor dreißig Jahren mit denen von heute in keiner Weise mehr zu vergleichen sind. Oberender macht das anhand eines Herzpatienten deutlich: »Was konnten sie da früher machen? Sie konnten ihm Digitalis geben, er hat noch ein halbes Jahr gelebt, dann war er weg.« Heute wenden wir Transplantationsmedizin an und legen bis zu zwölf Bypässe. Oberender erzählt ganz begeistert von einem Schweizer Arzt, der das offenbar häufiger praktiziert, und sagt dann einen Satz, den man am liebsten wegschieben möchte: »Der Arzt glaubt immer noch, er muß alles maximal Mögliche tun. Was von seiner Ethik her zunächst einmal stimmt. Nur – die Ethik stimmt mit der Realität nicht mehr überein. Wir können das nicht mehr für alle bezahlen. Und das ist der entscheidende Punkt.« Er hat recht, auch wenn es schwer zu ertragen ist. Eben weil wir es nicht wahrhaben wollen, schieben wir diese Gedanken ganz weit weg und vertrauen darauf, daß es schon irgendwie so weiterlaufen wird wie bisher, ohne sich einmischen und Position beziehen zu müssen. Doch es hilft nichts, wir müssen uns stellen, und zwar jeder einzelne. Dr. Klaus-Dieter Kossow, ein praktizierender Allgemeinmediziner und Psychotherapeut, auch standespolitisch engagiert, war in »Jetzt mal ehrlich« einer meiner Gesprächspartner und hat dieses heikle Thema folgendermaßen umschrieben: »Wir können uns das gar nicht leisten, alle so sterben zu lassen wie Tito und Franco.« Damit meinte er den enormen medizinischen Aufwand, der betrieben werden kann, um Sterben hinauszuzögern. Wir haben die paradoxe Situation, daß uns medizinischer Fortschritt Probleme bereitet statt Freude, weil unser Gerechtigkeitssinn an den realen Möglichkeiten scheitert.

Was die Kostenexplosion betrifft, so kann man die landläufige Argumentation, wonach Patienten, Ärzte etc. daran schuld seien, genau umdrehen. Wir haben das Problem nur deshalb, weil wir uns vom Staat vorschreiben lassen, wieviel uns Gesundheit wert sein darf. Der ganze Ansatz ist falsch. Bundesgesundheitsminister Horst Seehofer ist gezwungen, wegen der unsinnigen Verbindung zwischen Sozialversicherungsbeiträgen und Lohnkosten irgendwo den Deckel draufzuhalten. Das führt zu einer mehr oder weniger willkürlich angenommenen Summe, die im Gesundheitssektor ausgegeben werden darf. Wenn die nicht ausreicht, sprechen wir von Kostenexplosion. Warum gehen wir nicht den anderen Weg, der im Kapitel über den Arbeitsmarkt bereits aufgezeigt wurde? Weg mit der Hälftelung von Sozialversicherungsbeiträgen. Gebt den Arbeitnehmern ein Bruttogehalt – aufgestockt durch die Arbeitgeberbeiträge –, und laßt sie selbst entscheiden, was sie über eine Pflicht-Mindestabsicherung hinaus für sich tun wollen. Niemand käme auf die Idee, den Menschen vorzuschreiben, wieviel sie für Autos oder Urlaubsreisen ausgeben sollen. Niemand nimmt Anstoß daran, daß Menschen bereit sind, 34 Milliarden Mark im Jahr für Tabak auszugeben. Bezahlbarkeit und Kostenexplosion – diese Begriffe erhalten dann eine andere Bedeutung. Kostenexplosion ist ein Produkt falsch gestellter Weichen in der Politik. Und Bezahlbarkeit eines leistungsfähigen und humanen Gesundheitswesens ist dann kein Problem, wenn man mit dem Unfug des Interventionismus aufhört. Dazu der Kommentar einer befreundeten Wissenschaftlerin: »Wie auch in der Agrarpolitik greift der Staat in der ›zweiten Interventionsrunde‹ zur Mengenknute, nachdem er zuvor – in der ersten Runde – den Preismechanismus zerstört hat. In der dritten Runde fliegt dann ein Hubschrauber über die staatlich beackerten Felder, denn dann müssen Staatskommissare ihr Augenmerk gezielt auf die Aufdeckung von Mißbrauch umlenken. Und in der vierten Runde schließlich sind wir vermutlich weg vom Fenster, während unsere Nachwuchspolitiker die Weltbank um Zahlungsaufschub bitten.«

Die Ausgaben der gesetzlichen Krankenversicherung steigen rascher als die volkswirtschaftliche Gesamtleistung. Das wird zwar hin und wieder bestritten, ist aber nachzuweisen. Während sie im Jahr 1970 nur 3,8 Prozent des Bruttoinlandsproduktes ausmachten, ist der Anteil – trotz diverser Kostendämpfungsgesetze – auf 7 Prozent im Jahr 1995 gestiegen. Ein Ende dieser Ausgabendynamik ist nicht in Sicht. Im Gegenteil, aus demographischen Gründen ist eher eine Beschleunigung dieses Trends zu erwarten. Die chronisch defizitäre Lage der gesetzlichen Krankenversicherung liegt allerdings nicht nur an den steigenden Ausgaben. Gleichzeitig ist wegen der Millionen von Arbeitslosen die Einnahmebasis weggebrochen. Auch deswegen wurde die Beitragsschraube immer weiter angezogen. Daraus entwickelt sich ein Teufelskreis: Steigende Beitragssätze erhöhen die Lohnnebenkosten und führen zu noch mehr Arbeitslosigkeit. Das wiederum bewirkt neue Finanzierungslücken, die eine Anhebung der Beitragssätze nach sich ziehen.

Mein Gesprächspartner kommt auf die USA zu sprechen, wo die Ausgaben für das Gesundheitswesen gemessen am Bruttosozialprodukt höher liegen als bei uns, obwohl die Menschen teilweise medizinisch schlechter versorgt seien als Deutsche und laut Oberender 60 Millionen Amerikaner sogar ganz unversichert dastehen. Meine Frage ist: Wie kommen wir aus unserem System heraus, ohne bei den vielzitierten »amerikanischen Zuständen« zu landen. Welche Dinge, die Amerikaner tun, sollten wir unbedingt vermeiden? Wohlgemerkt – wir reden hier immer nur über eine gesetzliche Krankenversicherung, die eine Grundversorgung garantiert. Zunächst einmal muß der Versicherungspflichtige seine Kasse frei wählen können – das haben wir erreicht. Demgegenüber muß die Kasse jeden aufnehmen, der zu ihr kommen will. Sie darf nicht »schlechte Risiken« ablehnen. Auch das ist geschafft durch das sogenannte Diskriminierungsverbot. In den USA kann die Versicherung unterschiedlich hohe Zuschläge verlangen und nach Belieben jeden abweisen. Da haben wir also schon einmal eine Barriere eingezogen.

Dann müssen Ärzte oder Krankenhäuser im Notfall jeden Patienten behandeln bzw. aufnehmen. Das steht bei uns im Gesetz. Auch für den Fall, daß ein Arzt oder ein Krankenhaus mit einer bestimmten Kasse keinen Vertrag abgeschlossen hat, muß also behandelt und müssen Kosten erstattet werden. Das läuft in den USA völlig anders. Die Anbieter können wegen des dort ganz anderen Haftungsrechtes ablehnen und tun das auch. Bei uns spielt es in der Regel keine Rolle, ob ein Patient den Grund für seine notwendige Behandlung selbst verschuldet hat oder nicht – er wird in jedem Fall versorgt. In den USA wird dieser Frage unter Umständen vor Gericht nachgegangen. Jeder hat auch von den »typisch amerikanischen« Prozessen gehört, in denen über astronomisch hohe Entschädigungen gestritten wird. Oberender erzählt von einem Aufenthalt in den USA vor einigen Jahren, wo ihm auffiel, daß sich kaum Frauenärzte niederließen bzw. bereits Niedergelassene ihre Praxen schlossen. Der Grund war jedesmal das große Haftungsrisiko. Wie immer bei Risiken ist die entsprechende Versicherung zwar nicht weit, so auch in diesem Fall – allerdings sind die Prämien angesichts der horrenden Schadenersatzsummen nicht mehr zu bezahlen. Auch deutsche niedergelassene Ärzte haben zunehmend das Problem, steigende Versicherungsbeiträge für ihre berufliche Haftpflicht nicht mehr aufbringen zu können, allerdings erst dann, wenn bereits einmal ein Schadensfall eingetreten ist. Darüber hinaus geht es in unserem Land um bedeutend geringere Summen. Die Notfallversorgung ist jedenfalls wesentlich besser abgesichert.

Da wir gerade bei der Verschuldensfrage sind, möchte ich einen Nebenaspekt abhandeln. Viel diskutiert wird das Thema, ob eine Solidargemeinschaft dafür geradestehen soll, wenn jemand mit seiner Gesundheit derart Schindluder treibt, daß er beispielsweise hundert Zigaretten am Tag raucht. Ich bin da zunächst unentschieden. Einerseits kann eine Solidargemeinschaft von ihren Mitgliedern solidarisches Verhalten erwarten, das ist bei hundert Zigaretten am Tag sicher nicht mehr gegeben, wenn es um die Absicherung von Gesundheitsrisiken geht. Andererseits – wie soll man das kontrollieren und versicherungstechnisch einbauen? Ein Schnüffelstaat ist das letzte, was ich wollte. Das Problem mit der Kontrolle führt auch Oberender als Gegenargument an. Aber er hat noch zwei weitere. Erstens kann es schwierig werden, in jedem Fall die eindeutige Kausalität nachzuweisen. Wer weiß – vielleicht wären die gesundheitlichen Probleme auch ohne den übermäßigen Zigarettenkonsum aufgetaucht. Oder noch komplizierter: Vielleicht lag ein psychischer Defekt dem überhöhten Zigarettenkonsum zugrunde? Zweitens haben Untersuchungen ergeben, so der Wissenschaftler, daß neben den Alkoholikern auch die Raucher Nettozahler sind. Das heißt im Klartext: In der Bilanz zahlen sie mehr in den Solidartopf ein, als sie rausholen, einfach weil sie früher sterben. Ihre Nettozahllast erhöht sich zudem, wenn man die Rentenversicherung in die Betrachtung einbezieht.

Und es gibt noch ein Gegenargument. Die Zahl 100 beim Zigarettenkonsum hatte ich willkürlich angenommen, um meine Frage zu formulieren – aber wer formuliert die genauen Grenzwerte? Bei wieviel Zigaretten würde solidarisches in unsolidarisches Verhalten kippen, bei wieviel Gläsern Wein, Bier oder Schnaps? Was, um Himmels willen, ist gesunde Lebensführung? Die Gefahr, menschliche Bedürfnisse zu normieren, ist zu groß. So sehr mich unsolidarisches Verhalten stört – das ist keine Lösung.

Wesentlich einfacher läßt sich das erhöhte Risiko bei Leistungssportlern definieren. Wer beim Autorennen, Drachenfliegen oder auch Fußballspielen gesundheitlich zu Schaden kommt, kann das nicht von der Allgemeinheit bezahlen lassen. Dafür gibt es ja auch bereits spezielle Versicherungen. Das läßt sich recht unproblematisch handhaben. Anders sieht es bei »normaler« sportlicher Betätigung aus. Man kann sich – vordergründig betrachtet – auf den Standpunkt stellen: Wer sich beim Skifahren die Knochen bricht, soll für die Behandlungskosten selbst aufkommen. Andererseits – was ist mit denen, die unbeweglich vor der Glotze sitzend tonnenweise Chips in sich reinschaufeln? Eine Solidargemeinschaft muß wohl beide Verhaltensweisen »aushalten«.

Ich bleibe beim Thema Verschulden, wende mich aber einem anderen Aspekt zu. Mit den entsprechenden Kommentaren versehen, berichtete die hiesige Presse von Ärzten in Großbritannien, die einem Raucher eine Herzoperation verweigerten, weil dieser nicht bereit war, künftig auf seine Zigaretten zu verzichten. Ich konnte mich der verbreiteten Empörung nicht so recht anschließen. In die Lage des Arztes versetzt, stellte ich mir vor, wie ich die kostbare Zeit kranker Menschen verplemperte, die auch auf eine rettende Operation warteten, aber nicht stur an alten gesundheitsschädlichen Gewohnheiten festhalten wollten. Was war so falsch an dieser Überlegung? Wenn es keinen Unterschied macht, weil genügend Patienten gleichzeitig operiert werden können und der Kostenfaktor auch keine Rolle spielt, dann bitte sehr. Aber so ist es ja nicht. Zudem: Solidargemeinschaften sind keine Einbahnstraße. Wer etwas bekommen will, muß auch bereit sein, etwas zu geben. Das schließt den finanziellen Beitrag ebenso ein wie das persönliche Verhalten.

Entscheidend ist die Frage, von welchem Menschenbild wir ausgehen. Zwei Extremstandpunkte sind denkbar. Einmal: Jeder einzelne ist für alles, was er tut, selbst verantwortlich. Zum anderen: Jeder einzelne ist durch und durch erblich geprägt und hat genetisch bedingte Besonderheiten, die sich seiner Verantwortung entziehen. In der Wissenschaft ist die Rede davon, daß 80 Prozent aller Alkoholiker erblich vorbelastet sind. Hinsichtlich der Depressiven gibt es ähnliche Aussagen. Das führt zu der Frage: Bis zu welchem Punkt ist der Mensch in der Lage, sich eigenverantwortlich zu zeigen? Oder andersherum: Ab welchem Punkt kann er nichts dafür, daß er so ist, wie er ist? Die Gefahr bei dieser Diskussion besteht darin, daß wir den Anspruch auf Eigenverantwortlichkeit langsam, aber sicher auflösen. Denn wenn ich alle möglichen Verhaltensweisen auf nicht beeinflußbare Genstrukturen zurückführe, dann reduziere ich den Menschen auf einen fremdbestimmten Automaten. Vom mündigen Bürger bleibt nichts mehr übrig. Auf den britischen Herzpatienten bezogen, kann das nur heißen: Wenn er sich eigenverantwortlich entscheidet, dann muß er die entsprechenden Konsequenzen tragen.

Zurück zur Reform unseres Gesundheitssystems. Oberender plädiert dafür, zentralwirtschaftliche Instrumente abzubauen, und zählt auf: »Brauchen wir einen Krankenhausbedarfsplan? Nein! Brauchen wir KVen (Kassenärztliche Vereinigungen)? Nein!« Er registriert beim zweiten Punkt meine skeptisch hochgezogene Augenbraue. Mir liegt die Frage auf der Zunge: Wer soll denn den Krankenkassen gegenübertreten, wenn nicht eine Kassenärztliche Vereinigung? Ich kann doch nicht den Machtapparat einer Krankenkasse auf einen einzelnen Arzt loslassen? Wo bleibt denn da die »Waffengleichheit«? Ganz so brutal, wie ich zunächst glaubte, hat Oberender es offenbar auch nicht gemeint: Es ist die mangelnde Wahlfreiheit, die ihn stört. Ihm schwebt vor, die bisherige Zwangsmitgliedschaft in der Kassenärztlichen Vereinigung aufzuheben. Ärzte sollen sich individuell entscheiden dürfen, welche Interessenvertretung sie für am besten geeignet halten. Das kann die Kassenärztliche Vereinigung sein, aber genauso gut auch fachgruppenspezifische oder regionale Vereine. Damit würde verhindert, daß je nach Machtverhältnissen in den Kassenärztlichen Vereinigungen bestimmte Facharztgruppen bevorzugt und andere unterdrückt oder benachteiligt würden. Denn letztere hätten ja die Möglichkeit, sich selbst zu organisieren. Fazit: Die KV sollte nicht aufgelöst werden, sie sollte nur Konkurrenz bekommen. Denn Tatsache ist, daß sich viele Ärzte von der gegenwärtigen KV nicht angemessen vertreten fühlen.

Ferner soll sich jede Kasse die Leistungserbringer aussuchen, von denen sie glaubt, daß sie besonders viele Versicherte anziehen. Dazu können sich Ärzte – unabhängig von Interessenvertretungen – gruppenweise zuammenschließen, damit sie den Kassen gegenüber stärker auftreten können. In Modellversuchen wird das bereits praktiziert. »Ich will nicht den Umsturz des Systems«, flicht Oberender ein, »ich will es nur öffnen. Ich will den Versicherten zum Souverän machen. Er soll sich aus den vielfältigen Angeboten der Kassen die Lösung raussuchen, die ihm am besten zusagt.« Er kennt die Befürchtungen der Ärzteschaft, daß die Kassen über sogenannte »Einkaufsmodelle« junge unerfahrene Ärzte zu Dumpingpreisen verpflichten. Diese Gefahr sieht er aus mehreren Gründen nicht. Einmal wird das die Konkurrenz verschiedener Interessenvertretungen verhindern. Darüber hinaus ist er fest davon überzeugt, daß sich die Versicherten keine geringerwertige Basisversorgung mit unerfahrenen Ärzten »andrehen« lassen. Er führt Untersuchungen an, die eine gegenteilige Vermutung nahelegen. Danach besitzt die Versorgungsqualität einen erheblichen Stellenwert für die Entscheidungen der Versicherten. Und wenn der Wettbewerb zwischen den Krankenkassen intensiviert wird, dann sind diese noch stärker gezwungen, sich nach den Wünschen der Versicherten zu richten. Wenn unterschiedliche Modelle zugelassen werden, dann – da ist Oberender ganz sicher – ist eine Ausbeutung der Ärzte durch die »Macht« der Krankenkassen ausgeschlossen. »Beliebte Ärzte« mit vollen Bestellbüchern hätten ohnehin kein Problem, einen angemessenen Vertrag zu bekommen.

Wir landen immer wieder beim Begriff des Wettbewerbs. »Das Entscheidende ist doch«, erklärt Oberender, »daß wir Wettbewerb immer dann anwenden, wenn wir es mit einer komplexen Situation zu tun haben, bei der wir letztlich nicht wissen, wo die optimale Lösung liegt.« Von dieser Warte aus hatte ich die Sache mit dem Wettbewerb noch nicht betrachtet. »Das ist ein unwahrscheinlich menschenfreundlicher Ansatz«, schiebt er engagiert nach, »weil jeder für sich bestimmen kann. Immer unter einem gewissen Schutz natürlich. Denn selbstverständlich müssen wir Leute durch Härtefallregelungen auffangen. Nur – wir können nicht 80 Millionen unter Härtefallregelungen packen.«

Die bei Deutschen so verbreitete grundsätzlich negative Haltung zum Wettbewerb erklärt Oberender historisch. Aufgrund unserer Geschichte hätten wir kaum eine Chance gehabt, Obrigkeitsdenken abzulegen. Ein Blick zurück zeigt, daß er recht hat: Von der Ständegesellschaft sind wir in ein autoritäres Regime gestolpert, in der Zwischenkriegszeit unterbrochen von einer ersten Begegnung mit Demokratie, die überwiegend schlechte Erfahrungen brachte. Das sogenannte deutsche Wirtschaftswunder in den fünfziger Jahren und der Aufschwung in den Sechzigern waren ein kurzes historisches Intermezzo. Diese Entwicklung war nicht nur, aber zu einem großen Teil auch das Verdienst von Ludwig Erhard, der auf Offenheit der Märkte nach innen und außen – also auf Wettbewerb – setzte. Und es kommt nicht von ungefähr, daß sich mit seinem Ausscheiden aus der Politik wieder Staatsgläubigkeit und Verteilungsdenken breitmachten. Dieses mangelnde Training in Wettbewerb und Eigenverantwortung hängt uns heute noch nach. Da liegen auch die Wurzeln dafür, daß sich Deutsche mit dem Diskurs so schwer tun. Ob wissenschaftlicher oder politischer Diskurs – er wird sofort als persönliche Beleidigung interpretiert oder gar als Vernichtungsstrategie. Oberender kann ein Lied davon singen. »Wenn ich mit Leuten aus dem Gesundheitswesen diskutiere«, erzählt er, »dann wird mir immer unterstellt, ich wolle die Armen bestrafen und das amerikanische System einführen.« Er schüttelt den Kopf und meint unterkühlt: »Das ist nicht verstanden worden. Das will ich auf keinen Fall.«

Nun läßt sich ja nicht leugnen, daß wir es hin und wieder mit einem Phänomen zu tun haben, das man »ruinösen Wettbewerb« nennt. Diejenigen, die bessere Qualität liefern und daher relativ teuer sind, werden von Billiganbietern kaputtgemacht, bevor sie überhaupt die Chance hatten, ihre Produkte unter die Leute zu bringen oder auf dem Markt zu etablieren.

Oberender hält das allenfalls für eine Randerscheinung. Die Erfahrung zeige im Gegenteil, daß intensiver Wettbewerb der Qualität nutze. »Ich versuche doch als Anbieter«, erklärt der Wissenschaftler, »meine Konkurrenten zu überflügeln. Entweder dadurch, daß ich zum gleichen Preis mehr biete oder aber für die gleiche Qualität weniger verlange.« Da die Menschen bei Gesundheitsgütern besonders qualitätsbewußt sind und mehr als in anderen Bereichen nach der Formel verfahren »teuer = gut«, vertraut Oberender zudem auf die Abstimmung mit den Füßen. »Schlechte Qualität wird sich auch über noch so günstige Preise nicht behaupten können.« Da ist sich der Gesundheitsökonom ganz sicher. Er entwirft Zukunftsszenarien, in denen die Krankenkassen mit der Qualität ihrer Vertragspartner werben. Etwa so: »Unsere Ärzte absolvieren regelmäßig Fortbildungsveranstaltungen.« Oder: »Unsere Ärzte verfügen über neueste medizinische Technik.« Das funktioniert natürlich nur, wenn sich die Krankenkassen ihre Partner aussuchen dürfen. Und damit sind wir wieder bei dem Problem des längeren oder kürzeren Hebels, wenn kleine Ärztegruppen es mit großen Krankenkassen zu tun bekommen. Oberender erzählt von den bereits erwähnten Modellversuchen, die er zum Teil selbst begleitet. Am Vortag unseres Gesprächs war zum Beispiel eine Gruppe von Ärzten aus Oberfranken bei ihm, um sich über neue Möglichkeiten zu informieren. Da ging es um vierzehn Ärzte und sechs Krankenhäuser, die sich zusammenschließen wollen, um ihre qualitativ guten und trotzdem preiswerten Leistungen den Kassen anzubieten. § 5 unseres Sozialgesetzbuches verbietet solche Verträge. Sie sind lediglich im Rahmen von Modellversuchen möglich. Auf einer solchen Grundlage arbeiten in Hessen seit einiger Zeit 45 Ärzte, die untereinander und mit acht Krankenhäusern vernetzt sind und in dieser Einheit ihre Leistungen anbieten.

Wir wenden uns dem Begriff »Therapiefreiheit des Arztes« zu. Damit ist gemeint, daß der Arzt unabhängig von allen äußeren Umständen die Freiheit haben muß, sich für die Therapie zu entscheiden, die er im vorliegenden Fall für die beste hält. Oberender führt zudem den Begriff »Therapiehoheit des Patienten« ein. Er besagt, daß der Patient entscheiden soll, was mit ihm geschieht. Theoretisch ist das auch mein Anliegen, wobei ich die Therapiehoheit des Patienten in der Praxis für nicht unproblematisch halte. Als Patient habe ich zwar mehr oder minder genaue Vorstellungen davon, welches Ziel ich erreichen möchte, aber sicherlich nur wenig Ahnung davon, mit welcher Therapie das möglich ist. Ich bringe ja auch nicht mein Auto in die Werkstatt und erkläre dem Kraftfahrzeugmechaniker, wie er den Defekt zu beheben hat. Das überlasse ich dem Fachmann – und zwar um so lieber, je ausgeprägter das Vertrauensverhältnis ist. Allerdings – um im Bild zu bleiben – kann ich ihn bei größeren Eingriffen um einen Kostenvoranschlag bitten bzw. darum, mir alternative Möglichkeiten aufzuzeigen. Es ist zum Beispiel denkbar, ein defektes Teil entweder zu reparieren oder aber auszutauschen. Wenn die Verkehrssicherheit in beiden Fällen gewährleistet ist, dann kann ich wählen. So ungefähr könnte das mit der Therapiehoheit des Patienten auch funktionieren. »Sie müssen noch eines einführen«, meint Oberender mit Blick auf das Problem der Verantwortlichkeit, das eng mit dem Prinzip der Entscheidungsfreiheit verbunden ist. Haftungsregeln sind das Spiegelbild der freien Wahl. »Wenn Sie Arzt oder Patient handeln lassen, ohne daß er die finanziellen Folgen übernehmen muß, dann bewirken sie eine Explosion der Ansprüche.« Das Schema gilt überall, auch und gerade in der Politik.

In »Jetzt mal ehrlich« habe ich das Abrechnungssystem der Ärzte ausführlich erklärt und kritisiert. Keinem anderen Berufsstand mutet man zu, erst Monate nach erbrachter Leistung Klarheit über die Höhe des Verdienstes zu bekommen. Bei Ärzten ist es zwischenzeitlich normal, daß sie mit erheblicher Verspätung erfahren, ob der Preis für eine bestimmte Tätigkeit konstant geblieben oder gesunken ist. Das hängt mit dem Budget zusammen, das unabhängig vom ärztlichen Arbeitsanfall nicht überschritten werden darf; und mit dem sogenannten Punktwert, der jeder Leistung zugeordnet wird, ohne etwas über den tatsächlichen Wert in Mark und Pfennig auszusagen. Der Mechanismus läuft nämlich so, daß ein Überschreiten des Budgets durch die Anpassung der Punktwerte nach unten verhindert wird. Ich kann mir denken, daß Professor Oberender kein Anhänger dieses Systems ist, aber ich frage ihn trotzdem, was er davon hält. »Nichts. Gar nichts.« Er bezeichnet diese Methode als unzumutbar und kontraproduktiv, ja sogar gefährlich. Da der einzelne Arzt sein eigenes Einkommen nicht kennt, buchstäblich in der Luft hängt, und nichts über den Arbeitsanfall seiner Kollegen weiß, ist er gezwungen, möglichst viel Menge zu machen, um auf seine Kosten zu kommen. Weil am Ende das Budget durch die Gesamtzahl der erarbeiteten Punkte geteilt wird, sinkt der Punktwert laufend. In der Wirtschaftswissenschaft spricht man von »Rationalitätenfalle«. Gemeint ist damit die paradoxe Situation, daß ein Verhalten, das aus der Sicht des einzelnen durchaus rational ist, ihm letztlich trotzdem schadet, wenn sich alle nach dem gleichen Muster verhalten. Darüber hinaus sorgen noch ein paar andere aberwitzige Verfahren dafür, daß derjenige, der mehr arbeitet, damit rechnen muß, weniger Honorar zu bekommen. Wenn das keine verkehrte Welt mit perversen Anreizsystemen ist.

Oberenders Alternative sieht so aus: Er würde indikationsbezogene Honorare vereinbaren. Konkret: Für die Behandlung eines gutartigen Zwölffingerdarmgeschwürs könnte man einen festen Betrag von beispielsweise 1 800 Mark aushandeln. Der Arzt muß nun zusehen, wie er mit diesen 1 800 Mark das gesundheitliche Problem in den Griff kriegt. Ob er das im Einzelfall ambulant oder stationär macht und mit Hilfe welcher Medikamente auch immer – der Betrag von 1 800 Mark ist verbindlich. Oberender beschreibt den Effekt dieser Methode: »Der Arzt überlegt sich, was ist zielführend, was ist besonders effizient und letztlich produktiv, um das Ziel zu erreichen, den Patienten zu heilen. Und was von den 1 800 Mark übrigbleibt, das gehört ihm. Das ist ganz wichtig.« Die Festlegung der Preise – im Grunde ist es eine Art Fallpauschale – sollte auf keinen Fall zentral erfolgen, so wie wir das jetzt bei den Fallpauschalen handhaben. Das muß zur Verhandlungssache zwischen einer Krankenkasse und einer Gruppe von Ärzten werden.

Apropos ambulant und stationär. Für diese strikte Trennung, wie sie bei uns praktiziert wird, sieht Oberender »keinen einzigen vernünftigen Grund«. Er würde sogar so weit gehen, daß Ärzte Krankenhäuser kaufen oder gründen können. »Das heißt: Wir machen Gesundheit wieder zu einem einheitlichen Produkt. Das ist doch sinnvoll.« Bisher sind nur ein paar Ausnahmen für spezielle Praxiskliniken zugelassen. Warum haben wir eigentlich nicht das Polikliniksystem der DDR übernommen? Ist es nicht viel effektiver, wenn zehn bis fünfzehn Ärzte

eine Bäder- und Röntgenabteilung, Labors usw. gemeinsam nutzen? Und wenn der Allgemeinmediziner den Facharzt gleich im Hause hat? Aber die Westdeutschen waren ja schon mit der Übernahme des grünen Rechtsabbiegerpfeiles überfordert...
Auf meine Frage, wo die größten Widerstände zu finden sind, antwortet er umgehend: »Bei den Interessenverbänden. Das sind in dem Fall die Krankenhausgesellschaften und dann die Kassenärztlichen Vereinigungen, denn die hätten ja Probleme, wenn wir diese strikte Trennung aufheben würden.« Hinzu kommt die Rolle des konventionellen Krankenhauses als kommunalpolitischer Machtfaktor. »Sie sehen es ja daran«, erklärt Oberender, »daß sich viele Krankenhäuser nicht in GmbHs verwandeln können – weil die Politik in der GmbH keinen Einfluß mehr hat. So einfach ist das.« Er erzählt, daß bis vor kurzem noch Herzzentren gebaut wurden, was er für eine absolut überflüssige Investition hält. Die Zeit der dramatischen Wartelisten aufgrund fehlender Betten und zu geringer Operationskapazität sei vorbei. Das war ein Problem bis Mitte der achtziger Jahre. Jetzt haben wir ein Überangebot. Oberender erzählt von Herzchirurgen, die im Gespräch zugeben, 15 bis 20 Prozent mehr Operationen auszuführen, als medizinisch geboten wäre, um Geräte auszulasten und einen gewissen Standard an Erfahrungen zu bewahren. Die heutigen Engpässe liegen beim fehlenden Pflegepersonal. Dieses Problem läßt sich aber nicht durch den Bau neuer Kliniken beseitigen. Im Gegenteil, es wird verschärft.
Der Gesundheitsökonom macht in diesem Zusammenhang einen interessanten politischen Vorschlag. Dreh- und Angelpunkt muß sein, daß der Wähler gleichzeitig handelt und haftet, also mit den Kosten geplanter Projekte konfrontiert wird, sonst fordert er alles. »Sie müssen fragen«, sagt er, »wollt ihr eine Herzchirurgie? Könnt ihr haben, aber das kostet euch pro Jahr und Kopf 500 Mark.« Entscheidungen auf dieser Grundlage würden vernünftiger ausfallen. Das Verfahren taugt auch für andere Bereiche. »Wollt ihr eine saubere Umwelt? Könnt ihr haben, aber das kostet das und das, und soundso viele Leute, die

ihre Arbeit verlieren, müßt ihr unterstützen, bis die was anderes gefunden haben.«

Neben den ökonomischen Gründen, die gegen den Bau neuer Herzzentren sprechen, führt Oberender noch viel gewichtigere Argumente an. Nach internen Statistiken schwankt die Sterblichkeitsquote in deutschen Herzkliniken ganz enorm. Mir wurden von anderer Seite Zahlen zwischen 0,7 und 18 Prozent genannt. Eine erschütternde Qualitätsdifferenz, die nicht zuletzt mit der Auslastung zusammenhängt. Klar, wer die gleichen Handgriffe immer und immer wieder trainieren kann, wer im besten Sinne Routine entwickelt, macht weniger Fehler. Oberender bedauert, daß unser System Transparenz fürchtet. Die angesprochene Statistik beruht auf freiwilliger Basis, ist deshalb unvollständig und wird auch nicht veröffentlicht.»England ist da viel weiter«, schwärmt Oberender und berichtet, daß solche Informationen dort auf der ersten Seite einer Tageszeitung oder innerhalb einer Anzeige zu finden sind.»Da steht, was die Behandlung in diesem Krankenhaus kostet, wie hoch die Sterblichkeitsrate oder die Infektionsrate ist. Damit haben die kein Problem.« Ganz im Gegensatz zu uns. Es ist wirklich nicht einzusehen, daß solche Informationen wie Staatsgeheimnisse gehütet werden, statt sie Kassen und Patienten bekanntzugeben. Es läuft immer wieder auf dasselbe hinaus: Letztlich wird Wettbewerb außer Kraft gesetzt, was Qualitätsverlust bedeutet und die Kosten auf lange Sicht erhöht.

»Wir müssen über die Art unserer Demokratie nachdenken.« Oberender betritt erneut politisches Parkett. »Ich bin für Demokratie«, bekennt er, »aber die ist nicht zum Nulltarif zu haben. Wir müssen darüber nachdenken, wie wir die Haftung in das System bringen.« Das bedeutet nichts anderes, als daß Bürger und Politiker beim Handeln und Beschließen viel stärker, als es jetzt der Fall ist, die Konsequenzen vor Augen haben – und dazu gehören nun auch einmal die Kosten. Dabei interessieren den einzelnen Wähler in der Regel nicht die Gesamtkosten, sondern nur das, was sich an seiner persönlichen Steuerlast vermutlich ändert. Dies kann er aber nur dann hinreichend abschätzen, wenn jede politische Entscheidungsebene (Kommunen, Länder,

Bund) ihre Ausgaben aus eigenen Steuerquellen bestreiten muß und wenn die Politik zusätzlich verpflichtet wird, bei neuen Ausgabeprogrammen die unmittelbare Finanzierungsquelle (Steuerart, Schuld, Ausgabekürzung) anzugeben. Oberenders Forderungen nach mehr Kostentransparenz laufen also im Kern auf Finanzautonomie, Abschaffung von Mischfinanzierungen und Abschied vom Nonaffektationsprinzip (siehe S. 117 f.) hinaus. Diese drei Aspekte vermehrter politischer Verantwortlichkeiten habe ich weiter vorne bereits ausführlich erörtert.

Das von Oberender skizzierte System stellt sich in seinen Eckpfeilern bisher so dar: Grundversorgung per Versicherungspflicht nach dem Solidarprinzip. Das kann man an bestimmte Einkommensgrenzen binden, oberhalb deren jeder komplett für sich selbst verantwortlich ist, oder aber für alle einführen. Dann muß allerdings eine Höchstgrenze eingezogen werden, denn das Solidaritätsprinzip läßt sich nicht endlos ausdehnen. Beim derzeitigen Beitragssatz von durchschnittlich 13 Prozent halte ich es für wirklichkeitsfremd, jemanden mit einem Jahreseinkommen von einer halben Million monatlich knapp 5 500 Mark für eine Krankenversicherung zahlen zu lassen, die nur die Grundversorgung deckt. Da wäre allerspätestens bei 100 000 Mark das Ende der Fahnenstange erreicht. Darüber hinausgehende Wahlleistungen sind freiwillig und in Eigenregie abzuschließen. Der Versicherungspflichtige muß die Kasse frei wählen können. Die Kasse wiederum muß jeden aufnehmen. Dafür muß es den Kassen möglich sein, zur Sicherung der Regelversorgung unterschiedliche Lösungen zu erarbeiten. Denkbar wären folgende Varianten: Eine Kasse hat ausgewählte Ärzte unter Vertrag genommen, auf die der Versicherungspflichtige – abgesehen von Notfällen – zurückgreifen muß. Eine andere Kasse bietet Wahlfreiheit an, dafür ist sie unter Umständen etwas teurer.

Was die Absicherung des Krankheitsrisikos grundsätzlich betrifft, so läßt sich feststellen, daß die Angebote der Krankenversicherungen und die Bedürfnisse der Versicherten weit auseinanderklaffen. Versuchen Sie mal eine Versicherungsgesellschaft zu finden, wo sie keine Arzneimittel versichern müssen. Dafür gibt es keinen Tarif. Eine große Anzahl von Menschen in unserem Land ist finanziell so gestellt, daß sie ambulante Versorgung nicht zu versichern brauchte. Das könnten diese Leute selbst bezahlen. Aber dafür gibt es keinen Tarif. Ein Selbstbehalt von 20 000 Mark im Jahr – Sie glauben nicht, wie viele Menschen diese Lösung bevorzugen würden. Aber dafür gibt es keinen Tarif. Wir schielen immer nur auf das untere Ende der Einkommensskala. Warum beziehen wir nicht das obere insofern mit ein, als wir denjenigen mehr Gestaltungsspielraum geben und die häßlichen Mitnahmeeffekte beseitigen? Wer sich nur so versichern kann, daß ein Selbstbehalt von 2 000 Mark gegeben ist, der wird sich im Zweifel die zweitausendste Mark erstatten lassen, auch wenn er sie gar nicht braucht.

Bundesgesundheitsminister Seehofer sitzt in einer Zwickmühle. Seit Jahren kündigt er an, die Budgets abschaffen zu wollen. Solange er das System aber nicht öffnet, kann er diesen Schritt nicht wagen, weil wir uns sonst zweistellige Zuwachsraten einhandeln würden. Wir haben den Ärzten zu lange zu viel zugemutet. Es wäre ein Fehler, deren Nachholbedürfnisse zu unterschätzen. Weil die Globalbudgets aber letztlich keine Lösung sind – das wissen alle, auch diejenigen, die es nicht zugeben –, wird immer weiter differenziert und »unterbudgetiert«. Nun sind wir bei den Praxisbudgets angelangt, die das absurde Theater auf die Spitze treiben. Denn was wird passieren? Der Arzt wird versuchen, teure Patienten an Kollegen zu überweisen, statt mit deren Behandlung das eigene Budget zu belasten. Wir schaffen ein System, mit dem wir genau das provozieren, was wir eigentlich verhindern wollen, nämlich die Schwerkranken im Regen stehenzulassen. De facto nähern wir uns so »amerikanischen Verhältnissen«. Was ist das für ein krankes Gesundheitssystem, das vorzugsweise für mehr oder weniger Gesunde statt für ernsthaft Kranke da ist! Und es fällt mir zunehmend schwer, die Beweggründe für solche Entscheidungen zu begreifen. Aber damit stehe ich nicht allein.

Da ich diese Dinge ausführlich in meinem Buch »Jetzt mal ehrlich« beschrieben und analysiert habe, werde ich mich hier nicht länger damit aufhalten. Hier genügt der Hinweis, daß solche planwirtschaftlichen Instrumente wie Budget und Beschränkung der Niederlassungsfreiheit eine Ohrfeige für unser System sind. Niederlassungsfreiheit ist geradezu zwingend mit der Freiberuflichkeit verbunden. Bedarfsplanung stellt allenfalls einen Schutz für bereits etablierte Ärzte dar. Ansonsten ist sie eine unfaire Hürde für Nachwuchstalente, ein Wettbewerbshemmnis erster Güte, worunter die Patienten zu leiden haben, kurzum: eine Bankrotterklärung unserer Gesellschaft. Ob uns das paßt oder nicht – ein niedergelassener Arzt als Freiberufler ist ein Unternehmer. Wenn wir das anders haben wollen, müssen wir das deutlich sagen und alle Ärzte zu Staatsangestellten machen. Ansonsten dürfen wir die Besonderheiten eines Freiberuflers nicht ausgerechnet dann, wenn es sich um einen Arzt handelt, außer acht lassen. Es ist unlauter, eine Berufsform zu schaffen, in der einem das unternehmerische Risiko zu 100 Prozent aufgebürdet wird, aber die unternehmerischen Chancen von vornherein durch planwirtschaftliche Zwangsmechanismen zunichte gemacht werden. Entweder – oder. Ein Schlaglicht auf diese Schizophrenie mag folgende Meldung von Anfang 1997 werfen. Da erlaubte sich ein Zahnarzt, beim zuständigen Arbeitsamt Kurzarbeitergeld für seine Angestellten zu beantragen. Er wollte Kündigungen verhindern, die durch die Reform vom 1. Januar 1993 unvermeidbar geworden waren. Denn die Patienten blieben aus. Das Bayerische Landessozialgericht wies dieses Ansinnen ab mit der bemerkenswerten Begründung, daß der Patientenrückgang nicht als vorübergehend einzustufen sei. Loriot läßt grüßen.

Mit Oberenders Hilfe versuche ich ein paar Schlagworte der aktuellen Diskussion abzuhaken. Ich beginne mit dem Thema Direktvertrieb von Medikamenten, was möglicherweise Kosten sparen würde. »Versand-Apotheken?« fragt er und seufzt. Dann entwickelt er folgendes Muster: Arzneimittel für chronisch Kranke bzw. für immer wiederkehrenden Bedarf eignen sich sehr gut für den Versand, wenn keine Beratung erforderlich ist. Arzneimittel, die beratungsbedürftig sind, sollten in der Apotheke bleiben. Oberender will den Konsumenten entscheiden lassen: »Wir sehen das doch auch sonst bei Einkäufen«, meint er, »es gibt Leute, die kaufen beim Versandhandel, mein Fall ist das nicht, aber warum soll man das verbieten?« Die entscheidende Frage dabei lautet: Birgt ein Versandhandel mit Medikamenten Gefahren für den Patienten, die sich durch den Verkauf in einer Apotheke vermeiden lassen? Es entspinnt sich folgender Dialog zwischen uns beiden. Ich frage: »Sie halten also einen anderen Vertriebsweg als nur über die Apotheke für denkbar – es wird in absehbarer Zeit sicher nicht so kommen, irgendeine Lobby hustet immer – aber denkbar wäre es? Aspirin zum Beispiel« – »An der Tankstelle könnten Sie das kaufen.« »Hustensaft?« – »Tankstelle.« – »Und wenn man etwas Spezielles will und Beratung braucht, dann geht man zum Apotheker. Und alle wären's zufrieden – oder?« – »Ja, bis auf die Apotheker.« Die Apotheker mögen es mir verzeihen – aber es kann nicht Aufgabe einer Gesellschaft sein, sich Reglementierungen auszudenken, um Apotheker zufriedenzustellen. Oberender nennt es beim Wort: »Es geht um Pfründe«, sagt er. »Wir haben 22 000 Apotheker in Deutschland, und ich schätze, es bleiben sechs- bis achttausend auf der Strecke, wenn sie sich nicht den Erfordernissen anpassen. Zur Zeit strömen ja immer noch welche nach«, fährt er fort. »Es gibt keine Abnahme, wie sie uns immer weismachen. Wir haben eine Zunahme. Einen Nettozuwachs von 150 Apotheken im vergangenen Jahr.«

Von den Versandapotheken kommen wir auf die Krankenhausapotheken zu sprechen, denen es verboten ist, Medikamente an ambulante Patienten abzugeben. Ebenso ist es bei niedergelassenen Ärzten, die im Einzelfall zwar »Pröbchen« verteilen können, Arzneimittel aber nicht vertreiben dürfen. Um Mißverständnissen vorzubeugen: Kein Arzt soll gezwungen werden, demnächst Medikamente zu verkaufen. Aber warum muß man es ihm verbieten? Die bei Versandapotheken beschworenen Gefahren scheiden hier ja wohl komplett aus. Warum soll jemand, der das Arzneimittel verordnet und auch noch – mittlerweile in etwas abgemilderter Form – die finanzielle Verantwortung für das Arzneimittelbudget trägt, die vierzig, fünfzig Präparate, mit denen er arbeitet, nicht selbst verkaufen dürfen? Der Patient hat zudem einen Weg gespart. Er muß nicht von der Arztpraxis zur Apotheke gehen oder fahren, sondern kann sich sofort nach Hause oder wieder an seine Arbeitsstelle begeben. Das war ein Stichwort für Oberender: »Der Arzt erspart nicht nur dem Patienten den Weg zum Apotheker. Er erspart auch dem Apotheker, daß er das Medikament bestellen muß.« Und er sprudelt los: »Wir fahren 400 Millionen Kilometer mit diesen ›Just-in-time-Lieferungen‹ der Arzneimittel!« Warum sollen wir da nicht über neue Vertriebsstrukturen nachdenken dürfen? Was spricht dagegen, daß Apotheker im Gegenzug ihr Sortiment erweitern dürfen oder eine Art Gesundheitszentrum einrichten, um sich am Markt behaupten zu können? Warum müssen wir denen auch schon wieder alles mögliche verbieten?

Nächstes Stichwort: Positivliste. Also eine Liste, auf der diejenigen Medikamente vermerkt sind, die von der Kasse bezahlt werden. Davon haben sich viele Entscheidungsträger eine Menge versprochen. Auch Bundesgesundheitsminister Seehofer hat den Plan eine Zeitlang verfolgt, bevor er ihn verwarf. Die einen bewerteten diesen Rückzieher als Einknicken vor der Pharmaindustrie, die anderen als rechtzeitiges Verlassen eines Irrweges. Oberenders knapper Kommentar, begleitet von einem Kopfschütteln: »Zentrale Verwaltungswirtschaft.« Also keine Lösung. Er hat zwei wesentliche Einwände. Zum einen sei eine solche Liste extrem innovationsfeindlich. »Sie haben ein neues Präparat, das gut ist, und können es nicht zu Lasten der Kasse verordnen, weil es nicht auf der Positivliste steht.« Und zum anderen: Wer soll die Kriterien definieren, die über eine Aufnahme in diese Liste entscheiden? Da ist Streit programmiert, der die Gerichte nachhaltig beschäftigen wird. Wenn schon Liste, dann lieber eine Negativliste, meint Oberender und schlägt, ohne mit der Wimper zu zucken, vor, alle Antibiotika aus der Grundversorgung herauszunehmen. »Die sind teuer. Das weiß ich«, sagt er gleich, »aber Sie können ja einkommensabhängig definieren, wer Härtefall ist.«

Ich fühle mich dem Gedanken der Eigenverantwortung sehr verbunden und habe auch in finanziell schweren Zeiten nicht gleich nach dem Staat geschielt. Ich gehöre also nicht zu den Menschen, die für ein grundsätzliches Umdenken »geknackt« werden müssen. Aber selbst ich stelle fest, wie sehr man sich an

Dinge gewöhnt hat, die so selbstverständlich geworden sind, daß die Abschaffung inneren Aufruhr erzeugt. Alle Antibiotika aus der gesetzlichen Krankenversicherung herausnehmen – da habe ich zunächst auch geschluckt und mir Widerspruch überlegt. Aber warum eigentlich nicht? Immer unter der Voraussetzung, daß abhängig vom Einkommen Auffangnetze eingezogen werden. Bei Antibiotika handelt es sich im wahrsten Sinne des Wortes um sehr wirksame Medikamente, die nur für kurze Zeit eingenommen werden dürfen. Eine solche Ausgabe fällt also nicht jeden Monat an. Eine Negativliste muß ja auch nicht sein, aber den Gedanken einfach mal zulassen, ihn hin und her wenden, bevor man ihn wegschiebt, statt gleich bei Erwähnung einen Sündenfall draus zu machen – das wäre ein gutes Training für Fähigkeiten, die wir in der Theorie doch alle so schätzen, wie etwa Toleranz und Streitkultur.

Auf der Stichwortliste haben wir die Pflegeversicherung erreicht. »Das ist sicherlich gut gemeint«, sagt Oberender fast gequält. »Aber warum muß ich da wieder eine Sozialversicherungsaufgabe draus machen?« Der Erfahrungszeitraum ist noch reichlich kurz für abschließende Bewertungen. Doch eines läßt sich heute schon sagen: Kranke, die jahrelang von medizinischen Laien gut gepflegt worden sind und sich menschlich geborgen fühlten, sind nun auf einen anerkannten medizinischen Dienst angewiesen, wenn sie die Segnungen dieser Versicherung in Anspruch nehmen wollen. Ob das im Sinne der Pflegebedürftigen ist? Die tatsächlichen Nutznießer sind in erster Linie die Sozialverbände. So sinnvoll die grundsätzliche Überlegung sein mag, den Pflegefall abzusichern – so fragwürdig ist der dazu eingeschlagene Weg. Wir haben uns erneut ein Umlageverfahren aufgehalst, dessen Nachteile uns durch die Rentenversicherung bekannt sein müßten. Und statt Lohnnebenkosten zu senken – wie theoretisch alle fordern –, haben wir noch was draufgepackt. Hätte es nicht völlig ausgereicht, eine Versicherungspflicht einzuführen und jedem Bürger zu überlassen, in welcher Form er sich absichert? Der Staat könnte sich darauf beschränken, denjenigen zu helfen, die keine private Absicherung haben und entsprechende Versicherungsbeiträge nicht aufbringen können. Die derzeitige Pflegeversicherung hat ungezielt und unkontrolliert Umverteilungsprozesse eingeführt, bei denen niemand so genau weiß, wer wen subventioniert.

Letztes Stichwort für dieses Gespräch: Risikoausgleich bei Krankenkassen. Ähnlich wie beim Länderfinanzausgleich müssen wirtschaftlich stärkere Krankenkassen die wirtschaftlich schwächeren unterstützen. Oberender lacht: »Ich war von Anfang an dagegen.« Er räumt ein, daß es Argumente gibt, wenn man einen Bestandsschutz für bestimmte Krankenkassen garantieren will. Aber wenn es lediglich darum geht, den Versicherungspflichtigen im Krankheitsfall ausreichend zu versorgen, dann läßt sich Risikoausgleich zwischen den verschiedenen Kassen durch nichts rechtfertigen. Aufgrund statistischer Mängel und einer mehr als unsicheren Datenlage sind die Voraussetzungen für einen »echten« Risikoausgleich ohnehin nicht gegeben. Es kommt zu Verzerrungen und Mißbrauch, Streitereien sind programmiert. Warum sollte eine Krankenkasse, die ihren Kunden keine Fitneßkurse und Ernährungsberatung zum Nulltarif anbietet, solche Angebote einer anderen Krankenkasse per Risikoausgleich mitfinanzieren? Wie kann es sein, daß eine Krankenkasse ihren Kunden Beitragsrückerstattungen gewährt, obwohl sie von Kassen unterstützt wird, die ihren Kunden diesen Service nicht in dem Maße bieten? Auf die Spitze getrieben könnte es für Kassen zu einer lohnenden Strategie werden, ihre Leistungen auszudehnen. Die anderen zahlen ja mit. Also weg mit dem Risikostrukturausgleich. Wenn Krankenkassen mindestens eine Vollversicherung im Angebot haben und sich ihre Kunden nicht aussuchen dürfen, sondern jeden, der dies wünscht, aufnehmen müssen, dann brauchen wir ein solches Instrument nicht. Oberender hat mit unpopulären klaren Aussagen kein Problem. »Wer sagt denn, daß die AOK überleben muß?« fragt er ungeniert, um gleich darauf zu ergänzen, daß er deren Zukunft auch ohne Risikoausgleich gar nicht so pessimistisch betrachte. Selbst wenn sie aufgrund der Zusammensetzung ihrer Kunden teurer werden müßte, glaubt er nicht an ein Verschwinden vom Markt. »Das sehen Sie doch bei normalen Privatversicherungen«, meint er. »Da liegt der Marktführer etwa

40 Prozent über dem Durchschnitt, und trotzdem gehen alle dorthin.« Er meint die Allianz-Versicherung. Es ist erstens eine Frage des guten Rufes und zweitens eine Frage des gut ausgebauten Netzes. »Offenbar gehen die Leute davon aus, daß überall jemand da ist, den man ansprechen kann, und das ist ihnen etwas wert.«

Ich nutze die Gelegenheit, den Gesundheitsökonomen danach zu fragen, ob ihm etwas darüber bekannt sei, daß die Führungskräfte der gesetzlichen Krankenversicherungen nach Umfang der Geschäftsaktivität bezahlt werden. Damit das klar ist: Ich freue mich über jeden, der gut verdient. Nur wäre das in diesem Fall der völlig falsche Anreiz. Wenn Kosteneinsparungen angestrebt werden, ist eine »umsatzabhängige« Bezahlung nur kontraproduktiv (obwohl menschlich absolut verständlich). Ich hatte das Gerücht schon zu Zeiten meines ersten Deutschland-Buches gehört, aber trotz einiger Bemühungen keine Gelegenheit, dem auf den Grund zu gehen, und bin deshalb über Oberenders Reaktion erfreut. »Ja, da gibt es etwas. Das kann ich Ihnen raussuchen. Das ist wie bei Universitäten«, lacht er, »die sind ja auch von der Studentenzahl abhängig.« Und er erzählt, daß die Klasse der Dienstfahrzeuge daran gebunden ist. »Der Präsident einer Universität unter 10 000 Studenten hat nur Anspruch auf ein Fahrzeug bis 1800 Kubikzentimeter, glaube ich.«

Oberenders Material über die Gehälter der Krankenkassen-Führungskräfte bezieht sich auf die Vorstände der AOK Bayern, die zusätzlich zu ihrem Fixgehalt von durchschnittlich etwa 220 000 Mark jährlich sogenannte »Erfolgsprämien« in Höhe von um die 70 000 Mark ausgezahlt bekamen. Wohlgemerkt – es handelt sich bei der AOK nicht um ein privatwirtschaftlich geführtes Unternehmen, sondern eher um eine öffentlich-rechtliche Einrichtung, deren Vorstand nahezu Beamtenstatus genießt, was Arbeitsplatzsicherheit betrifft. Und es handelt sich schließlich um eine Zwangsversicherung. Wie paßt das zusammen: einerseits die Beiträge für die Mitglieder zu erhöhen mit Hinweis auf die angespannte Finanzlage und andererseits die Gehälter in der Vorstandsetage um üppige Tantiemen aufzustokken?

Zum Schluß unseres Gesprächs widmen wir uns Überlegungen rund um die Begriffe Rationalisierung und Rationierung. Mit dem ersten können die meisten gut leben – Rationalisierung steht immerhin für bessere Ausnutzung von Kapazitäten. Der zweite ist tabu, laut Oberender sei es aber dringend erforderlich, daß man drüber spricht. »Der Punkt ist«, meint er, »daß die medizinischen Möglichkeiten die ökonomischen übersteigen.« Auf gut deutsch: Wir sind in der Lage, medizinisch mehr zu leisten, als wir finanziell für alle verkraften können. Oberender spricht dieses Thema zwar ohne Scheu an, tut sich aber mit konkreten Lösungsvorschlägen sehr schwer. Zunächst berichtet er von den Briten und den Schweden, die mehr oder weniger kategorisch etwa Hüftoperationen für über 65jährige ablehnen. »Ich meine, das geht bei uns nicht«, sagt er, und nach einer kleinen Pause: »Sie kriegen in Deutschland sofort den Vorwurf der Euthanasie. Wir müssen diese Dinge anders angehen.« Unabhängig davon besteht ein großes Problem darin, daß man nicht so ohne weiteres Lebensalter mit biologischem Alter gleichsetzen kann. Jeder weiß, daß es – medizinisch gesehen – fünfzigjährige Greise und siebzigjährige Jünglinge gibt. Das Alter allein kann also kein vernünftiges Kriterium sein. »Man könnte die medizinische Leistung versteigern.« Oberender gehört zu den Menschen, die auch die Dinge auf den Tisch legen, die sie letztlich dort nicht liegen lassen wollen. Aber der Reiz, daß andere hastig weggeräumte Sachen wieder auskramen, ist viel geringer, wenn sie vorher Gelegenheit hatten, sie ausgiebig zu betrachten. Mir gefällt diese Art, sich heiklen und unbequemen Fragen zu stellen. Dieses ewige Drumherumreden schadet nur. »Versteigern – das kann man nicht machen«, sagt Oberender, »dadurch wäre ein Teil der Bevölkerung von vornherein benachteiligt.« Die nächste Möglichkeit ist die, danach zu fragen, wie günstig oder wie schlecht die Perspektive ist. Bei welchem Patienten erreicht man mit der begehrten knappen medizinischen Leistung die größte Wirkung, also etwa die meisten zusätzlichen Lebensjahre? Eine solche Überlegung würde Junge gegenüber Alten bevorzugen. »Das will ich auch nicht«, sagt Oberender entschieden. »Nicht weil ich selbst älter werde, sondern weil es meiner Ethik widerspricht.« Letztlich bliebe nichts anderes übrig, als stur nach Warteliste vorzugehen, meint der Wissenschaftler. »Der Zeitpunkt des Eintreffens muß entscheidend sein. Und danach wird die Reihe abgearbeitet.« Er hält nichts davon, Ausnahmen zuzulassen und besondere Risikopatienten vorzuziehen. Auch dann nicht, wenn unabhängige medizinische Experten anonym über Krankheitsfälle befinden. »Ich würde das deshalb nicht tun«, versucht er zu erklären, »weil derjenige, den ich vorziehe, bei einer Transplantation Anspruch auf ein zweites Organ hat, sollte das erste vom Organismus abgestoßen werden. Sie brauchen also unter Umständen zwei Organe, und das kostet einen anderen in der Warteschlange das Leben. Das will ich nicht. Wenn jemand in der unveränderten Warteschlange stirbt, ist das schlimm genug, aber es sollte nicht aufgrund mehr oder weniger willkürlicher menschlicher Eingriffe der Fall sein.«

Wenn man sich diesem schwierigen Thema stellt und es nicht angstvoll wegschiebt, dann ist die Warteliste wahrscheinlich wirklich die fairste Lösung. Oberender erinnert an die Zeit, als Patienten monatelang auf eine Herzoperation warten mußten. »Da sind viele Menschen auf der Warteliste gestorben, aber sie waren zumindest gleich behandelt.« Solche Lösungen können einen nicht befriedigen, aber – auch wenn Deutsche das in besonderem Maße glauben – es gibt längst nicht für alles befriedigende Lösungen. Ohne in Fatalismus oder Lethargie abzugleiten, bleibt nichts anderes übrig, als hin und wieder Unbefriedigendes zu akzeptieren. Sie kennen die Weisheit – mich hat sie seit meiner Schulzeit begleitet: »Möge ich den Mut haben, die Dinge zu ändern, die zu ändern sind, möge ich die Kraft haben, die Dinge zu ertragen, die sich nicht ändern lassen, und möge ich die Weisheit haben, das eine vom anderen zu unterscheiden.«

Oberender kommt unerwartet noch mit einem anderen Vorschlag: »Sie können natürlich auch auf Losverfahren setzen.« Als Bayreuther kriegt er hautnah mit, daß ein Kontingent der wenigen begehrten Festspielkarten verlost wird. »Losverfahren kann man auch diskutieren«, wiederholt er, »aber sonst, würde ich sagen, bleibt nicht viel übrig. Nur – reden müssen wir endlich darüber.«Auf die Gefahr hin, ein sehr strenges Tabu zu verletzen – man könnte unter dem Stichwort Organhandel noch weiter gehen und die Frage stellen: Ist es die menschenfreundlichere Lösung, wenn man einem armen Teufel aus Indien mit fünfzehn Kindern verbietet, einem mehrfachen Erdölmillionär aus Texas eine seiner beiden Nieren zu verkaufen – natürlich zu seiner Summe, welche die gesamte Familie aus dem Sumpf des Elends herausziehen würde. Ist das Verbot von Organhandel human? Oder verhindert es humane Lösungen? Wie soll man zu einer Antwort kommen, wenn man nicht einmal die Frage stellen darf?

Wir landen zwangsläufig beim Thema Sterbehilfe, über das auch lieber nicht geredet wird. Mit unbewegter Miene erklärt Oberender das, was ich auch denke: »Der Mensch hat ein Anrecht darauf, den Zeitpunkt seines Todes zu bestimmen. *Er muß bestimmen, nicht irgend jemand anders von außen.*« Kurz vor unserem Treffen ging eine Geschichte durch die Medien, die uns jetzt beiden einfällt. Eine Krankenschwester hatte einer alten Frau auf deren Wunsch hin Sterbehilfe gewährt und mußte sich nun vor Gericht verantworten. Es drohte eine Freiheitsstrafe von fünf Jahren. Die Bevölkerung des Ortes stand geschlossen auf seiten der Krankenschwester und überbot sich mit Spenden, um ihr zu helfen. Was ist zu tun, wenn sich das Rechtsempfinden der Menschen nicht mehr mit dem deckt, was vorgeblich im Namen des Volkes als Recht gesprochen wird? Besser wäre es sicher, solche Entwicklungen politisch aufzunehmen, statt in allen möglichen Bereichen diese Schere zu riskieren.

Irgendwie haben wir beide einen Tiefpunkt erreicht und beginnen, über das Konstrukt Mensch und seine Lernfähigkeit zu philosophieren. Ich räume ein, daß es mich manchmal enorm viel Kraft kostet, bei meiner optimistischen und kämpferischen Grundeinstellung zu bleiben. Denn natürlich überfällt mich ab und zu die Frage: wofür? Ich könnte es mir so gemütlich machen. Plötzlich meint Oberender: »Sehen Sie, und deshalb bin ich auch noch an der Universität.« Er erzählt von beruflichen Alternativen, die ihn allesamt – obwohl finanziell lukrativer – nicht reizen konnten. Denn die Aufgabe, mit jungen Menschen umzugehen, sich ihren Fragen zu stellen, ihnen etwas zu übermitteln, sei ungeheuer attraktiv. »Ich hoffe«, sagt er dann mit Blick auf seine Studenten, »daß unsere jungen Menschen Ideen mitnehmen und dann letztlich ihr Gewissen als Instanz einsetzen. Das brauchen wir. Die müssen später in der Lage sein zu sagen: Aus Gewissensgründen kann ich das nicht machen. So möchte ich es gerne haben.«

9

Jetzt oder nie, immer mit der Ruhe

*Für einen vernünftigen Fahrplan
in die Europäische Union*

Es war einmal eine junge Wirtschaftsprofessorin, engagiert, motiviert und unabhängig. Wir schrieben das Jahr 1992, und die Ratifizierung der Beschlüsse von Maastricht stand an. Die Wissenschaftlerin hatte die darin enthaltenen Pläne zur Wirtschafts- und Währungsunion intensiv studiert und mochte es nicht glauben, daß sie umgesetzt werden sollten. In ihrer Not als Bürgerin und Fachfrau wandte sie sich an einen befreundeten Kollegen. Statt sich Heulen und Zähneklappern hinzugeben, begannen die beiden, ein Manifest zu entwickeln, in dem sie all ihre Sorgen und Bedenken in elf Punkten fein säuberlich auflisteten. Ruhig, sachlich und ohne böse Worte. Als die Arbeit getan war, schickten sie das Papier denen, die sie kannten im Land, und baten um deren Meinung. Wie groß waren Freude und Genugtuung, als einige der Angesprochenen sogar kundtaten, sich selbst bereits mit einer solchen Idee getragen zu haben. Die beiden waren ihnen lediglich zuvorgekommen. Es war wie ein Steinwurf ins Wasser: Die Gedanken aus dem Manifest zogen Kreise. Schließlich hatten 62 Wirtschaftswissenschaftler – darunter viele ökonomische Hochkaräter mit internationaler Reputation – das Papier unterschrieben, die meisten, ohne voneinander zu wissen. So kam eine sehr heterogene Gruppe zusammen, die bei kaum einem anderen Thema einer Meinung war. Aber hier zogen sie alle an einem Strang. Als das Manifest mit all den Unterschriften in den Zeitungen zu lesen stand, da meldeten sich noch mehr Gelehrte und wollten wissen, warum man sie nicht auch befragt habe. Sie hätten mit Wonne ebenso unterschrieben. Aber nun passierte folgendes. Die Unterzeichner wurden alsbald wüst beschimpft. Vor allem aus dem Lager der Politik, der exportierenden Industrie und der Großbanken warf man ihnen vor, der Kleinstaaterei das Wort zu reden, bezeichnete sie als Anti-Europäer und Nationalisten. Manch einer der Wirtschaftswissenschaftler verstand die Welt nicht mehr und fragte sich, warum es nicht möglich sein sollte, über die Einführung eines Europageldes gesittet Argumente auszutauschen?

Diese Frage kann man sich getrost bis zum heutigen Tage stellen. Denn immer noch beherrschen Beschimpfungen und Unterstellungen die Diskussion um den Euro. Dabei ist die Arroganz mancher Politiker kaum noch zu ertragen. Wir leben nicht mehr zu Zeiten Ludwigs XIV., wo Denk- und Redeverbote herrschten. Politische Führer heutzutage sollten es sich nicht leisten können, »ihr Volk« für blöd zu erklären, nur weil es nicht bereit ist, ihnen ohne Murren zu folgen. Hier eine kleine Auswahl der Zumutungen. Fangen wir mit dem Bundeskanzler an. In einer Fernsehsendung am 22. Juni 1997 winkt Helmut Kohl in einem Interview gleich ab, als es um Bedenken gegen den Euro geht, und sagt mit einer Miene, die keinen Widerspruch duldet, sinngemäß: Das versteht im Ausland kein Mensch, diese innerdeutsche Diskussion nehmen sie hier gar nicht zur Kenntnis (gemeint war die Versammlung der Regierungschefs in Amsterdam). Es fehlte nur noch der Satz: Nun hört schon endlich auf mich zu nerven. CDU-Generalsekretär Peter Hintze lullt im Mai 1997 die Zuschauer einer Talkshow mit dem Vorteil eingesparter Gebühren beim Währungsumtausch ein, macht völlig aus der Luft gegriffene Arbeitsplatzrechnungen auf und versteigt sich schließlich zu dem Satz: »Für den Euro treten sehr, sehr viele Menschen ein, Professoren, Bankexperten, Monika Wulff-Matthies, die frühere ÖTV-Chefin, jetzt für uns in Brüssel, Helmut Schmidt, unser Altkanzler, im Grunde alle, egal welcher Generation, wenn sie sich mit dem Thema beschäftigt haben.« Das bedeutet im Umkehrschluß nichts anderes, als daß sich die der ökonomischen Zunft angehörenden Kritiker des Euro mit diesem Thema nicht beschäftigt haben, sondern nur irgendwelche diffusen Ängste nachplappern oder verantwortungslosen Populisten aufgesessen sind. Ich würde auch gerne wissen, ob der niedersächsische Ministerpräsident Gerhard Schröder (SPD) oder der bayerische Ministerpräsident Edmund Stoiber (CSU) tatsächlich von Zweifeln geplagt werden oder ob ihre Euro-Sorgen mehr mit wahltaktischen Spielchen zusammenhängen. Aber es ist voll daneben, diese beiden – ohne sich auch nur ansatzweise inhaltlich mit ihnen auseinanderzusetzen – zum Abschuß freizugeben, weil sie für eine Verschiebung des Starttermins plädieren. Was reitet den sonst so besonnenen F.D.P.-Chef Wolfgang Gerhardt, wenn er Stoiber daraufhin »Anti-Euro-Populismus« vorwirft und wieder eine Bekenntnisfrage für oder gegen Europa daraus macht? Was ist in Helmut Haussmann gefahren, den europapolitischen Sprecher der F.D.P.-Fraktion, wenn er ebenfalls im Mai 1997 in einer Fernseh-Diskussionssendung auf die Frage, ob er die Bedenken und Ängste nachvollziehen könne, jovial verkündet: »Das verstehe ich voll. Der Euro ist ein gutes Produkt, aber hat bisher eine schlechte Werbung gehabt.« Was hat der Mann für Vorstellungen? Alle Kritiker nur tumbe Toren, denen man lediglich rechtzeitig bunte Bildchen und fetzige Sprüche hätte anbieten müssen? Ohne Scheu stellt Haussmann in dieser Sendung fest, daß sich hinter den Befürwortern einer Euro-Verschiebung »viele Gegner der Währungsunion« verbergen, und schreckt nicht einmal vor dem geschmacklosen Vergleich mit einer Schwangerschaft zurück. »Sie können jetzt nicht im achten Monat eine Schwangerschaftsunterbrechung einleiten.« Es ist mir zu primitiv, innerhalb dieses Bildes weiter zu argumentieren, aber was damit gemeint ist, läuft auf eine grenzenlose politische Unverfrorenheit hinaus: Wir müssen nur geschickt genug vollendete Tatsachen schaffen, dann können wir uns die demokratische Legitimation schenken.

Zurück zu den Anfängen. Beim Euro kann sich – im Gegensatz zur Rechtschreibreform – kein Politiker damit herausreden, die Kritiker seien erst mit jahrelanger Verspätung aufgewacht. Die waren gleich zu Beginn hellwach. Sie mußten sich allerdings kräftig wehren, weil immer wieder versucht wurde, sie schlafen zu schicken. Die Wissenschaftler, unter denen sich auch der ehemalige SPD-Superminister Professor Karl Schiller (1971/72 sowohl Wirtschafts- als auch Finanzminister) befand, sahen es als ihre Pflicht an, frühzeitig die Öffentlichkeit darüber zu unterrichten, daß die Maastricht-Beschlüsse schwerwiegende ökonomische Fehlentscheidungen enthielten, die auch mit Hinweis auf das politische Ziel einer europäischen Union nicht zu rechtfertigen seien, und »daß eine eventuelle Ratifizierung entgegen ökonomischem Rat und Sachverstand getroffen würde«. So stand es in der Frankfurter Allgemeinen Zeitung vom 11. Juni 1992 zu lesen. Und weiter: »Die grundlegenden, ordnungspolitischen, ökonomischen und fiskalischen Folgen werden nach Ansicht der Professoren wissentlich oder unwissentlich ignoriert, obwohl sie zu einer einschneidenden Veränderung von bisher als unverzichtbar erachteten Gestaltungsprinzipien der Wirtschafts- und Währungsordnung in Deutschland führen werden.« Kurz gefaßt: Ihr Politiker rennt sehenden Auges oder blind in eine Situation, die unser aller Leben in seinen Grundfesten nachhaltig erschüttern wird. Die Frage schließt sich an: Dürft ihr das so ohne weiteres? Seid ihr dazu – von allen ökonomischen Überlegungen abgesehen – ausreichend demokratisch legitimiert?

Die 1992 im Manifest abgehandelten Kritikpunkte besagen im wesentlichen – ohne an dieser Stelle zu sehr ins Detail zu gehen – folgendes: Eine stichtagsbezogene Erfüllung einzelner Kriterien reicht als Vorbedingung nicht aus. (Die haben damals schon die »kreative Buchführung« kommen sehen...) Die Europäische Zentralbank ist zwar formal einigermaßen unabhängig, aber eine Preisstabilität innerhalb Europas kann sie schon deshalb gar nicht schaffen, »weil es für sie aufgrund unterschiedlicher Interessen der nationalen Entscheidungsträger keinen genügend starken Anreiz gibt, dies zu wollen«. (Als hätten sie geahnt, daß Frankreich eine Wirtschafts-Gegenregierung etablieren möchte, um nicht von »unabhängigen« Währungshütern abhängig zu sein, die auch noch in Frankfurt sitzen sollen...) Außerdem hat Preisstabilität in Deutschland aus historischen Gründen einen viel höheren Stellenwert als in anderen Ländern. Solange darüber in Europa unterschiedliche Auffassungen herrschen, wird es schwerlich zu einer gemeinsamen Geldpolitik kommen, die dem Stabilitätsziel verpflichtet ist. Zumal insbesondere in den mediterranen Ländern die Ansicht vorherrscht, es sei Aufgabe der Notenbank, eine expansive Finanz- und Lohnpolitik zu finanzieren. Mit »hohen Transferleistungen im Sinne eines ›Finanzausgleichs‹« ist zu rechnen, weil die Unterschiede zwischen den Partnerländern zu groß sind. Oder anders gesagt: weil es in einer Währungsunion kein elastisches Wechselkursscharnier mehr gibt. Im derzeitigen System kann ein Land, dessen Wettbewerbsfähigkeit wegen aggressiver Lohnpolitik Schaden genommen hat, gegensteuern, indem es seine Währung abwertet. Ist dies nicht mehr möglich – und in der Währungsunion ist es ausgeschlossen –, verliert das Land Arbeitsplätze und wird von den anderen finanzielle Unterstützung fordern.»Da bisher noch keine Vereinbarungen über die Struktur einer politischen Union existieren, fehlt hierfür jedoch ein demokratisch hinreichend legitimiertes Regelungssystem.« Und das ist auch 1997 nach wie vor nicht in Sicht. Das Manifest schließt mit den Worten:»Zur Zeit gibt es kein ökonomisch zwingendes Argument dafür, von oben eine monetäre Einheit auf ein wirtschaftlich, sozial und interessenpolitisch noch uneiniges Europa zu stülpen. Die Verwirklichung des EG-Binnenmarktes benötigt oder erzwingt keineswegs eine gemeinsame europäische Währung. Die überhastete Einführung einer Europäischen Währungsunion wird Westeuropa starken ökonomischen Spannungen aussetzen, die in absehbarer Zeit zu einer politischen Zerreißprobe führen können und damit das Integrationsziel gefährden. Die Beschlüsse von Maastricht, nicht die Kritik an ihnen, gefährden ein konfliktarmes Zusammenwachsen in Europa.« Statt dessen behauptet der Bundeskanzler nach wie vor hartnäckig, Euro und politische Union seien Garanten für den Frieden.

Bei den beiden Initiatoren des oben erwähnten Manifestes aus dem Jahr 1992 handelt es sich um Renate Ohr, die Professorin für Volkswirtschaftslehre am Lehrstuhl für Außenwirtschaft der Universität Hohenheim, und Wolf Schäfer, Professor für Theoretische Volkswirtschaftslehre an der Bundeswehr-Universität in Hamburg. Ich habe mich mit Renate Ohr in Verbindung gesetzt. Auf das Manifest angesprochen, meint sie gleich, daß die Zahl der Maastricht-Gegner sehr viel höher ausgefallen wäre, wenn sie damals flächendeckend gefragt hätten. »Wir haben nur eine sehr kleine Zahl von Kollegen informiert, eine Zeitlang den Schneeballeffekt abgewartet und dann bald aufgehört«, erzählt sie. Wenn sie das Rad der Geschichte zurückdrehen könnte, würde sie systematischer vorgehen und einen größeren Kreis ansprechen.

Zur Vorbereitung auf unser Gespräch hatte ich auch Aufsätze und Artikel von ihr gelesen und war immer wieder über den Begriff »gemeinsame Geldpolitik« gestolpert. Darüber werde viel zuwenig geredet – dieser Vorwurf zog sich nahezu durch alle ihre Publikationen, die ich durchgearbeitet hatte. Warum ist das so? Gibt es ein politisches Interesse, diesen Aspekt auszublenden, und worum geht es überhaupt? Renate Ohr setzt mit ihrer Antwort sehr hoch an und bombardiert mich mit Begriffen wie Rediskontpolitik, die es in Deutschland gebe, in manch anderen europäischen Ländern überhaupt nicht. Bevor sie dazu kommt, mir weitere Instrumente der Geldpolitik aufzuzählen, drängele ich mich mit einer Frage dazwischen: »Herr Meier und Frau Müller verbinden in der Regel mit dem Euro ganz andere Befürchtungen. Der ›Normalbürger‹ kommt wahrscheinlich gar nicht auf die Idee, daß eine zentrale europäische Geldpolitik auch ein Problem sein könnte. Fällt Ihnen ein konkretes Beispiel ein, um die Auswirkungen für Herrn Meier und Frau Müller zu illustrieren?« Da muß sie nicht lange nachdenken. In Deutschland sind Sparguthaben weiter verbreitet als Wohneigentum. Das bedeutet: Wenn die Zinsen steigen, ist das für die meisten gar nicht so unangenehm. »In Großbritannien hingegen«, sagt sie, »haben die meisten Bürger ein Häuschen, vielleicht ein kleines und nicht so toll, aber immerhin ein Häuschen mit 'ner Hypothek drauf.« Jetzt wird die Sache klar: In diesem Fall freut sich niemand über steigende Zinsen, denn die reduzieren das verfügbare Einkommen. Mit derselben Maßnahme erreiche man also höchst unterschiedliche Ergebnisse. »Das gleiche gilt für den Unternehmensbereich«, ergänzt Renate Ohr. In Deutschland sei es in der Regel so, daß ein Unternehmer einen langfristigen Kredit aufnehme und mit seiner Bank einen festen Zins für diesen

Zeitraum verabrede. Das heißt, für den deutschen Durchschnittsunternehmer sind die langfristigen Zinsen entscheidend. In Großbritannien oder in Italien sei es eher üblich, die Zinsen von Jahr zu Jahr neu festzulegen. Das heißt, für den britischen Unternehmer sind die kurzfristigen Zinsen von Bedeutung. Wenn sich kurz- und langfristige Zinsen immer in die gleiche Richtung bewegten, wäre das kein Problem, aber es gibt immer wieder Phasen, in denen der eine Zins steigt, während gleichzeitig der andere sinkt und umgekehrt. Was dem einen Land nutzt, schadet dem anderen, weil sich unterschiedliche Verhaltensweisen herausgebildet haben.

»Wenn zum Beispiel bei uns die Bundesbank den Diskontsatz erhöht, weil sie Angst vor Inflation hat«, erklärt Renate Ohr weiter, »dann steigen die kurzfristigen Zinsen. Aber die Wirtschaft geht davon aus, aha, die Bundesbank schafft es, die Inflation zu senken, und dann gehen die langfristigen Zinsen im allgemeinen runter, weil dort ja die Inflationserwartungen mit einfließen. Unserer Wirtschaft würde diese Politik vielleicht nützen (weil die kurzfristigen Zinsen hoch und die langfristigen runtergehen), aber der britischen Wirtschaft würde der gleiche Mechanismus schaden.« Die Frage ist, wie werden solche Entscheidungsprozesse ablaufen bzw. wer wird sich im Endeffekt warum durchsetzen? Klar ist nur eins: Eine gemeinsame Geldpolitik wirkt sich unterschiedlich aus. Wovon die einen profitieren, darunter leiden die anderen. Diese gegenläufigen Strukturen müssen zwar nicht auf ewig so bleiben, aber derzeit sind es Fakten, die eine historische Wurzel haben: Daß in Großbritannien und Italien der kurzfristige Zins entscheidend ist, liegt an der hohen Inflation, die dort lange Zeit herrschte. Der Kreditgeber hat kein Interesse daran, sein Geld langfristig zu verleihen, weil die Inflation den Wert auffrißt. Sobald in diesen Ländern die Inflationsrate nachhaltig sinkt, werden langfristige Kredite einen größeren Stellenwert bekommen. Oder andersherum: Wenn die Inflationsrate bei uns steigt, dann werden auch wir uns mehr für kurzfristige Kredite interessieren. Nur die Annäherung, die Konvergenz, stellt sicher, daß sich ein und dieselbe Maßnahme nicht unterschiedlich auswirkt. Deshalb ist die strikte Einhaltung von Konvergenzkriterien so wichtig.

Welches sind die Hauptargumente der Verfechter eines pünktlichen Euro-Starts, frage ich Renate Ohr, die über die Zahl der Podiumsdiskussionen, an denen sie teilgenommen hat, keine Angaben mehr machen kann. An erster Stelle wird immer wieder die einmalige Chance genannt, die womöglich nie wiederkehrt. Sie dreht den Spieß um: »Wenn das tatsächlich befürchtet wird, daß bei einer Verschiebung alle ihre Stabilitätsbereitschaft wieder verlieren und aus der Sache dann deshalb nichts wird, weil der Druck weg ist – dann sind wir wirklich noch nicht soweit.« Im Grunde haben diese Befürchtungen nach dem Motto »jetzt oder nie« tatsächlich etwas Entlarvendes. Wenn wir jetzt verschieben, so leitete ein Anhänger des pünktlichen Starts seinen Lieblingsvergleich ein, dann ist das so, als sage man einem Marathonläufer kurz vor dem Ziel, er müsse noch drei Kilometer weiter laufen. Da kann ich nur sagen: Ja und? Wenn wir das Ziel – den Eintritt in die Währungsunion – bloß mit allerletzter Kraft erreichen und glauben, uns dann ausruhen zu können, dann sind wir tatsächlich auf dem falschen Dampfer. Denn dann geht es doch überhaupt erst los.

Um genau das zu verhindern – das Zurücklehnen und Abschlaffen nach dem 1. Januar 1999 –, wollte insbesondere Deutschland Sicherungen einbauen. Ursprünglich war beabsichtigt, Staaten, die nach dem Zieleinlauf glauben, vorher getroffene Vereinbarungen ignorieren zu können, nach festen Regeln mit Sanktionen zu belegen und finanziell zu bestrafen. Dann hat man sich allerdings anders geeinigt: Nicht feste Spielregeln entscheiden über die Strafen, sondern Politiker von Fall zu Fall an Runden oder Grünen Tischen. Selbst wenn das ursprüngliche Konzept durchgesetzt worden wäre – die gute Absicht wird sich so lange nicht durchsetzen lassen, wie wir es mit souveränen Staaten zu tun haben. Und das wird – trotz allem – noch lange der Fall sein.

Wie bei anderen in diesem Buch behandelten Themen stoßen wir auch hier auf das Phänomen, daß die öffentlich geäußerte Meinung einzelner Entscheidungsträger von ihrer privaten abweicht. Wer wollte es wagen, als Mitglied der Europäischen Kommission oder auch des Europäischen Parlaments am pünktlichen Beginn des Euro zu zweifeln? Innerhalb der CDU lassen sich diejenigen, die Bundeskanzler Kohl widersprechen, an einer Hand abzählen – höchstens an zweien. Bei der F.D.P. und schon gar bei der SPD gehört das Euro-Bekenntnis dazu, um sich als guter Europäer auszuweisen. Und wenn Bundeskanzler und Bundespräsident aus dem pünktlichen Start des Euro eine Frage von Krieg und Frieden machen – wer wollte sich da als Kriegstreiber hinstellen lassen? Dieser im Grunde recht gut funktionierende Automatismus war der EU-Kommission aber noch zu unsicher. Sie wollte in ganz Europa 250 Wissenschaftler und Wirtschaftsexperten dazu verpflichten, in Aufklärungskampagnen das Vertrauen in den Euro zu stärken. In den entsprechenden Verträgen heißt es wörtlich:»Sie werden insbesondere auf jede persönliche oder subjektive Interpretation der Kommissions-Information verzichten.« Auch »dürfen Sie keine Ansichten äußern, die denen der Kommission widersprechen«. 80 der 250 Eingeladenen lehnten diesen Maulkorbvertrag ab. 170, darunter 29 aus Deutschland, haben ihn unterschrieben. Renate Ohr wundert das nicht. Sie regt sich in dem Zusammenhang über eine Studie eines bekannten Wirtschaftsinstituts auf, in der von immensen Einsparungen durch den Euro die Rede ist.»Aber schauen Sie sich den Auftraggeber an«, meint sie,»das war die Europäische Kommission. Und wenn das Institut auch künftig Aufträge von der Europäischen Kommission haben will, dann weiß man schon, was rauskommt.« Wenn solche Geschütze aufgefahren werden müssen, kann es um die Qualität der Argumente nicht so gut bestellt sein.

Obwohl einerseits immer wieder verkündet wird, der Euro sei genauso stark wie die D-Mark, alles andere komme gar nicht in Frage, reiten die Befürworter andererseits auf der Behauptung herum, ein schwächerer Euro sei gar nicht so schlecht. Die Mark ist viel zu stark, heißt es, und schadet dem Export. In gewissen Grenzen sei das sicher richtig, meint Renate Ohr, aber in seiner Bedeutung viel zu hoch gehängt. Sie erinnert sich an eine Situation vor zwei, drei Jahren, als die Lira so billig war. Da hätten sich die deutschen Maschinenbauer»immens beklagt«, weil ihre Geschäfte schlecht liefen.»Die brauchten einen Schuldigen«, sagt sie,»und es ist immer schön, dann sagen zu können, das liegt an der Währung.« Tatsache sei, daß sich die italienischen Maschinenbauer zu ernstzunehmenden Konkurrenten entwickelt hätten und einfach produktiver geworden seien. Wenn man die Wirtschaftsnachrichten verfolgt, muß man in der Tat den Eindruck gewinnen, daß die größten Verluste bei Firmen keinesfalls von Managementfehlern verursacht werden, sondern auf Wechselkursschwankungen vor allem beim Dollar zurückzuführen sind.

Renate Ohr warnt davor, die Vorzüge einer schwächeren Währung zu überdrehen. Denn eine schwache Währung birgt in sich immer die Gefahr, daß sie als Abwertungskandidat gilt. Dieses Risiko zeigt sich in der Höhe der Zinsen. Wenn ich einen Kapitalanleger dazu bringen möchte, sein Geld in eine relativ schwache Währung zu stecken, dann muß ich ihm wenigstens hohe Zinsen bieten.» Und wenn wir eine schwache D-Mark bekommen oder einen schwachen Euro, dann werden die Zinsen bei uns steigen, und das schadet der Wirtschaft natürlich auch wieder.« Im Grunde haben alle recht, diejenigen, die vom Exportnachteil durch eine starke Mark reden, ebenso wie diejenigen, die vor den hintergründigen Gefahren einer schwachen Währung warnen. Falsch werden die Argumentationen dann, wenn sie die Vor- bzw. Nachteile der Gegenposition vollständig ignorieren.

Tatsache ist jedenfalls, daß Deutschland innerhalb der Europäischen Union immer das niedrigste Zinsniveau hatte. »Daß die anderen höhere Zinsen zahlen mußten«, sagt Ohr, »lag daran, daß deren Währung nicht so stabil war.« Das leuchtet auch währungspolitischen Laien ein: Wo die Geldanlage sicher ist – und dazu gehört auch die geringe Inflation und die Stabilität einer Währung –, kann ich nicht erwarten, besonders hohe Zinsen zu kassieren. Renate Ohr spinnt das Szenario weiter: »Wenn der Euro gegenüber dem Dollar abwertet, dann wäre das für uns auch deshalb sehr schlecht, weil wir alle unsere Rohstoffe importieren müssen und in Dollar bezahlen.« Man kann es drehen und wenden, wie man will, die Fixierung auf die Vorteile durch eine »etwas schwächere« Währung als jetzt, die für den Export so erstrebenswert sein soll, hilft nicht weiter. »Im Gegenteil«, setzt Renate Ohr noch mal nach, »für unsere gesamte Volkswirtschaft ist ein eher billiger Dollar vergleichsweise besser. Das wird oft falsch gesehen. Für die Automobilindustrie mag das anders sein, aber für die gesamte Volkswirtschaft ist es günstiger, wenn der Dollar nicht so teuer ist.«

Im Grunde läuft in der Argumentation ohnehin einiges quer: Während ein Teil der glühenden Verfechter eines pünktlichen Euro-Beginns die Gefahren eines schwachen Euro herunterspielen, legt der andere Teil gesteigerten Wert auf die Feststellung, daß der Euro selbstverständlich genauso hart werde, wie es die Mark jetzt sei. Selbst angesichts der Tatsache, daß für wirtschaftliche Prozesse nicht nur Zahlen, sondern vor allem Erwartungen ausschlaggebend sind – der Aktienmarkt lebt von Stimmungen und Psychologie –, ist diese Behauptung reichlich dreist. Wenn ich unterschiedlich starke Währungen zusammenbinde, kann ich seriöserweise nicht davon ausgehen, daß die stärkste Währung das künftige Niveau bestimmt. Das wird sich irgendwo im Mittelfeld einpendeln. Für den Normalbürger, der bislang eine starke Währung sein eigen nennen konnte, bedeutet das Abwertung von Lohn- und Rentenansprüchen, Abwertung von Vermögen. Das Gespenst einer Superinflation steht zwar nicht zur Debatte, und Verluste im Stile einer Währungsreform sind mit absoluter Sicherheit in das Reich der Fabel zu verweisen. Aber warum sagt den Bürgern niemand, daß eine höhere Inflationsrate zu erwarten ist, als wir sie jetzt haben. Vielleicht würde das manche gar nicht stören, wenn ihnen übergeordnete Gesichtspunkte einleuchteten.

Wie sehr liegt das, was man Streitkultur nennt, im argen, wenn man in Deutschland nach wie vor Gefahr läuft, wegen kritischer Einwände zum Euro in die Nähe des österreichischen Nationalpolitikers Jörg Haider gestellt zu werden – also ins politische Abseits? Und wenn es im deutschen Fernsehen der Stimme des britischen Erfolgsautors Frederik Forsyth bedarf, Bedenken schnörkellos zu formulieren? »Der Euro wird ein Stück Blei sein«, meinte er in einer Diskussionsrunde, nachdem er die Mark als diamantenhart bezeichnet hatte. »Warum? Weil sie überall die Ziffern verfälschen, um die Kriterien zu erreichen.« Auch der nordrhein-westfälische Landeszentralbank-Präsident und Ökonomieprofessor Reimut Jochimsen hatte Ende 1996 fünf europäischen Ländern vorgeworfen, mit Haushaltstricks die Kriterien umgehen zu wollen. Das spielte sich allerdings noch zu Zeiten ab, wo man in Deutschland sicher war, als Musterknabe Maßstäbe setzen zu können. Zwischenzeitlich jonglieren wir ja auch kräftig herum – zur großen Freude unserer europäischen Nachbarn. Sehr engagiert und emotional macht sich Forsyth, der für seine akribischen Recherchen bekannt ist, zum Anwalt der Skeptiker: »Der pünktliche Start ist zum Abenteuer geworden, zum Casino-Spiel. Und wenn die Währungsunion nicht klappt – der Schaden, besonders für Deutschland, wird unermeßlich werden. Die Regierung legt die Häuser, die Arbeit, die Lebensersparnisse des deutschen Volkes auf einen grünen Spieltisch im Casino und hofft, daß es klappt.«

Er kann die Eile nicht begreifen. Warum soll es nicht möglich sein, den Beginn bis 2002 oder noch etwas länger hinauszuschieben und ihn solider vorzubereiten? Ohne Hemmungen gibt er in gebrochenem Deutsch selbst die Antwort: »Ich kann Ihnen sagen, warum das nicht möglich ist, weil Herr Kohl wird nicht dasein in 2002.« Es ist schwer vorstellbar, daß in heutiger Zeit politische Entscheidungen dieser Tragweite von solchen persönlichen Dingen abhängen sollen. Aber ist es ganz auszuschließen? Dafür geschieht um uns herum zuviel Bizarres, als daß man überhaupt noch etwas ausschließen möchte. Forsyth bohrt weiter: »Wir (damit meint er die Briten) spielen kein russisches Roulett mit unserer Währung, unserem Wohlstand und unserer Wirtschaft.« Und wieder mit Blick auf die Deutschen: »Sie erben doch die Schulden ihrer Partner! Und es gibt riesige Schulden in Westeuropa. Wer wird das bezahlen?«

Die hochoffizielle Antwort darauf lautet: Unsinn. Der Vertrag sieht vor, daß die Schulden bei den jeweiligen Ländern bleiben, in denen sie entstanden sind. Ein innereuropäischer Schuldenausgleich ist nicht vorgesehen. Soweit die Theorie. Die Praxis sieht der »Laie« Forsyth genau richtig. Und er bekommt Unterstützung von »Experten«. Auch Rolf Peffekoven, Professor für Finanzwissenschaft in Mainz, Mitglied des Sachverständigenrates der Bundesregierung, teilt diese Bedenken. In einer Diskussion äußerte er sich ungewöhnlich deutlich: »Im Prinzip ist im Vertrag vorgesehen, daß kein Land für die Schulden eines anderen Landes haften muß. Es ist nur die Frage, ob das im Notfall auch durchzustehen ist. Auch innerhalb von Deutschland muß kein Bundesland für die Schulden eines anderen Bundeslandes haften, als aber Saarland und Bremen in finanzielle Schwierigkeiten kamen, mußte der Bund sehr wohl mit einer deftigen Haushaltsnothilfe einspringen.« Peffekoven geht noch einen Schritt weiter: »Was viel wichtiger ist, es wird dann sofort der Druck auf die anderen Länder kommen, diesem schwachen Land durch Transferzahlungen zu helfen, und es wird auch auf die neue Zentralbank ein Druck entstehen, dann eher eine lockerere Geldpolitik zu betreiben, weil man nämlich durch lockere Geldpolitik die Belastung durch Schulden natürlich erleichtern kann.« Alles nur Panikmache? Tatsache ist, daß wir aus einer Währungsunion nicht nach Belieben wieder aussteigen können, wenn wir irgendwann feststellen müssen, daß es leider nicht so geklappt hat, wie unsere Politiker sich das dachten.

Meine nächste Frage an Renate Ohr gilt den Turbulenzen auf den Finanzmärkten, die für den Fall der Verschiebung beschworen werden. »Das kann natürlich sein«, räumt sie ein, »aber es kommt sehr darauf an, wie diese Verschiebung vorgenommen wird.« Läßt man die Veranstaltung mit einem Eklat enden, dann sind uns die befürchteten Turbulenzen sicher. Erzielt man innerhalb der europäischen Union Einvernehmen über eine geregelte Verschiebung, dann seien Turbulenzen eher unwahrscheinlich. Die Wissenschaftlerin würde folgendermaßen vorgehen: »Wir kehren wieder zum Europäischen Währungssystem mit engen Bandbreiten zurück.« Das hört sich komplizierter an, als es ist. Das Europäische Währungssystem, kurz EWS genannt, ist so konstruiert, daß man zwar feste Wechselkurse verabredet, aber wenn sich zum Beispiel unterschiedliche Inflationsraten bemerkbar machen, dann werden die Wechselkurse angepaßt. Vor allem bei der Lira und beim französischen Franc gab es relativ regelmäßig entsprechende Korrekturen, nämlich Abwertungen, und damit kam man gut zurecht. 1987 haben die europäischen Politiker mit Blick auf die angestrebte Währungsunion beschlossen, diese Korrekturen nicht mehr vorzunehmen, sondern auszuprobieren, was passiert, wenn man die festen Zuordnungen bestehen läßt. Das lief erstaunlicherweise recht gut, obwohl Italien und Spanien deutlich höhere Inflationsraten hatten als beispielsweise Frankreich oder Deutschland. Aber das Vertrauen in das Gelingen einer währungspolitischen Integration in Europa war offenbar so groß, daß dieses Experiment ohne nennenswerte Verwerfungen gelang. Um Mißverständnissen vorzubeugen: Geknirscht hat es natürlich immer im Gebälk, aber das Dach hat gehalten. Jedenfalls bewirkte diese Übergangsphase nichts Dramatisches. Als dann 1992 die Maastricht-Diskussion aufkam und deutlich wurde, daß das Fernziel Währungsunion nach dem Willen maßgeblicher Politiker im Schnellverfahren durchgepeitscht werden sollte, lag auf der Hand, daß zuvor noch einmal Wechselkursanpassungen vorgenommen werden müssen. Es war klar, daß die Lira und die Peseta abgewertet werden mußten, es war nur nicht klar, wann genau das sein würde. Also verließen die ersten Anleger die Abwertungskandidaten des europäischen Währungsclubs EWS. Das hat zu einer Krise geführt, denn sobald die ersten rausgehen, ziehen andere Anleger nach, und das System gerät ins Wanken. Wohlgemerkt: Es war die Politik mit ihrem überhasteten Euro-Wahn, die auf den Devisenmärkten Erschütterungen verursacht hat, es waren nicht die Märkte selbst. 1993 schließlich sah man die Lösung darin, die Bandbreiten innerhalb des EWS zu vergrößern, um das System zu erhalten. Die Leitkurse wurden nicht geändert, statt dessen wurden höhere Schwankungen um die Leitkurse zugelassen. Handfeste wirtschaftliche Ursachen für die Turbulenzen von 1993 gab es eigentlich nicht, sondern es handelte sich eher um eine Vertrauenskrise. Daher war das Festhalten an den bisherigen Leitkursen eine wichtige vertrauensbildende Maßnahme, und die Erweiterung der Schwankungsbreiten erhöhte das Risiko für Spekulanten.

In diesem Zusammenhang stellt sich die Gretchenfrage: Wenn die Euro-Verfechter wirklich der Meinung sind, daß eine Währungsunion zum geplanten Zeitpunkt gut funktionieren kann, hätten sie dann nicht schon längst die große Bandbreite wieder verringern müssen? Tun sie aber nicht. Warum? Ist es Trägheit?

Oder ist es Sorge vor einem zu engen Korsett? Die Angst, es könnte schon vor der Einführung des Euro deutlich werden, daß die wieder fester gezogenen Verbindungen zwischen den einzelnen Währungen zu bersten drohen, weil sich die verschiedenen Volkswirtschaften eben doch nicht weit genug angenähert haben? Renate Ohr wirft plötzlich ein, daß sie die gesamte Euro-Diskussion für ein gigantisches Ablenkungsmanöver hält. Nach einer seit Jahrhunderten international bewährte Masche: Hast du innenpolitische Probleme, such dir was Außenpolitisches, mit dem du die Medien und die Öffentlichkeit beschäftigst.»Bei den anderen Ländern sind es ja auch nicht unbedingt pro-europäische Gründe«, fährt sie fort und lacht: »Die Franzosen zum Beispiel wollen den Euro, aber nicht aus dem Grund, weil sie uns so liebhaben.« Sondern? »Weil sie die Dominanz der Deutschen Bundesbank brechen wollen«, sagt sie unverblümt. Es ist kein Geheimnis, daß den Franzosen die Stabilitätspolitik der deutschen Währungshüter schon immer ein Dorn im Auge war. Der Gedanke an ein politisches Schachergeschäft drängt sich auf: ein französisches Ja zur deutschen Vereinigung gegen ein deutsches Ja zur Entmachtung der Bundesbank.

Die schnelle Einführung des Euro ist auch nicht loszulösen von den Sorgen europäischer Nachbarn, unter die Fuchtel des gewachsenen Deutschlands zu geraten. Besonders in Frankreich sind diese Befürchtungen sehr ausgeprägt. Ein französischer Kollege beschreibt die Stimmung in seinem Land so: Der Traum Frankreichs ist nicht ein starker Franc, sondern eine schwache Mark. Und mit dem Euro sieht man endlich die Chance, die »widerlich starke Mark« kaputtzumachen. Die gemeinsame Währung sei auf Wunsch Frankreichs beschlossen worden, um das vereinigte Deutschland fester in die Europäische Union einzubinden. Nach inniger Freundschaft klingt das nicht gerade, eher nach einer gehörigen Portion Mißtrauen. Schenkt man entsprechenden Umfragen Glauben, dann handelt es sich bei der heftig beschworenen deutsch-französischen Freundschaft ohnehin eher um einen Mythos. Dafür halten jedenfalls mehr als drei Viertel (77 Prozent) der Bundesbürger, die jünger als 30 Jahre sind, die sogenannten besonderen Beziehungen zwischen Deutschland und Frankreich.

60 Prozent meinten, die deutsch-französische Freundschaft existiere nur in den Köpfen der Politiker. Nur 28 Prozent hielten diese Freundschaft für den »Ausdruck echter Verbundenheit zwischen den Menschen in beiden Ländern«. Wenn das so ist, empfiehlt es sich um so mehr, unnötige Belastungsproben zu vermeiden.

Die Integration Europas hat einen Punkt erreicht, wo die einzelnen Staaten zunehmend auf ihre Souveränität verzichten müssen, wenn es in dem Tempo weitergehen soll. Dazu sind aber die wenigsten bereit. Es ist in höchstem Maße fahrlässig, dieses zu ignorieren. Das ist viel stärker eine Frage von Krieg und Frieden, als es die pünktliche Einführung einer Einheitswährung sein soll. Je freier man ökonomisch ist, um so gelassener kann man auf Herausforderungen jedweder Art reagieren. Das trifft auf den privaten Sektor genauso zu wie auf den politischen.

Hin und wieder wird den Skeptikern Kleinmütigkeit unterstellt, und man fordert sie auf, nicht zu vergessen, daß in der EG oftmals wirtschaftliche Entscheidungen die politischen beflügelt hätten – und nicht umgekehrt. Anders gesagt: Ein bißchen wirtschaftlicher Zwang, um politisch Bewegung reinzubringen, ist nicht das Schlechteste. Auf diesen Hinweis fällt Renate Ohrs Reaktion ganz knapp aus: »Was ökonomisch falsch ist, kann langfristig auch politisch nicht richtig sein.« Tatsache ist natürlich, daß die Integration Europas bisher so positiv verlaufen ist, weil es ein rein wirtschaftliches Zusammenrücken war. In dem Moment, wo wirtschaftliche Probleme im Gefolge eines politisch erzwungenen Schmusekurses auftauchen, ist auch politischer Zwist nicht weit. »So lieb hat man sich eben doch nicht«, wiederholt Renate Ohr lächelnd, »und es ist immer einfacher, alle Probleme auf den Nachbarn zu schieben.«

Folgendes darf man keinesfalls vergessen: Bisher ist die europäische Integration für die Bürger auf einem qualitativ anderen Weg verlaufen: Man hat liberalisiert und Schranken abgebaut. Der Deutsche, der Franzose, der Italiener und wer auch immer *kann* reisen, *kann* einkaufen, *kann* sein Geld anlegen, *kann* seine Existenz aufbauen, aber er *muß* nicht. Bislang handelte es sich um Optionen, deren man sich bedienen konnte. Das hatte nichts mit Zwang zu tun, im Gegenteil. Jetzt nimmt man den Menschen das Symbol ihrer eigenstaatlichen Souveränität, die eigene Währung. Warum wohl haben die Bürger der ehemaligen Sowjetrepubliken als ersten Akt ihrer Selbständigkeit eine eigene Währung installiert? Noch fällt es den Italienern, den Spaniern und auch den Franzosen in ihrer Mehrheit leichter als den Deutschen, darauf zu verzichten. Aber wer sagt, daß das so bleiben muß, wenn die ersten handfesten Probleme auftauchen, die zwangsläufig auftauchen werden, eben weil die Volkswirtschaften noch viel zu unterschiedlich sind. Verordnete Völkerfreundschaft hat noch nie funktioniert, wie die Geschichte zeigt. Wir sollten nicht so tun, als ob wir das nicht wüßten. Nach meinem Eindruck hat Maastricht der europäischen Idee mehr geschadet als genutzt. Trotz Butterberg und Milchsee und was es da sonst noch an geographischen Mißbildungen gab, war Europabegeisterung »vor Maastricht« stärker zu spüren als danach. Jetzt stellen sich immer mehr die Frage, ob sie eine echte politische europäische Integration überhaupt wollen. Noch leise und zaghaft zwar, aber vernehmlich.

Ich werde Sie in diesem Buch nicht mit der Diskussion der einzelnen Konvergenzkriterien belasten – deren Bedeutung habe ich ausführlich in »Jetzt mal ehrlich« dargelegt. Einen Gedanken will ich dazu aber anfügen. Die Kriterien allein sagen noch nicht sehr viel über den Gesundheitszustand einer Volkswirtschaft aus. Belgien weist in bezug auf den Schuldenstand beängstigende Zahlen auf, dennoch käme niemand auf die Idee, nur wegen der »Sünden der Vergangenheit« in Belgien ein stabilitätspolitisches Risiko zu sehen. Vor allem aber sollte man berücksichtigen, daß die Höhe des Defizits keinen guten Maßstab für die Solidität der Finanzpolitik bzw. für die Fitneß der Volkswirtschaft liefert. Entscheidend ist eine niedrige Staatsquote, die ausdrückt, daß der Staat die sogenannten Produktivkräfte nur wenig für sich beansprucht. Wer hingegen bei einer Defizitquote von Null in Lob ausbricht, läßt sich darüber hinwegtäuschen, daß damit oftmals ein aufgeblähter Staatsanteil und eine drückend hohe Steuer- und Abgabenlast einhergehen. Wann wird endlich zur Kenntnis genommen, daß dieser ganze Defizit-Quoten-Kult Steuerlasten und Staatsausgaben nur noch mehr nach oben treibt?

Wie willkürlich der einzelne angenommene Wert auch sein mag, so ist es doch andererseits keine Lösung, alle früher getroffenen Verabredungen zu Makulatur zu erklären. Damit in dieser schwierigen Integrationsphase nicht zusätzliche Unsicherheiten auftreten, die das Projekt endgültig diskreditieren, muß ein Neuanfang her – und muß vor allem der Zeitdruck verschwinden.

Wie wird es weitergehen? Wie kann es überhaupt weitergehen? Wenn man dem Chefökonomen der Dresdner Bank, Dr. Klaus Friedrich, glaubt, dann so: »Wir machen den Euro, weil wir's unterschrieben haben.« Eine höchst unbefriedigende Perspektive. Der Terminkalender sieht vor, daß der Europarat im Mai 1998 entscheidet, wer wann an der Währungsunion teilnehmen darf – oder muß. Rein theoretisch wäre sogar denkbar, daß die Deutschen zur Teilnahme verpflichtet würden, auch wenn sie es selbst nicht wollten. Aber vor solchen politischen Torheiten werden hoffentlich alle Beteiligten zurückschrecken.

Wenn denn mit Macht am Starttermin zum 1. Januar 1999 festgehalten werden soll, dann wird es auf einen Beginn mit einer kleinen Zahl teilnehmender Länder hinauslaufen. Da der Beschluß hierüber aber nur mit einer qualifizierten Mehrheit getroffen werden kann, zu der man auch diejenigen braucht, die zunächst außen vor bleiben sollen, wird man ihnen Versprechungen machen müssen. Die könnten beinhalten, daß diese Länder spätestens in zwei Jahren auch mit im Club sind. Das heißt: vor der Einführung des Euro-Geldes. Darauf könnten sich die Nachzügler ohne allzu großen Gesichtsverlust wohl einlassen. Denkbar wäre das. Wünschenswert wäre es aus den geschilderten Gründen nicht.

Während alle gebannt auf den Euro starren, spielt sich im europäischen Rahmen, nahezu unbemerkt von der Öffentlichkeit, eine zumindest ebenso besorgniserregende Entwicklung ab. Im Juni 1997 haben die europäischen Regierungschefs in Amsterdam einen Vertrag unterschrieben, der – kurz gesagt – die Gewaltenteilung aufhebt. Künftig kann der Europäische Rat (das sind die Regierungen der Mitgliedsstaaten) im Bereich der

Innen- und Rechtspolitik Richtlinien und Verordnungen erlassen, die in der gesamten Union Geltung erlangen, ohne daß ein Parlament dazwischengeschaltet wäre. Da erklärt sich also die nach Brüssel gereiste Exekutive flugs zur Legislative, um – zurückgekehrt in ihre Heimathauptstädte – wieder zur Exekutive zu werden. Eine parlamentarische Kontrolle ist nicht mehr vorgesehen. Das bisherige Verfahren war sicherlich reformbedürftig, weil kompliziert und zeitraubend. Die Regierungen mußten nämlich ihre Beschlüsse einstimmig fassen und dann von den jeweiligen Parlamenten absegnen lassen. Das dauerte und war auch nicht sonderlich demokratisch, weil die Parlamente nur zustimmen oder ablehnen durften, ohne inhaltlich Einfluß nehmen zu können. Jetzt ist das Einstimmigkeits- durch das Mehrheitsprinzip ersetzt, die nationalen Parlamente sind kaltgestellt, und das Europäische Parlament ist gar nicht erst einbezogen. Wenn mehr Europa nur durch weniger Demokratie erreicht werden kann, dann stimmt was nicht, dann besteht wirklich Anlaß zur Sorge.

Ich hätte gerne eine Antwort auf die Frage, warum unsere Politiker in bezug auf Europa und Euro drängen und zwingen, aber mit Bick auf so wichtige Themen wie Bekämpfung der Arbeitslosigkeit, Steuer- und Rentenreform die Entschlossenheit vermissen lassen, mit der sie den Euro forcieren. Ist vielleicht die weitere Verwischung politischer Verantwortlichkeiten das unausgesprochene Ziel hinter der Erschaffung eines allmächtigen Polit-Giganten? Brauchen unsere nationalen Politiker einen modernen Olymp (mit Sitz in Brüssel), um sich im aufsteigenden Nebel oder Weihrauch klammheimlich aus der nationalen Verantwortlichkeit zu stehlen? Und zwar genau dort, wo es ganz besonders unter den Nägeln brennt: am Arbeitsmarkt, bei den Steuern, bei den Renten und im Gesundheitswesen? Brauchen die Politiker Europa als Ausweg?

Und nun die gleiche Botschaft andersrum – diesmal links – gestrickt: Haben die Bürger im gewachsenen Deutschland immer noch nicht begriffen, daß unser Landsmann aus Trier, Karl Marx, sehr wohl recht hatte? Allerdings in einem anderen als von ihm gemeinten Sinn: Der Konflikt besteht nicht zwischen Arbeit und

Kapital, vielmehr befruchten sich diese beiden Produktivkräfte gegenseitig, wenn es niemand auf Klassenkampf anlegt. Der Konflikt besteht zwischen Marktkräften – den fleißigen, sparsamen und investierenden Arbeitsbienen sozusagen – und einer abgehobenen Politschickeria mit paneuropäischem Machttrieb. Auf dieser Schiene laufen Unterjochung, Schulmeisterei und Ausbeutung ab.